现代企业人力资源管理实操教程

主　编　王君萍

同济大学出版社·上海
TONGJI UNIVERSITY PRESS · SHANGHAI

内容提要

本书严格按照教育部对高职高专人才培养目标的要求，着重体现了职业教育“必需、够用”的原则，针对高职高专实际教学需要，突出实用性和可操作性。其内容主要包括人力资源管理及人力资源规划、工作分析、招聘与选拔、员工培训与开发、绩效管理、薪酬管理和劳动关系管理七个模块。每一个模块由理论部分和实操部分构成，理论学习和实践操作相呼应。

本书在理论阐述的基础上，结合实操案例对人力资源管理的各个模块及流程进行详细梳理。本书可供人力资源管理专业的学生，尤其是高职院校的专科学生以及其他中小企业管理者使用，也可作为各类培训机构开展人力资源管理培训的教材。

图书在版编目（CIP）数据

现代企业人力资源管理实操教程 / 王君萍主编. —上海：同济大学出版社，2022.12
ISBN 978-7-5765-0525-2

Ⅰ. ①现… Ⅱ. ①王… Ⅲ. ①企业管理—人力资源管理—高等职业教育—教材 Ⅳ. ①F272.92

中国版本图书馆CIP数据核字(2022)第236165号

现代企业人力资源管理实操教程

主编 王君萍 **参编** 刘晨亮 赵裕慧 聂 敏
责任编辑 杨 艳 **助理编辑** 郭紫月 **责任校对** 徐逢乔 **封面设计** 潘向蓁

出版发行 同济大学出版社 www.tongjipress.com.cn
（地址：上海市四平路1239号 邮编：200092 电话：021-65985622）
经　销 全国各地新华书店
印　刷 常熟市华顺印刷有限公司
开　本 787mm×1092mm 1/16
印　张 14
字　数 349 000
版　次 2022年12月第1版
印　次 2022年12月第1次印刷
书　号 ISBN 978-7-5765-0525-2

定　价 49.00元

PREFACE

前言

党的二十大报告指出，要“统筹职业教育、高等教育、继续教育协同创新，推进职普融通、产教融合、科教融汇，优化职业教育类型定位。”本书是山东省高水平专业群——智慧财经专业群建设项目成果之一。为了更好地服务于高职院校职业教育教学改革，根据教育部《国家职业教育改革实施方案》(职教 20 条）提出的有关“三教（教师、教材、教法）改革”的要求，本教材编写组由从事人力资源相关课程教学十多年的教师和中小型企业人力资源管理人员组成。本着满足企业人力资源管理工作的需要，密切联系人力资源管理岗位的工作实际，大力推进精品教材建设的主导思想，校企合作开发编写了《现代企业人力资源管理实操教程》。

本书在阐述理论的基础上，结合实际案例对人力资源管理的各个模块及流程进行详细梳理。

本书具有以下特点：

一是内容实用、详略得当，结构符合初学者的认知规律。

本书内容涵盖了人力资源管理的七大模块，按照专业学习、理论实践、专业提升的过程，以浅显的话语讲述明白。循序渐进的讲授方式符合初学者及非科班 HR 对人力资源管理的认知规律。

二是以案例的方式引导全程，特别适合初学者阅读。

全书的七个模块内容基本是基于编者及一些中小企业人力资源管理过程中所发生的问题及解决问题的经验而来，各模块知识连贯统一。以贴近时代的语言对这些知识进行生动、通俗的讲解，每个模块设计了实操部分，可以对理论的学习情况进行检验。

三是理论基础和实操部分的设计以“必需、够用”为度，把人力资源岗位搬进课堂，激发初学者的兴趣和工作智慧。

本书由山东圣翰财贸职业学院王君萍担任主编。王君萍不仅具有多年的人力资源管理实践经验和相关课题研究经验，还曾经在几个中小企业以人力资源管理顾问的身份进行过社会服务。同时以教师个人和指导老师身份参加和指导了人力资源管理类技能大赛，多次获得一等奖。本书其他参与编写人员为企业的人力资源从业者，主编与参编人员的合作编写使本书成为真正意义上的校企合作开发教材。

全书由王君萍拟定思路和框架，并负责撰稿和统稿。各模块的大多数案例和实操部分由济南大学产业技术研究院有限公司总经理刘晨亮、济南大学产业技术研究院有限公司综合管理部部长赵裕慧、济南泉美阳光餐饮有限公司人事部部长聂敏提供。

本书既可以作为高职院校人力资源管理专业、工商企业管理专业、商贸类专业的教学用书，也可以作为各类培训机构开展人力资源管理实务操作的培训教材。

本书在编写过程中得到了许多业界人士的支持和帮助，参考和引用了大量的文献资料。本书在撰写过程中也征求了济南某企业管理咨询公司李德华经理的意见，在此一并表示诚挚的感谢。

由于编者水平有限，编写的时间有限，书中难免存在一些不足和疏漏之处，敬请专家和广大读者批评指正。

编 者

2022 年 8 月

CONTENTS

目录

模块1 人力资源管理及人力资源规划

任何企业存在的意义都是为了追求生存和发展，而生存和发展的主要影响因素是人力资源的获得与运用，也就是如何适时、适量及适质地使企业获得所需的各类人力资源。由于现代科学技术日新月异，社会环境变化多端，如何针对这些多变的因素配合企业发展目标，对人力资源恰当规划甚为重要。人力资源的规划主要是对人力资源需求预测和人力资源供给预测的分析，以及如何实现二者之间的平衡。

知识目标

1. 掌握人力资源及人力资源管理的含义；
2. 了解人力资源规划的基本理论；
3. 掌握人力资源供给预测和人力资源需求预测的方法；
4. 了解人力资源供需平衡的措施。

能力目标

1. 能列出中小型企业人力资源部的职责；
2. 能对现实中一些人力资源管理现象进行正确的解释；
3. 能够根据给定的背景资料为企业进行人力资源规划。

思政目标

1. 培养学生肯付出、勇于担责的意识；
2. 培养学生的团队意识；
3. 培养学生运用发展的眼光明确自己职业目标的意识；
4. 培养学生的全局意识和前瞻意识；
5. 培养学生做事的规划性。

1.1 操作基础

1.1.1 理论基础

导入案例

一次值得深思的对话

王勇是一位人力资源顾问，有一天，一家大型造纸公司的总经理给他打电话。他们的对话如下：

总经理："我在这个职位上工作快满一个月了，而我要做的事情似乎只是与人们面谈和听取人事问题汇报。"

王勇："你为什么总要与人面谈？你们公司没有人力资源部吗？"

总经理："当然有。然而，人力资源部只招聘高层管理人员。我一接管公司就发现两个副总经理要退休，而我们还没有可以代替他们的人。"

王勇："你们招聘什么人了吗？"

总经理："招聘了一个人，而这就是问题的一部分。我们从外部招聘了一个人，但我一宣布这个决定就有一个部门经理来辞职。她说她想得到副总经理的岗位已经有8年了，她因为我们从外面聘人而生气。我怎么知道她想得到这个岗位呢？"

王勇："对另一个副总经理的位置，你们做了什么？"

总经理："什么也没做，因为我怕又有其他人因为没能得到那个岗位而辞职，但这只是问题的一半。我刚发现，在最年轻的专业人员——工程师和会计师中，过去三年有80%的流动率。他们是我们公司中最容易得到提拔的人。如你所知，我就是一个机械工程师。"

王勇："有人问过他们离开的原因吗？"

总经理："问过，他们都给出了基本相同的回答，说感觉在这里没有前途。也许我应该把他们所有人召集到一起，并解释我将怎样带领我们公司取得进步。"

王勇："你考虑过建立人力资源规划系统吗？"

总经理："人力资源规划系统？那是什么？"

【案例思考】

结合上述案例的情境，请思考以下内容：

1. 假设你是王勇，你会如何回答总经理的问题？

2. 在这家公司中建立人力资源规划系统需要考虑什么因素？

3. 该公司人力资源管理部门存在哪些问题？

现代企业中，管理者非常重视企业的日常运营和经营规划、运营开发规划等，但对人力资源规划的重视程度远远不够。有的中小微企业根本就没有人力资源规划，或者将它隐藏在企业整体发展规划中。实际上，企业任何的规划都需要人来完成，如果不重视对企业中人力资源的规划和管理，是难以完成企业的规划和目标的。人力资源规划处于整个人力资源管理活动的战略计划阶段，它为下一步人力资源管理活动制订了目标、原则和方法。人力资源规划的情况直接影响了人力资源管理的整体成败。所以，制订完善的人力资源规划是企业人力资源管理部门一项非常重要和有意义的工作。

一、人力资源

随着知识经济时代的来临，人力资源已上升到第一资源的重要位置。人力资源之所以被称为第一资源，是因为人是万物之灵，只有人才具有主观能动性。目前，人力资源开发与管理已成为推动企业成长和壮大的核心力量。

（一）人力资源的基本概念

1. 人力的含义

人力是相对于物力的概念提出来的，指人的劳力、人的力量。

2. 资源的含义

资源是“生产资料或生活资料的来源，包括自然资源和社会资源”（《现代汉语词典》）。在经济学上，资源是为了创造财富而投入到生产活动中的一切要素，也可以理解为价值。人们可以将资源分成两大类：其一是物质资源，如自然资源、资本资源和信息资源等；其二是人力资源。我们通常讲的资源包括人、财、物等。

3. 人力资源的含义

20 世纪 50 年代以前，人事管理理论的研究对象和人事管理活动的实施对象都建立在经济人，而不是社会人的基础上。进入后工业化社会以后，企业对员工的素质和需求发生了变化，具有相当基础知识和技能的员工大量出现，经济需求不再成为人们的唯一需求，员工在企业中的地位发生了变化，曾经作为企业生产资料的劳动力开始成为企业的一种资源。因此，人事管理也就开始向人力资源管理转变，但是这种转变经历了一个相当长的时间，并且现在仍然在持续。

人力资源是指存在于人体的资源，是指能进行生产或提供服务，推动整个经济和社会发展的劳动者的各种能力的总称。人力资源不同于一般的资源，它的特殊性主要表现在以下几个方面：

（1）人力资源是一种“活”资源，而物质资源是一种“死”资源。

（2）人力资源是指存在于人体内的体力资源和智力资源。

（3）人力资源是创造利润的主要来源，特别是在高新技术等行业，人力资源的创新能力是企业创造利润的源泉。

（4）人力资源是企业可以开发的资源，人的创造能力是无限的，对人力资源的有效管理可以极大地提高企业的生产效率，从而实现企业的目标。

4. 人力资源的特点

（1）人力资源的不可剥夺性。人力资源的载体是人的生命力，当一个人失去生命的时候，存在于其中的人力资本也就同时消失殆尽。

（2）人力资源的能动性。这是人力资源最基本、最重要、最本质的特点。人力资源管理依托于人们的劳动。劳动不仅是满足人类自己需要的一种活动，而且是人类有目的地改造世界的活动，同时人本身的脑力、智力也在这一过程中得到进一步发展。

（3）人力资源的可变性。人力资源在形态上变化较大，在不可直接观察到的方面变化也很大，不同的个体可能千差万别。

（4）人力资源的再生性。人力资源的耗费——人的体力与智力的耗费，不同于其他资源，具有可再生性，即其在消耗的过程中会由于再生而得到补充乃至发展。

（5）人力资源的增值性。人力资源的智力价值——掌握了知识、技能、经验的人所带来的投资收益，其收益率远远超过其他形态的资本投资的收益率。

（二）人力资源的构成

1. 人力资源的数量

人力资源的数量分为绝对量和相对量两种。人力资源绝对量，指的是一个国家或地区拥有的具有劳动能力的人口资源，即劳动力人口的数量。人力资源相对量，指的是一个国家或地区总人口中人均人力资源的拥有量。对于企业而言，人力资源的数量一般来说就是其员工的数量；对于国家而言，人力资源数量又可以分为现实人力资源数量和潜在人力资源数量两个方面。

2. 人力资源的质量

人力资源的质量千差万别，包括了人的心理和生理等素质。

（三）人力资源的相关概念

1. 人口资源

人口资源是指一个国家或地区所拥有的人口的总量，它是一个最基本的底数，一切人力资源、人才资源皆产生于这个最基本的人口资源中，它主要表现为人口的数量。

2. 劳动力资源

劳动力资源是指人口中达到法定的劳动年龄，具有现实的劳动能力并且参加社会就业的那一部分人。这部分人是劳动力市场的主体，代表着劳动力的总体供给数量。

3. 人才资源

人才资源是指一个国家或地区中具有较多科学知识、较强劳动技能，在价值创造过程中起关键或重要作用的那部分人。人才资源是人力资源的一部分，即优质的人力资源。

4. 人力资源与人力资本

人力资源和人力资本都是以人为基础而产生的概念，研究的对象都是人所具有的脑力和体力，从定义和对象看，二者是一致的。二者的联系在于，现代人力资源管理理论大多都是以人力资本理论为根据的，人力资本理论是人力资源管理理论的重点内容和基础部分；人力资源经济活动及其收益的核算是基于人力资本理论进行的；二者都是在研究人力作为生产要素在经济增长和经济发展中的重要作用时产生的。但是在与社会财富和社会价值的关系上，二者是不同的；其次，二者研究问题的角度和关注的重点也不同；最后，人力资源和人力资本的计量形式不同。

二、人力资源管理

（一）人力资源管理的内涵

在彼得·德鲁克（Peter F. Drucker）提出人力资源的概念以后，怀特·巴克（E. Wight Bakke），一位研究培训和跨学科工业关系的社会学家在 1958 年出版了《人力资源功能》一书，详细阐述了有关人力资源管理的问题，他是把管理人力资源作为管理过程中的一项普通职能来加以讨论的。他认为人力资源的管理职能对于企业的成功来讲，与其他管理职能，如会计、生产、金融、营销等一样是至关重要的。

1. 人力资源管理的含义

所谓人力资源管理（Human Resource Management，HRM），指运用现代化的科学方法，对与一定物力相结合的人力进行合理的培训、组织与调配，使人力、物力经常保持最佳比例，同时对人的思想、心理和行为进行恰当的引导、控制和协调，充分发挥人的主观能动性，使事得其人、人尽其才、人事相宜，以实现企业目标。具体的人力资源管理可以从两大方面理解：

（1）对人力资源量的管理。对人力资源进行量的管理，就是根据人力和物力及其变化，对人力进行恰当的培训、组织和协调，使二者经常保持最佳比例和有机结合，使人和物都充分发挥出最佳效应。

（2）对人力资源质的管理。质的管理指对人的心理和行为的管理，就是指采用现代化的科学方法，对人的思想、心理和行为进行有效的管理，充分发挥人的主观能动性，以达成企业目标。

作为企业最主要的资源，人力资源必须进行科学而有效的开发和管理，才可能最大限度地造福社会、造福人类。

2. 人力资源管理与人事管理的主要区别

（1）时代背景有所不同。

（2）对“人”的理解有所不同。

（3）基本职能有所不同。

除此之外，二者的区别见表 1-1。

表 1-1　人力资源管理与人事管理的区别

二者的不同比较	人力资源管理	人事管理
管理观念	视人为资源	视人为成本
管理活动	主动开发	被动反应
管理内容	丰富管理	简单管理
管理地位	决策层	执行层
工作方式	参与度高、透明	集中控制
部门性质	生产与效益部门	非生产、非效益部门
管理导向	注重工作过程，关心人的培养	注重工作成果
管理重心	强调人与事的统一，更关注人	多以事为中心
管理深度	注重潜能开发	管好现有的人

（二）人力资源管理的职能

1. 获取。根据企业目标确定的所需员工条件，通过规划、招聘、考试、测评、选拔等流程获取企业所需人员。

2. 整合。通过企业文化熏陶、有效信息沟通、人际关系和谐、矛盾冲突化解等有效整合，使企业内部的个体和群众的目标、行为、态度趋向企业的要求和理念，使之形成高度的一致与协调，发挥集体优势，提高企业的生产力和效益。

3. 保持。通过薪酬、考核、晋升等一系列管理活动，保持员工的积极性、主动性、创造性；维护劳动者的合法权益，保证员工在工作场所的安全、健康和舒适，以增强员工满意度，使之安心地工作。

4. 评价。对员工工作成果、劳动态度、技能水平以及其他方面做出全面考核、鉴定和评价，为做出相应的奖惩、升降、去留等决策提供依据。

5. 发展。通过员工培训、丰富工作内容、职业生涯规划与开发，促进员工知识、技巧和其他方面素质的提高，增强和发挥其劳动能力，最大限度地实现其个人价值并提高对企业的贡献率，达到员工个人和企业共同发展的目的。

（三）人力资源管理的任务

1. 通过规划、组织、调配和招聘等方式，保证一定数量和质量的劳动力和各种专业人员加入并配置到企业生产经营活动中，满足企业发展的需要。

2. 通过各种方式和途径，有计划地加强对现有员工的培训，不断提高他们的文化知识与技术业务水平。

3. 结合每一个员工的具体职业生涯发展目标，做好对员工的选拔、使用、考核和奖惩工作，做到发现人才、合理使用人才和充分发挥人才的作用。

4. 采用各种措施，包括思想教育、合理安排劳动和工作、关心员工的生活和物质利益等，激发员工的工作积极性。

5. 根据现代企业制度要求，做好工资、福利等的发放工作，协调劳资关系。

（四）人力资源管理的内容

1. 人力资源配置与管理

人力资源配置与管理主要包含：职务分析与设计、人力资源规划、员工招聘与选拔、劳动关系管理，以及人力资源会计。

2. 人力资源评价与激励

人力资源评价与激励主要包含：绩效考评、薪酬管理及员工激励。

3. 人力资源开发

人力资源开发主要包含：培训与开发、职业生涯管理。

（五）人力资源管理体系主要的四个环节

1. 选才——招聘与配置

企业通过何种方式来招募人才？选择的标准是什么？选一个适合的人，比选一个优秀的人更为重要，“适才”是企业用人的最高原则。

2. 用才——绩效管理

通过组织规划来合理组合现有的人力资源，发挥其最大的经济效益。

3. 育才——培训与开发

在企业里对人才的教育和培训是相当重要的。通过教育培训，员工不断更新知识，积累不同的经验，才能对千变万化的市场做出有效的应变。

4. 留才——薪酬管理

对于企业来说，辛辛苦苦培育的员工不能留在企业里工作将是一大损失。企业与员工之间需要长期相互了解才能达成一种默契，使员工心甘情愿留在企业，为实现企业的目标而努力工作。

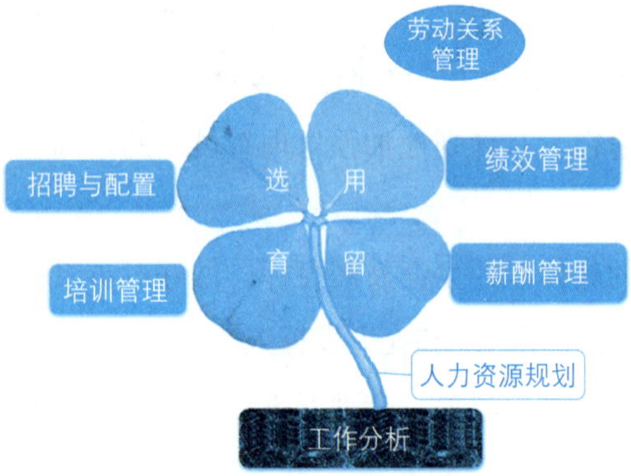

图 1-1　人力资源管理体系

三、人力资源规划

人力资源规划的总目标是确保企业各类工作岗位在适当的时机获得适当的人员（包括数量、质量和结构），实现人力资源的最佳配置，最大限度地开发和利用人力资源潜力，有效地激励员工，从而保持智力资本的竞争优势。从某种角度来讲，人力资源管理就是对企业中的“人力资源流”从战略层面上加以规划和管理，确定企业在什么时候需要人，需要多少人，需要什么样技能的人。

（一）人力资源规划的概念

广义的人力资源规划是企业所有人力资源计划的总称。

狭义的人力资源规划是指为实施企业的发展战略，完成企业的生产经营目标，根据企业内外环境和条件的变化，运用科学的方法对企业人力资源需求和供给进行预测，制订相应的政策和措施，从而使企业人力资源供给和需求达到平衡，实现人力资源合理配置，最终保证企业在需要的时间和岗位上获得各种需要的人才的过程。以下是对人力资源规划含义的几点解读。

1. 人力资源规划要在企业发展战略和具体经营规划的基础上来进行。

2. 人力资源规划应当包括两个部分的活动，第一部分是对企业在特定时期内的人员供给和人力资源需求进行预测，第二部分是根据预测的结果采取相应的措施进行人力资源的供需平衡。这两部分内容，前者是后者的基础，后者是前者的目的。离开了预测，将无法进行人力资源的平衡；如果不采取措施平衡供需，进行预测就将失去意义。

3. 人力资源规划对企业人力资源供给和需求的预测要从数量、质量和结构这三个方面来进行。企业对人力资源的需求，数量只是一个方面，还要保证质量和结构平衡，也就是说供给和需求不仅要在数量上平衡，还要在结构上匹配（比如：年龄结构、性别结构、知识结构、经验结构、技术结构、地域结构、学历结构等），而对于后者，人们往往容易忽视。

人力资源规划根据时间长短的不同，分为长期规划、中期规划和短期规划。长期规划适用于大型企业，往往是 5 年至 10 年的规划；中期规划适用于大型、中型企业，一般是 1 年以上 5 年以下的规划；短期规划一般是 1 年以内的规划。需注意的是，人力资源规划与企业发展计划密切相关，它是达成企业发展目标的一个重要部分，企业的人力资源规划不能与企业的发展规划相背离。

（二）制订人力资源规划的原则

在制订人力资源计划时，要注意以下三点原则：

1. 充分考虑内部、外部环境的变化

人力资源规划只有充分地考虑了内外部环境的变化，才能适应企业的需要，真正地做到为企业发展服务。内部变化主要是指企业运营的变化或者企业发展战略的变化等；外部变化主要是指政府有关人力资源政策的变化、外部劳动力市场的供需变化、人才就业从业心理的变化、消费市场的变化、人才市场供需矛盾的变化等。为了能够更好地适应这些变化，企业在人力资源规划中应该对可能出现的情况做出预测和风险分析，并能制订好应对风险的应急策略。

2. 确保企业的人力资源保障

企业的人力资源保障问题是人力资源规划中应解决的核心问题。它包括人员的外部流入流出预测、人员的内部流动预测、社会人力资源供给状况分析、人员流动的损益分析等。只有有效地保证了对企业的人力资源供给，才可能去进行更深层次的人力资源管理与开发。

3. 使企业和员工都得到长期的利益

人力资源规划不仅是面向企业的规划，还是面向员工的规划。企业的发展和员工的发展是互相依存、互相促进的关系。优秀的人力资源规划，一定是能够使企业和员工得到长期利益的规划，一定是能够使企业和员工共同发展的规划。

（三）人力资源规划的内容

从规划的内容来看，企业的人力资源规划可以分为战略规划和战术规划。战略规划阐述了人力资源管理的原则和目标；战术规划则更强调具体每项工作的实施计划和操作步骤。一个完整的人力资源规划应该包括以下几个方面：

1. 战略规划

战略规划是对企业人力资源开发和利用的大政方针、政策和策略的规定，是各种人力资源具体计划的核心，是事关全局的关键性规划。

2. 组织规划

组织规划是对企业整体框架的设计，包括企业信息的采集、处理和应用，企业结构图的绘制，企业调查、诊断和评价，企业设计与调整，以及企业部门的设置，等等。

3. 制度规划

制度规划是人力资源总规划目标实现的重要保证，包括人力资源管理制度建设的程序、制度化管理等。

4. 人员规划

人员规划是对企业人员总量、构成、流动的整体规划，包括人力资源现状分析、企业定员、人员需求与供给预测、人员供需平衡等。

5. 费用规划

费用规划是对企业人工成本、人力资源管理费用的整体规划，包括人力资源费用预算、核算、审核、结算，以及人力资源费用控制等。

（四）进行人力资源规划的必要性

1. 人力资源需要一个培养过程；

2. 外部环境的变化，需要对人力资源数量和质量做出调整；

3. 企业战略本身的调整，要求人力资源进行相应的调整；

4. 企业员工队伍本身的变动，需要人力资源调整；

5. 企业现有人力资源分布可能不合理，需要有计划地调整。

（五）人力资源预测

人力资源预测是指在对企业进行评估和预估的基础上，对未来一定时期内人力资源状况的假设。人力资源预测可分为人力资源需求预测和人力资源供给预测。需求预测是指企业为实现既定目标而对未来所需员工数量和结构的估算，供给预测是确定企业是否能够保证员工的数量、质量（员工具有必要能力和素质、技能等要求）以及结构的过程。

人力资源预测是建立在企业人力资源现状、市场人力资源环境等基础之上的，所以在企业进行人力资源预测时，一定要注意分析以下问题：

1. 企业人力资源政策在稳定员工上所发挥的作用；
2. 市场上人力资源的供求状况和发展趋势；
3. 本行业其他公司的人力资源政策；
4. 本行业其他公司的人力资源状况；
5. 本行业的发展趋势和人力资源需求趋势；
6. 本行业的人力资源供给趋势；
7. 企业的人员流动率及原因；
8. 企业员工的职业发展规划状况；
9. 企业员工的工作满意度状况。

1.1.2 技能基础

一、人力资源预测的方法

人力资源预测的方法有很多种，主要侧重于对数量的预测。常用的方法有经验预测法、专家讨论规划法、自下而上法、现状规划法、模型法和定员法。这些方法适用于不同的人力资源预测需求。

（一）定性的方法

1. 经验预测法

经验预测法是人力资源预测中最简单的方法，它适用于较稳定的小型企业。经验预测法，顾名思义就是用以往的经验来推测未来的人员需求，不同的管理者的预测可能有所偏差，可以通过多人综合预测或查阅历史记录等方法提高预测的准确度。要注意的是，经验预测法只适合于一定时期内企业的发展状况没有发生方向性变化的情况，对新的职务和工作方式发生了较大变化的岗位，不适合使用经验预测法。

2. 专家讨论法

专家讨论法适用于技术型企业的长期人力资源预测。现代社会技术发展非常迅速，用传统的人力资源预测方法很难准确预计未来的技术人员的需求，相关领域的技术专家由于掌握了该领域的技术发展的趋势，所以能更加容易地对该领域的技术人员状况做出预测。为了增加预测的可信度，可以采取二次讨论法。在第一次讨论中，各专家独立拿出自己对技术发展的预测方案，管理人员将这些方案进行整理，编写成企业的技术发展方案。第二次讨论主要是根据企业的技术发展方案来进行人力资源预测。

3. 自下而上法

自下而上法，顾名思义就是从企业组织结构的底层开始的逐步进行预测的方法。具体方法是：先由企业组织结构中最底层的人员进行预测，然后将各个部门的预测层层向上汇总，最后确定企业人力资源总体预测。由于组织结构最底层的员工很难把握企业的发展战略和经营规划等，所以他们无法制订出中长期的人力资源预测。这种自下而上的方法适合于短期人力资源预测。

（二）定量的方法

1. 现状规划法

现状规划法是假定当前的职务设置和人员配置是恰当的，并且没有职务空缺，所以不存在人员总数的扩充。人员的需求完全取决于人员的退休、离职等情况的发生。所以，人力资源预测就相当于对人员退休、离职等情况的预测。人员的退休是可以准确预测的；人员的离职包括人员的辞职、辞退、重病（无法工作）等情况，所以离职是无法准确预测的，但通过对历史资料的统计和比例分析，可以相对准确地预测离职的人数。现状规划法适用于中短期的人力资源预测。

2. 模型法

模型法是通过数学模型对企业人力资源的真实情况进行模拟的一种方法。模型法首先要收集企业和同行业其他企业的相关历史数据，通过数据分析建立起数学模型，根据模型去确定某个指标（比如销售额、销售量、业务量、服务要求等）的增长率和人员数量增长率之间的关系，这样就可以通过企业某些指标的变化来预测未来的人员数量。此方法适用于大中型企业的长期或中期人力资源预测。

3. 定员法

定员法适用于大型企业和历史久远的传统企业。由于企业的技术更新比较缓慢，企业发展思路非常稳定，所以每个职务和人员编制也相对确定。这类企业的人力资源预测可以根据企业人力资源现状来推测出未来的人力资源状况。在实际应用中，包括设备定员法、岗位定员法、比例定员法和效率定员法等几种方式。

二、人力资源需求预测的典型步骤

人力资源需求预测分为现实人力资源需求（为企业最为紧要的需求）、未来人力资源需求和未来流失人力资源需求预测三部分。具体需求预测步骤如下：

（一）根据职务分析的结果，确定职务编制和人员配置；

（二）进行人力资源盘点，统计出人员的缺编、超编情况及在职人员是否符合职务资格要求；

（三）将上述统计结论与部门管理者进行讨论，修正统计结论；

（四）将修正后的统计结论确定为现实人力资源需求；

（五）根据企业发展规划，确定各部门的工作量；

（六）根据工作量的增长情况，确定各部门还需增加的职务及人数，并进行汇总统计；

（七）将汇总后的统计结论确定为未来人力资源需求；

（八）对将在预测期内退休的人员进行统计；

（九）根据历史数据，对未来可能发生的离职情况进行预测；

（十）将（八）、（九）统计和预测结果进行汇总，得出未来流失人力资源需求；

（十一）将现实人力资源需求、未来人力资源需求和未来流失人力资源需求汇总，即得到企业整体人力资源需求预测。

三、人力资源供给预测的典型步骤

人力资源供给预测分为内部供给预测和外部供给预测两部分。具体步骤如下：

（一）进行人力资源盘点，了解企业员工现状；

（二）分析企业的职务调整政策和历史员工调整数据，统计出员工调整的比例；

（三）向各部门的人事决策人了解可能出现的人事调整情况；

（四）将（二）、（三）的情况汇总，得出企业内部人力资源供给预测；

（五）分析影响外部人力资源供给的地域性因素，包括：

1. 公司所在地的人力资源整体现状。
2. 公司所在地的有效人力资源的供求现状。
3. 公司所在地对人才的吸引程度。
4. 公司薪酬对所在地人才的吸引程度。

5. 公司能够提供的各种福利对当地人才的吸引程度。

6. 公司本身对人才的吸引程度。

（六）分析影响外部人力资源供给的全国性因素，包括：

1. 全国相关专业的大学生毕业人数及分配情况。

2. 国家在就业方面的法规和政策。

3. 该行业全国范围内的人才供需状况。

4. 全国范围内从业人员的薪酬水平和差异。

（七）根据（五）、（六）的分析，得出企业外部人力资源供给预测；

（八）将企业内部人力资源供给预测和企业外部人力资源供给预测汇总，得出企业人力资源供给预测。

四、人力资源供需平衡

在企业的运营过程中，企业在自然状态下始终处于人力资源在数量、质量和结构三方面的供需失衡状态。单从数量平衡方面讲，在企业扩张时期，企业人力资源需求过剩，人力资源供给不足，人力资源部门用大部分时间进行人员的招聘和选拔；在企业稳定时期，企业人力资源在表面上可能会达到稳定，但企业局部仍然同时存在着退休、离职、晋升、降职、补充空缺、员工不胜任岗位、职务调整等情况，企业处于结构性失衡状态；在企业衰败时期，企业人力资源总量过剩，人力资源需求不足，人力资源部门需要制订裁员、下岗等政策。总之，在整个企业的发展过程中，企业的人力资源状况不可能自然地处于平衡状态，人力资源部门的重要工作之一就是不断地调整人力资源结构，使企业的人力资源始终处于供需平衡状态，只有这样才能有效地提高人力资源利用率，降低企业人力资源成本。在员工的数量、质量、结构的平衡过程中，企业往往更多的是关注数量的平衡，因此，在数量上进行调整主要包括企业的人力资源缺乏调整和人力资源过剩调整两部分。

（一）人力资源缺乏调整方法

1. 外部招聘

外部招聘是最常用的人力资源缺乏的调整方法，当人力资源总量缺乏时采用此种方法比较有效。但如果企业有内部调整、内部晋升等计划，则应该先实施这些计划，将外部招聘放在最后使用。

2. 内部招聘

内部招聘是指当企业出现职务空缺时，优先将企业内部员工调整到该职务的方法。它的优点首先是丰富了员工的工作，提高了员工的工作兴趣和积极性；其次，它还节省了外部招聘成本。利用内部招聘的方式可以有效地实施内部调整计划。人力资源部在发布招聘需求时先在企业内部发布，欢迎企业内部员工积极应聘，任职资格要求和选择程序与外部招聘相同。在企业内部员工应聘成功后，对员工的职务进行正式调整，员工空出的岗位还可以继续进行内部招聘。当内部招聘无人能胜任时，再进行外部招聘。

3. 内部晋升

当较高层次的职务出现空缺时，优先提拔企业内部的员工。在许多企业里，内部晋升是员工职业生涯规划的重要内容。对员工职位的提升是对员工工作的肯定，也是对员工的激励；由于内部员工更加了解企业的情况，会比外部招聘人员更快地适应工作环境、提高工作效率，同时节省外部招聘成本。

4. 技能再培训

对公司现任员工进行必要的技能培训，使之不仅能适应当前的工作，还能适应更高层次的工作，这样就为内部晋升政策的有效实施提供了保障。如果企业即将出现经营转变，那么企业应该及时对员工进行新的工作知识和工作技能的培训，以保证企业在转型后原有的员工能够符合职务任职资格的要求。这样做的最大好处是防止了企业出现冗员现象。

5. 其他方法

加班、临时雇佣、外包、技术创新、工作再设计。

（二）人力资源过剩调整方法

1. 提前退休

企业可以适当地放宽退休的年龄和条件限制，促使更多的员工提前退休。如果将退休的条件修改得足够有吸引力，会有更多的员工愿意接受提前退休。

2. 减少人员补充

当出现员工退休、离职等情况时，对空闲的岗位不进行人员补充。

3. 增加无薪假期

当企业出现短期人力过剩的情况时，采取增加无薪假期的方法比较适合，比如规定员工有一个月的无薪假期，在这一个月没有薪水，但下个月可以照常上班。

4. 裁员

裁员是一种最无奈但最有效的方式。在进行裁员时，首先制订优厚的裁员政策，比如为被裁减者发放优厚的失业金等，然后裁减那些主动希望离职的员工，最后裁减工作考评成绩低下的员工。

5. 部分员工脱产培训

让部分员工离开现在的岗位进行相关的培训，以期培训归来后可以胜任更合适的岗位。

五、人力资源规划的编写步骤

由于各企业的具体情况不同，所以编写人力资源规划的步骤也不尽相同，下面是编写人力资源规划的典型步骤，可根据企业的实际情况进行适当调整。

（一）制订职务编制规划

根据企业发展规划，结合职务分析报告的内容来制订职务编制规划。职务编制规划包括了企业的企业结构、职务设置、职务描述和职务资格要求等内容。制订职务编制规划的主要目的是描述企业未来的企业职能规模和模式。

（二）制订人员配置规划

根据企业发展规划，结合企业人力资源盘点报告来制订人员配置规划。人员配置规划阐述了企业每个职务的人员数量、人员的职务变动、职务人员空缺数量等。制订人员配置规划的目的是描述企业未来的人员数量和素质构成。

（三）预测人员需求

根据职务编制规划和人员配置规划，使用预测方法来进行人员需求预测。人员需求中应阐明需求的职务名称、人员数量、希望到岗时间等。最好形成一个标明有员工数量、招聘成本、技能要求、工作类别及为完成企业目标所需的管理人员数量和层次的分列表。实际上，预测人员需求是整个人力资源规划中最困难和最重要的部分，因为它要求以富有创造性、高度参与的方法来处理未来经营和技术上充满不确定性的问题。

（四）制订人员供给规划

人员供给规划是人员需求的对策性规划。主要阐述人员供给的方式（外部招聘、内部招聘等）、人员内部流动政策、人员外部流动政策、人员获取途径和获取实施规划等。通过分析劳动力过去的人数、企业结构和构成、人员流动、年龄变化和录用条件等资料，就可以预测出未来某个特定时刻的供给情况，预测结果包括企业现有人力资源状况以及未来在流动、退休、淘汰、升职及其他相关方面的发展变化情况。

（五）制订培训计划

为了提升企业现有员工的素质，适应企业发展的需要，对员工进行培训是非常重要的。培训计划中包括了培训政策、培训需求、培训内容、培训形式、培训考核等内容。

（六）制订人力资源管理政策调整规划

规划中明确计划期内的人力资源政策调整原因、调整步骤和调整范围等。其中包括招聘政策、绩效考评政策、薪酬与福利政策、激励政策、职业生涯规划政策、员工管理政策等。

（七）编写人力资源部费用预算

其中主要包括招聘费用、培训费用、福利费用等费用的预算。

（八）关键任务的风险分析及对策

每个企业在人力资源管理中都可能遇到风险。如招聘失败、新政策引起员工不满等，这些事件很可能会影响公司的正常运转，对公司造成致命的打击。风险分析就是通过风险识别、风险估计、风险驾驭、风险监控等一系列活动来防范风险的发生。

人力资源规划编写完毕后，应先积极地与各部门经理进行沟通，根据沟通的结果进行修改，最后再提交公司决策层审议通过。

1.2　操作示例

1.2.1 企业人力资源规划书示例

企业人力资源规划书模板

一、企业背景介绍

二、企业近五年的发展战略

三、企业近五年的人力资源规划

四、企业人力资源现状分析

（一）企业人员数量分布情况

（二）人员素质构成

（三）人员年龄结构状态分布图表

五、人员需求计划

六、如何获取人才

（一）内部招聘

（二）外部招聘

七、人事政策

（一）薪酬基本政策

（二）福利制度

八、人力资源培训与开发

（一）人员培训

（二）人力资源开发

企业人力资源规划书案例

一、企业背景介绍

百富润赢投资基金管理有限公司是一家从事投资理财的金融公司。经过广大员工不懈的努力，现已发展成为一家集团化管理公司，在全国拥有众多分公司。但随着市场竞争的日益激烈，企业所面临的内部环境与外部环境和当初企业制订中长期发展规划时已发生了很大变化。

企业为了更好地发展，必须制订一个较完善的人力资源规划，并在此基础上制订职位编制、人员配置、人员培训与开发、薪酬制度与绩效考核等方面的人力资源管理方案的全局性计划，使企业在持续发展中保持较强的竞争力，为企业的发展提供人力资源的保证和服务，做企业有序运营的坚实后盾。

二、企业近五年的发展战略

1. 产品品牌建设。

2. 拓展相关的业务。

三、企业近五年的人力资源规划

1. 继续大力引进优秀人才，大约需要新增基金部销售人员 50 人，争取实现专科及以上学历的人才比例达到 50% 以上。

2. 储备人员的培养。

3. 加强对员工的培训。

4. 企业的薪酬福利制度。

四、企业人力资源现状分析

（一）企业人员数量分布情况

企业目前拥有员工数量 65 人，按人员类别划分，其具体情况见表 1-2。

表 1-2　企业人员数量分布情况

类　别	销售人员	普通员工	中层管理	高层管理
人　数	30 人	20 人	10 人	5 人

从结构上来看，管理层人员比例是比较合理的。随着企业业务的扩大，未来人力资源需求会增加，尤其是中高层管理人员，尽管企业内部有一支高效的管理队伍，但满足不了企业未来几年发展的需要。

（二）人员素质构成情况

企业人员素质构成情况见表 1-3。

表 1-3　企业人员素质构成表

类　　别	高中及以下	大　　专	本　　科	硕士及以上
人　　数	15 人	30 人	15 人	5 人

从这个数据来看，高学历的人才比例不高，因此，企业需要大力引进硕士及以上学历的中高层管理人员，加强普通员工的学历继续教育，以提高企业员工的整体素质。

（三）人员年龄结构分布情况

企业人员年龄结构状态分布见表 1-4。

表 1-4　人员年龄结构状态分布表

类　　别	20～29 岁	30～39 岁	40～49 岁
人　　数	30 人	20 人	15 人

从这个分布来看，企业员工年龄结构基本合理，但在管理层中，高层管理人员有四人在 40 岁以上，中层管理人员基本集中在 20～35 岁这个区间内，因此，企业在未来的一段时间内，必须加强对年轻管理人员的培养。

五、人员需求计划

根据各职能部门提交的人员需求计划表和企业发展规划的需求，未来五年内企业的人员需求计划见表 1-5。

表 1-5　未来五年内人员需求计划表

部门 / 管理层	职　　位	所需人数
决策层	副总经理	1
基金部	销售总监	3
	理财经理	6
	理财顾问	50

六、如何获取人才

从对企业人力资源现状分析的结果看，首先，企业需要一部分高素质的中高层管理人才；其次，应提高企业员工的整体素质；最后，企业应根据各个岗位的工作特性来确定具体招聘的标准和依据。

招聘采取内部招聘和外部招聘相结合的方式。中高层管理人员基本上从企业内部进行选拔和培养，若企业内部没有合适的人选，则采用外部招聘的方式从外部招聘人员。

（一）内部招聘

主要方式有以下三种：

1. 人才储备库。

2. 发布职位公告。

3. 内部晋升。

（二）外部招聘

本企业的薪酬水平整体偏高，因此，企业的外部招聘有一定的竞争力。外部招聘的渠道包括：

1. 校园招聘：一般在每年 2～4 月份、11～12 月份举办校园招聘洽谈会。

2. 社会招聘：有选择性地参加人才招聘会、在报纸上发布招聘信息广告，以及网站招聘三种形式。

3. 员工推荐。

七、人事政策

（一）薪酬基本政策

1. 新入职的员工，需经过企业 1～3 个月的试用期考核，具体时间依据岗位的性质和员工个人的工作表现而定。经考核合格的员工，方可转为正式员工，享有企业提供的福利待遇。

2. 以储备人才身份招聘进来的新员工，本科生试用期基本工资 1 500 元 / 月，签订一年期限的劳动合同。

3. 其他新进人员的工资标准依据各岗位的工资水平而定。

4. 经员工推荐的人员，若其表现良好，连续三次被评为“优秀员工”，则推荐者可获得企业设立的“员工推荐奖”。

（二）福利制度

1. 企业为所有正式员工缴纳国家规定的社会保险（养老、医疗、失业、工伤、生育、住房公积金）。

2. 员工享有国家规定的法定节假日休假权利。

3. 企业为员工提供午餐补助及交通补助。

4. 每年举办两次外出旅游活动。

5. 企业为员工提供部分娱乐休闲场所。

八、人力资源培训与开发

（一）人员培训

1. 人力资源主管根据企业发展计划并结合员工专业发展规划，合理地对各部门、各岗位人员制订培训计划并对培训费用做出预算。

2. 培训方式：

（1）岗位培训。岗位培训主要是针对储备人才的培训，培训内容涉及企业发展史、企业文化、企业规章制度、企业企业结构及各部门的职能等。方式以授课形式为主、实地考察为辅。

（2）在职培训。在职培训的适用对象是企业所有人员，主要目的是提升员工的工作技能。

（3）脱岗培训。脱岗培训主要是针对企业的中高层管理人员，方式包括到高校进修、外出考察、参加会议等。

3. 企业鼓励员工在不影响工作的情况下利用业余时间展开各种形式的学习。

4. 员工需要外出培训的，须事先填写《培训申请表》，经部门经理同意后，报人力资源部备案。涉及培训费用，员工还需与企业签订《培训协议》。

5. 所有接受培训的人员须接受培训考核，考核的方式以笔试、口试为主，技术人员以现场操作为主。考核不合格者，企业再次对其进行培训；对第二次考核仍不合格者，企业将予以辞退。

（二）人力资源开发

人力资源是企业巨大的财富，为了有效地利用这些资源，企业应该做好以下方面的工作：

1. 良好的企业文化

企业文化能够为企业树立良好的形象，还可以为员工提供一个良好的企业环境，对激励员工、提高员工的凝聚力都会起到良好的作用。

2. “能上能下”的用人机制

企业应为员工提供广阔的发展平台，员工应根据自身能力的大小公平竞争。

3. 有效的激励机制

企业应重视并尊重人才，对表现优秀的员工，企业应给予不同程度、不同方式的奖励。

4. 公平透明的绩效考核制度

绩效考核作为评定员工薪酬、晋升和培训等其他人事政策的重要依据，只有做到公正、客观，才有助于调动员工的积极性，员工考核的结果应保存在人力资源部并存档。

5. 有效的沟通机制

企业内部需建立良好的沟通机制，保证沟通的畅通性，进而让企业保持活力。

1.2.2 企业人力资源补充计划表示例

张林现任乐星公司人力资源部经理助理。11 月中旬，该公司领导要求人力资源部在两个星期内提交一份明年的人力资源规划初稿，以便在 12 月初的公司计划会议上进行讨论。人力资源部经理王生将此任务交给张林，并要求张林考虑下列情况：

1. 该公司的现状：该公司现有生产及维修工人 850 人、文秘和行政职员 56 人、工程技术人员 40 人、中层与基层管理人员 38 人、销售人员 24 人、高层管理人员 10 人。

2. 统计数据表明，近五年来，生产及维修工人的离职率高达 8%，销售人员的离职率为 6%，行政职员的离职率为 4%，中层和基层管理人员及工程技术人员的离职率为 3%，高层管理人员的离职率只有 1%，预计明年不会有大的改变。

3. 按企业已确定的发展规划，行政职员要增加 10%，销售人员要增加 15%，工程技术人员要增加 6%，生产及维修工人要增加 5%，高层、中层和基层管理人员可以不增加。

请根据上述任务情境，为乐星公司制订合理、可行的明年人力资源补充规划，列出现有的、可能离职的人员数量，以及需要增补的各类人员数量，填在表 1-6 中。

表 1-6　乐星公司人力资源补充规划表

人员类别	现有人数	离职率	离职人数	增长率	增长人数	预测需求人数（含替代离职人员）	明年人数
合　计							

1.2.3 部门增员计划表示例

西城公司 2023 年度拟招聘秘书一名（正式员工），其主要职责是起草文件、撰写工作报告和日常接待等；拟招聘打字员一名（临时员工），主要负责文件和报告的打印工作；拟招聘档案管理员一名（正式员工），主要负责工资等相关档案资料的管理；拟招聘班车司机两名（临时员工），主要负责员工上下班接送及完成临时出车任务。假如你是该公司的人力资源规划员，请编制该部门的 2023 年增员计划表（表 1-7）。

表 1-7　2023 年西城公司办公室人员增员计划表

部　门	办公室		计划编制日期	2022.12.12	负责人	李红
工作岗位	职务	类别	工作职责	现有人数	增加人数	小计
文秘	秘书	正式员工	起草文件、撰写工作报告和日常接待	2	1	3
打字	打字员	临时员工	文件和报告的打印	1	1	2
档案管理	档案管理员	正式员工	工资等相关档案资料的管理	1	1	2
司机	班车司机	临时员工	员工上下班接送及完成临时出车任务	3	2	5
合　计				7	5	12
部门主管审批:						

1.3　操作演练

【任务背景】

四梦公司人力资源部急需招聘主管一名，其主要职责是编制招聘计划、策划企业招聘活动、进行招聘面试等，并希望 2023 年 6 月份能够到岗。

【任务内容】

请根据操作示例中的编写说明和现有的知识编制该部门的增补计划表。

【任务实施指导】

1. 增补计划需要用什么形式（表格、Word）展现?

____

2. 增补计划的要点有哪些?

____

（提示：比如岗位、人数、职责、岗位的类别、岗位所在的部门、直接主管的审批流程、增补的时间等要素。）

复习题

1. 人力资源的概念是什么？人力资源管理的概念是什么？
2. 简述人力资源管理的体系。
3. 人力资源规划的概念是什么？人力资源规划的内容有哪些？
4. 简述人力资源规划的步骤。
5. 人力资源供需平衡措施有哪些？

附：

表 1-8 师生互动评价表

序号	评价内容	评价标准	评价结果
1	人力资源的概念	能说出人力的概念	是 / 否
		能说出资源的概念	是 / 否
		能说出人力资源的概念	是 / 否
2	人力资源管理的概念	能说出人力资源管理的概念	是 / 否
		能说出人力资源管理的主要内容	是 / 否
3	人力资源规划的概念	能说出人力资源规划的概念	是 / 否
		能说出人力资源规划的内容	是 / 否
		能说出人力资源规划的要点	是 / 否
4	人力资源规划的程序	能说出人力资源规划的四步程序	是 / 否
5	人力资源规划平衡措施	能掌握企业人力资源需求大于人力资源供给的措施	是 / 否
		能掌握企业人力资源需求小于人力资源供给的措施	是 / 否

模块 2 工作分析

工作分析是人力资源管理的一项基础性工作，它在整个人力资源管理系统中占有非常重要的地位，发挥着重要的作用。在日常工作中，经常会遇到一些问题，例如：某个岗位的职责和权限是什么？这个职位与其他岗位的权限是怎样界定的？什么样的人才能担任这一工作？岗位的绩效怎样评估？要从本质上解决这些问题，就必须进行科学的工作分析。

知识目标

1. 掌握有关工作分析的基本术语；
2. 掌握工作分析的含义及其在人力资源管理中的地位与作用；
3. 深刻理解和掌握工作分析方法；
4. 了解工作设计的含义及其方法；
5. 了解工作评价的含义及其方法。

能力目标

1. 能熟练运用人力资源的预测方法进行人力资源规划；
2. 能就某一工作岗位进行工作分析，编制出符合要求的工作说明书；
3. 能进行工作分析和工作设计。

思政目标

1. 培养学生肯付出、勇于担责的意识；
2. 培养学生的大局意识、团队意识；
3. 培养学生吃苦耐劳的精神品质；
4. 培养学生正确的价值观和择业观。

2.1 操作基础

2.1.1 理论基础

导入案例

一个机床操作工不慎将大量的液体洒在机床周围的地板上，车间主任要求操作工将地板上的液体打扫干净。操作工拒绝执行，理由是任职说明书里没有清扫的条文。车间主任又找来一名服务工来做清扫工作。但服务工同样拒绝，其理由是任职说明书里同样也没有包括这一类工作，这个工作应由勤杂工来完成，因为勤杂工的责任之一是做好清扫工作。车间主任威胁服务工说要解雇他，因为这种服务工是分配到车间来做杂务的临时工。服务工勉强同意，但是干完后立即向公司投诉。有关人员接到投诉，分别审阅了其任职说明书：

机床操作工——有责任保持机床的清洁，使之处于可操作的状态，但并未提及清扫地板。

服务工——有责任以各种方式协助操作工，如领取原材料和工具，随叫随到，即时服务，但也没有包括清扫工作。

勤杂工——负责各种形式的清扫工作，工作时间从其余工人下班以后开始。

【案例思考】机床周围地板的清洁工作应由谁来做？

一、相关概念

（一）工作分析的相关概念

1. 工作要素，指工作中不能继续分解的最小动作单元。例如：打开计算机、签字、打电话、发传真。

2. 任务，指员工在某一有限的时间段内为了达到某一特定目的所进行的一项活动。例如：讲课、出考卷。

3. 职责，指由一个人承担的一项或多项任务组成的活动。

4. 职位，指一个或多个任务落实到某个特定的员工身上时出现的工作岗位，也就是企业赋予每个员工的职务、工作任务及其承担的责任。例如：市场部经理。一个企业中，职位数量 = 员工数量。

5. 工作，指由一个或一组主要职责相似的职位组成的事项。一个工作可以有一个职位，也可以有多个职位。

6. 工作组，指由两个或两个以上的工作组成的工作体系。

7. 职业，指在不同企业、不同时间，从事相似活动的一系列工作的人员总称。例如：医生、教师、会计。

8. 职称，指标志专业技术人员学术水平能力和工作成就的等级称号。一旦获得，一般情况下终身享用。

9. 职务，指同职权相联系的工作岗位。担任某一职务，必须具备一定的资格条件，行使一定的职权，担负与职权相对应的职责，并获得相应的待遇。

10. 职级，指职务的级别。由于职位的责任难易程度不同等，需要将职位划分为不同的级别。

11. 职等，指职务的等级。由于不同职务所需要的任职资质条件不同，就有相应的不同职务等级。职级与职等是相对应和吻合的。

12. 职员，指执行任务、承担工作责任的人员。先有职位，后有职员。职员应由职位来确定，职位不依靠职员而存在，若职员离职，职位仍然存在。只有聘任了，职务才能生效，待遇才能兑现。

（二）工作分析的概念

工作分析是对企业中某个特定工作职务的目的、任务或职责、权力、隶属关系、工作条件、任职资格（即从事该工作的工作人员所应具备的条件）等相关信息进行调查、收集与分析，以便对该职务的工作做出明确的规定，然后加以系统、科学地描述和规定的活动。简言之，就是一个确定工作（职务）的任务、活动和责任的过程。

工作分析主要用于解决工作中存在的以下七个重要的问题，可以用“6W1H”加以概括：

1. 用谁（Who）：谁来完成这项工作。

2. 做何事（What）：工作的具体内容是什么。

3. 何时（When）：工作将在什么时间完成。

4. 何地（Where）：工作将在哪里完成，工作环境怎么样。

5. 如何做（How）：如何来进行这些工作。

6. 为何（Why）：从事这些工作的目的是什么。

7. 为何人（For Whom）：这项工作的服务对象是谁。

从工作分析的内容可以看出工作分析的两个最基本的问题：一是工作是什么，二是谁适合做这份工作。“工作是什么”包括了以下内容：岗位的名称、级别岗位设置的目的、岗位的工作内容、岗位的任务和职责、岗位的主要工作权力、岗位需要的工作条件、本岗位与其他岗位的关系及岗位在企业组织结构中的位置。“谁适合做这份工作”包括了基本学历和专业要求、在某一领域的工作经验、必须具备的基本能力、必须接受的培训、年龄和性别要求及性格要求。

工作分析的三个其他主要问题为：

1. 谁最适合这个工作：哪些经历可以优先，哪些专业可以优先，怎样的资格可以优先，参加过哪些培训可以优先，等等。

2. 谁来做工作分析：人力资源管理专家负责总体策划和审定；主管人员结合企业实际参与或企业人员编写；在岗员工结合个人实践提供经验资料；人力资源部门做出规范、完整、系统的岗位分析。

3. 何时做工作分析：企业投入运行时；战略调整、业务发展时；工作内容与性质发生变化时；兼并、扩充、增加生产线时；改变编制，重新定岗定员时；引进新设备、工艺、技术时；建立相关制度时。

（三）工作设计

工作设计是根据企业需要兼顾个人需要，规定某个工作的任务责任、权力以及在企业中与其他工作关系的过程。工作设计的维度有两个方向：工作的深度，按照工作的技术强度和人在工作中的自主程度进行工作设计；工作的范围，按照工作范围的大小和多样化程度进行工作设计。

（四）工作设计的方法

1. 工作扩大化：扩展一项工作所包含的任务和职责。

（1）横向扩大化：将很细的工作单位合并，将由一个人负责一道工序改由几个人共同负责几道工序。

（2）纵向扩大化：将经营管理人员的部分职能转由一部分员工承担，工作范围沿着企业形式的方向垂直扩大。

（3）本方法的优缺点：在一定程度上降低了工作的单调感，增多了员工工作所需的技能，提高了员工对工作的满意度。但如果没有加薪的补偿，可能会降低员工的工作热情，从而降低劳动生产率。

2. 工作轮换：在企业生产不受影响的前提下，将员工安排在几个不同的岗位中轮换工作。

本方法的优缺点：工作的调换有助于对员工适应能力的培养，在不同的岗位工作为员工提供了一个全面观察和了解工作全流程的机会，有助于消除长期从事某一工作的厌烦感。但员工换到新职位时需要时间重新熟悉工作，生产力会有所下降，也增加了公司的培训费用和管理人员的工作量。

3. 丰富工作内容：在工作中赋予员工更多的责任、自主权和控制权等，满足员工心理需求，达到激励的目的。

本方法的优缺点：增加了培训费用等一系列开支，但提高了员工的素质和对工作的满意程度，激发了员工的工作热情，从而提高了产品产出效率和质量。

（五）工作评价

工作评价是指评定各项工作在实现企业目标中的价值，并据此确定各项工作的等级，进而制订各项工作的报酬，为最后构建薪酬结构提供依据。

工作评价的目的是判断一项工作的相对价值。它通过采用一整套标准化、系统化的评价体系，对企业内部各职位的价值进行评价，得到各职位的评价值。该评价值可以作为设定该职位薪酬水平的主要依据。

（六）工作评价的方法

1. 排序法

排序法即按照各个职位的价值大小进行排序，是最简单的一种职位评价方法。由于没有客观的评价尺度，排序法的主观性较大，对各职位之间的确切差距无法定量比较。

2. 职位归类法

职位归类法是一种简单易行、广泛使用的方法。它是按照一定的标准将职位归入事先确定的等级中的评价方法。

3. 要素记点法

要素记点法是实践中最常采用的一种工作评价方法。它主要根据各个职位在一定要素（如薪酬要素）上的得分来确定它们的相对价值。具体步骤如下：

（1）确定要素，并划分每个要素的等级；

（2）确定每个要素及其等级的点值；

（3）确定企业内每个职位的点值。

4. 要素比较法

要素比较法是排序法的延伸，不过比排序法的标准和方法更为复杂。它根据不同的要素对典型职位进行多次排序，以确定典型职位之间的相对价值，然后再通过比较其他职位与典型职位的差异，来确定所有职位的相对价值。尽管要素比较法客观明确，但操作起来非常复杂。

二、工作分析的结果

工作分析的结果是工作说明书。一个完整的工作说明书包括工作描述和工作规范。

工作描述是职务分析结果之一，即关于某种工作职务所包括的任务、职责以及责任的说明，主要包括工作职务目的、任务或职责、权力、隶属关系、工作条件等内容。

1. 工作名称。也就是什么工作。

2. 工作活动和程序。包括所要完成的工作任务、工作职责、完成工作所需要的资料、材料与机器设备、工作流程、工作中与其他工作人员的正式联系，以及上下级关系。

3. 工作条件和物理环境。包括工作环境正常的温度、适当的光照度、通风设备、安全措施、建筑条件，以及工作的地理位置。

4. 社会环境。包括社会心理气氛、工作团体的情况、同事的特征及相互关系、各部门之间的关系等。此外，还包括企业内以及附近的文化和生活设施。

5. 职业条件。职业条件说明了工作的各方面特点：薪酬、工作时间、工作的季节性、晋级机会、进修和提高的机会、该工作在本企业中的地位，以及与其他工作的关系等。

工作规范是一个人为了完成某种特定的工作所必须具备的知识、技能、能力以及其他特征的说明，主要包括完成工作所需要的知识、能力、行为，以及人员条件等内容。

三、工作分析所需收集的资料

（一）背景资料：企业所在的产业、企业的经营战略、企业文化、企业结构和职业分类等。

（二）工作活动：实际发生的工作活动、工序、活动记录、负责人的职责等。

（三）工作行为：与工作有关的个人行为（如沟通、决策、撰写等）、动作和对行为的质量要求。

（四）工作设备：计算机（软件和硬件）、安全设施、办公室设备、机器、工具和其他工作器具等。

（五）有形和无形物质：与工作有关的有形和无形物质，包括物料、制成品、所应用的知识和所提供的服务等。

（六）绩效标准：工作标准、偏差分析、各种量度和评估工作成果的方法等。

（七）工作条件：工作环境、工作时间表、激励因素及其他企业和社会环境的条件。

（八）人员条件：与工作有关的知识和技能及个人特性的要求。

四、工作分析的意义

工作分析是人力资源管理的基础性工作，人力资源管理的每项工作几乎都需要用到工作分析的结果，可以说，工作分析是企业几乎所有人力资源管理职能的基础。因此，工作分析在人力资源管理中具有十分重要的作用。具体意义如下：

1. 工作分析是人力资源规划的基础；
2. 工作分析对企业人员的甄选与任用具有指导作用；
3. 工作分析有助于员工培训与开发工作的开展；
4. 工作分析有利于职业生涯规划与管理；
5. 工作分析为绩效评价提供了客观的标准与依据；
6. 工作分析有助于薪酬管理方案的设计；
7. 工作分析有利于把握员工的安全与健康状况；
8. 工作分析有利于改善员工的劳动关系；
9. 工作分析有助于设计工作。

2.1.2 技能基础

思考

在实际工作中，经常出现以下疑问：

为什么有人工作量很大，做也做不完？

为什么有人没活干，整天喝茶看报纸、上网打游戏？

为什么会有人工作相互重叠，有功劳大家争，有责任没人担？

为什么会有工作没人去做，最终导致贻误战机？

为什么招聘的员工，常常会不符合岗位要求？

为什么不能完成客观的绩效考核，导致勤无奖懒无罚？

为什么公司投入了培训成本却没有达到期望的效果？

为什么有的员工不知道自己该做些什么？

为什么主管难以确切地评价下属员工的工作成绩是好是坏？

以上问题的解决都需要依靠企业有效的工作分析。

一、工作分析的程序

作为对工作的全面评价过程，工作分析可分为以下 4 个阶段，6 个步骤，如图 2-1 所示。

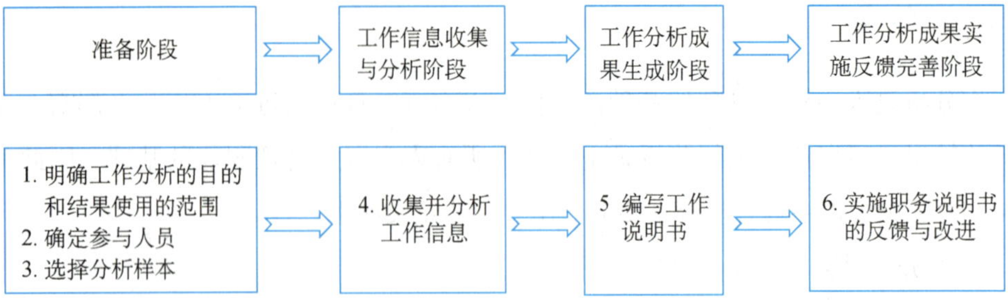

图 2-1 工作分析的程序

第一阶段：准备阶段。此阶段可分为 3 个步骤：明确工作分析的目的和结果使用的范围，确定参与人员，选择分析样本。

第二阶段：工作信息收集与分析阶段。此阶段包括 1 个步骤：收集并分析工作信息。

第三阶段：工作分析成果生成阶段。此阶段包括 1 个步骤：编写工作说明书。

第四阶段：工作分析成果实施反馈完善阶段。此阶段包括 1 个步骤：实施职务说明书的反馈与改进。

二、选择工作分析的方法

在进行工作分析时，选择正确的方法是至关重要的，合适的方法可以收集到有关工作足够的信息，编制出一份完整的工作分析表。工作分析的目的与内容不同，工作分析的方法也不同。

（一）定性分析方法

1. 观察法

观察法是指在工作现场运用感觉器官或其他工具，观察员工的实际工作过程、行为、内容、特点、性质、工具、环境等，并用文字或图表的形式记录下来以收集工作信息的一种方法。此方法需要在实施之前进行“工作分析观察提纲”的设计。

工作分析观察提纲（部分）

被观察者姓名： ____________ **日　期：** ________

观察者姓名： ____________ **观察时间：** ________

工作类型： ____________ **工作部门：** ________

观察内容：

（1）什么时候正式开始工作？

（2）上午工作了多少小时？

（3）上午休息了几次？

（4）第一次休息时间从________到________。

（5）第二次休息时间从________到________。

（6）上午完成产品多少件？

（7）平均多少时间完成一件产品？

（8）与同事交谈几次？

（9）每次交谈约________分钟。

（10）室内温度________摄氏度。

（11）抽了几支香烟？

（12）喝了几次水？

（13）什么时候开始午休？

（14）产出了多少次品？

（15）搬了多少原材料？

（16）噪声分贝是多少？

2. 访谈法

通过与员工和管理者的访谈，可以获取更多的细节和更准确的信息。一般有三种访谈的方式：与该工作的主管人员进行交谈，与从事该工作的每个员工进行交谈，与从事相同工作的员工群体进行交谈。

3. 工作实践法

工作实践法也称参与法，它是指工作分析人员通过直接参与某项工作，从而细致地、深入地体验、了解、分析工作的特点和要求。

4. 问卷法

问卷法要求被试者填写编制的问卷来获取有关工作的信息，是一种快速而有效的方法。问卷法主要可以分为两种：一般工作分析问卷和指定工作分析问卷。

一般工作分析问卷（部分）

（1）职务名称________。

（2）比较适合任此职的性别是________（请选择，下同）。

A. 男性　　B. 女性　　C. 男女均可

（3）最合适任此职的年龄是________。

A. 20 岁以下　　B. 21～30 岁　　C. 31～40 岁

D. 41～50 岁　　E. 51 岁以上

（4）能胜任此职的文化程度是 ________。

A. 初中以下　　B. 高中 / 中专　　C. 大专

D. 本科　　E. 研究生以上

（5）此职的工作地点在 ________。

A. 本地市区　　B. 本地郊区　　C. 外地市区

D. 外地郊区　　E. 其他

（6）此职的工作主要在 ________（指 75%以上的时间）。

A. 室内　　B. 室外　　C. 室内外各一半

（7）任此职者的一般智力最好在 ________。

A. 90 分以上　　B. 70～89 分　　C. 30～69 分

D. 10～29 分　　E. 9 分以下

（8）此职工作信息来源主要是 ________。

A. 书面材料（文件、报告、书刊、各种材料等）

B. 数字材料（包含各种数据、图表、财务数据等的材料）

C. 图片材料（设计草图、照片、地图等）

D. 模型装置（模型、模式、模板等）

E. 视觉显示（数学显示、信号灯、仪器等）

F. 测量装置（气压表、气温表等各种表具）

G. 人员（消费者、客户、顾客等）

指定工作分析问卷

推销员工作分析问卷（部分）

说明以下职责在你工作中的重要性（最重要的打 10 分，最不重要的打 0 分，标在右侧的横线上）。

（1）和客户保持联系 ________

（2）接待好每一个客户 ________

（3）详细介绍产品的性能 ________

（4）正确记住各种产品的价格 ________

（5）拒绝客户不正当的送礼 ________

（6）掌握必要的销售知识 ________

（7）善于微笑 ________

（8）送产品上门 ________

(9) 参加在职培训 ________

(10) 把客户反映的有关质量问题反馈给有关部门 ________

(11) 准备好各种推销工具 ________

(12) 每天拜访预定的客户 ________

(13) 在各种场合推销本企业产品 ________

(14) 讲话口齿清晰 ________

(15) 思路清晰 ________

(16) 向经理汇报工作 ________

(17) 每天总结自己的工作 ________

(18) 每天锻炼身体 ________

(19) 和同事保持良好关系 ________

(20) 自己设计一些小型促销活动 ________

(21) 不怕吃苦 ________

5. 典型事例法

典型事例法是对实际工作中特别有效或无效的工作者行为进行描述，并收集工作信息的一种方法。典型事例法的特点是，对某项工作收集大量典型事例以后，通过对记录的结果进行归纳和分类，可以总结出工作的特性和要求。

6. 工作日志法

工作日志法是指要求从事工作的员工每天记工作日记或日志，即让工作者每天按时间顺序记录下自己所进行的工作任务、工作程序、工作方法、工作职责、工作权限以及各项工作所花费的时间等，是收集工作信息的一种方法。

表 2-1 展示了以上几种方法的优缺点。

表 2-1 几种工作分析方法的比较

方法	优　点	缺　点
观察法	有助于了解岗位比较客观的信息；能澄清某些疑问；能通过直接观察得到岗位要求的个人资格	分析者对工人造成压力；不易观察到一些突发事件；不适用工作周期长的岗位
访谈法	可为岗位分析、绩效评估提供第一手信息；了解员工需求及满意度；发现管理隐性问题，较好沟通	员工在面谈中可能夸大其工作任务和重要性；比较费时
工作实践法	直接了解岗位的实际工作情况及岗位的各方面要求	不适用需要进行大量训练或者具有危害性的工作岗位

续表

方法	优　　点	缺　　点
问卷法	短时间内可以获得信息；内容有针对性；员工容易作答；问卷结果容易量化和分析比较	问卷调查的设计比较困难，不合适的问卷可能导致调查结果的偏差；不能准确地描述他们的工作任务；问卷的回收率难以保证
典型事例法	直接描述人们在工作中的具体活动，可以获得职务的静态信息和动态特点	收集、归纳事例并加以分类要耗费大量时间；事例描述的是特别有效或特别无效的行为，所以很难对平均的工作行为形成总的概念，这样可能会遗漏一些不显著的工作行为，难以非常完整地把握
工作日志法	信息可靠性强，适用确定有关工作责任、工作内容、工作关系、劳动强度等方面的信息；采取逐日或在工作活动后记录，可避免遗漏；所需费用较少；可以收集到最详尽的数据	将注意力集中于活动过程，而不是结果；适用此方法必须做到任职者对此项工作的情况和要求很清楚；整理信息的工作量大，归纳工作烦琐；填写者因不认真可能会漏填某些内容，从而影响分析结果；填写日志会影响正常工作；若由第三者填写，人力投入量会很大，不适用于处理大量的业务；存在误差，需要对记录分析结果进行必要的检查

（二）定量分析方法

1. 职位分析问卷方法（PAQ）

1972 年由普渡大学麦考密克（E. J. McCormick）提出的 PAQ 法是以个人特征为重点的分析方法，是一种结构化、定量化的分析方法，也是一种适用性很强的工作分析方法。该方法包括 194 个项目，其中 187 个用来分析完成工作过程中员工活动的特征，另外 7 个涉及薪酬问题。职位分析问卷法分 6 个部分：信息来源、心理过程、识别“产出”、与其他人的关系、自然和社会环境、其他工作特征，以 6 分制进行主观评分。

2. 管理职位描述问卷方法（MPDQ）

该方法由托纳（W. W. Tornow）和平托（P. R. Pinto）在 1976 年提出。它与 PAQ 法类似，利用管理职位描述问卷对管理职位进行描述、分类和评价，并进行相关的工作分析。该方法包括 208 个用来描述管理人员工作的问题，分 13 个类别：计划、协调、控制、产品和服务责任、公共关系、咨询指导、自主性、财务审批权、雇员服务、监督、复杂性和压力、重要财务责任、人事责任。管理人员自己评分。

3. 功能性工作分析方法（FJA）

它由美国培训与职业服务中心开发，是以工作为中心的分析方法，它以员工所需发挥的功能与应尽的职责为核心。FJA 法认为所有工作都涉及工作的执行者与数据、人、事三者之间的关系，通过发生关系时的行为，可以反映工作特征、工作目的和人员功能。

2.2 操作示例

2.2.1 职位说明书的内容样板

1. 基本资料：职务名称，直接上级职位，所属部门，工资等级，工资水平，所辖人员，定员人数，工作性质。

2. 工作描述：工作概要；工作活动内容，包括活动内容、时间百分比、权限等；工作职责；工作结果。

3. 工作关系：受谁监督，监督谁；可晋升、可转换的职位及可升迁至此的职位；与哪些职位有联系。

4. 工作人员运用设备和信息说明。

5. 任职资格说明：最低学历，所需培训的时间和科目，从事本职工作和其他相关工作的年限和经验，兴趣爱好，个性特征，性别要求，年龄特征。

6. 体能要求：工作姿势，对视觉、听觉、嗅觉有何特殊要求，精神紧张程度，体力消耗大小。

7. 工作环境：工作场所，工作环境的危险性，职业病，工作时间特征，工作的均衡性，工作环境的舒服程度。

2.2.2 招聘专员工作描述示例

表 2-2 招聘专员工作描述

名称	招聘专员	**所属部门**	人力资源部	**职务代码**	XL-HR-021	**工资等级**	9～13
直接上级职务	人力资源部经理						
工作目的	为企业招聘优秀、适合的人才						
工作要点	1. 制订和执行企业的招聘计划 2. 制订、完善和监督执行企业的招聘制度 3. 安排应聘人员的面试工作						
工作要求	认真负责、有计划性、热情周到						
工作责任	1. 根据企业发展情况提出人员招聘计划 2. 执行企业招聘计划 3. 制订、完善和监督执行企业的招聘制度						

续表

工作责任	4. 制订招聘工作流程 5. 安排应聘人员的面试工作 6. 应聘人员的材料管理 7. 应聘人员材料、证件的鉴别 8. 建立企业人才数据库 9. 完成直属上司交办的所有工作任务
衡量标准	1. 上交的报表和报告的时效性与建设性 2. 工作档案的完整性 3. 应聘人员材料的完整性
工作难点	提供详尽的工作报告
工作禁忌	工作粗心，不能有效地向应聘者介绍企业的情况

2.2.3 招聘专员任职资格示例

招聘专员的任职资格

职务名称：招聘专员　　所属部门：人力资源部

职务代码：XL-HR-021　　工资等级：9～13

直接上级职务：人力资源部经理

一、知识和技能要求

1. 学历要求：本科及以上；

2. 工作经验：3 年以上大型企业工作经验；

3. 专业背景：从事人力资源招聘工作 2 年以上；

4. 英文水平：达到大学英语四级水平；

5. 计算机水平：熟练使用 Windows 系统和 Office 系列软件。

二、特殊才能要求

1. 语言表达能力：能够准确、清晰、生动地向应聘者介绍本企业情况，准确、巧妙地解答应聘者提出的各种问题；

2. 文字表述能力：能够准确、快速地将希望表达的内容用文字表述出来，对文字描述很敏感；

3. 观察能力：能够很快地把握应聘者的心理；

4. 处理事务能力：能够将多项并行的事务安排得井井有条。

三、综合素质

1. 有良好的职业道德，能够保守企业人事秘密；

2. 独立工作能力强，能够独立完成布置招聘会场、接待应聘人员、应聘者非智力因素评价等任务；

3. 工作认真细心，能准确地把握同行业的招聘情况。

四、其他要求

1. 能够随时出差；

2. 请假一般不超过一个月。

2.2.4 人力资源管理专员工作说明书示例

表 2-3　人力资源管理专员工作说明书

基本情况	**岗位名称**	人力资源管理专员	**所属部门**	综合管理部
	岗位编号	JDCYY-M-Z002	**岗位定员（人）**	1
	直接上级	综合管理部部长	**薪资等级**	二级
	直接下属	无	**编制日期**	2021.8.11
岗位概要	负责参与制订公司人力资源发展目标和规划，在制度管理、岗位管理、人才招聘甄选、培训管理、薪资管理、绩效管理等方面进行管理并组织实施，保证公司人力资源供给和人力资源的高效利用			
职责一	**职责表述**	参与起草公司有关人力资源管理制度，经批准后组织实施并进行监督		
	工作任务	参与起草公司有关人力资源管理制度，上报综合管理部审定		
		对公司人力资源管理制度进行跟踪研究，提出制度修改建议，并上报综合管理部		
		依据公司年度计划，制订人事工作的管理计划		
职责二	**职责表述**	组织公司人力资源规划工作，参与公司重大人事决策		
	工作任务	根据公司战略规划，组织制订公司人力资源规划方案，并报综合管理部审批		
		制订公司人员需求计划，组织人才供给调查，掌握各部门人力资源饱和度、需求等情况，提交综合管理部审批		
		负责组织公司人力资源规划的实施，并根据变化调整人力资源规划方案		
		根据公司的战略发展规划，提出机构设置和岗位职责设计方案		
		负责对公司组织结构设计、人员需求结构提出改进方案		
		负责公司各岗位说明书的维护、修订、发布及解释		
		为重大人事决策提供建议和信息支持		
		组织建立公司人才库，并组织日常管理		

续表

职责三	职责表述	组织开展公司员工的招聘、配置工作
	工作任务	根据部门人员需求情况，提出内部人员调配方案（包括人员内部调入和调出），经综合管理部审批后实施，促进人员的优化配置
		根据公司年度预算和企业机构设置，制订人员编制计划和年度招聘计划
		制订招聘流程及各环节的操作方法，进行初步的面试与筛选，做好各部门间的协调工作等
		有效组织招聘工作，特别是公司年度大规模员工招聘，维护招聘渠道，提高工作效率
职责四	职责表述	组织开展公司培训工作
	工作任务	根据公司整体的发展和人才提升需求，以及各部门培训教育需求，制订公司年度培训计划及培训预算，提交公司审批
		组织建立内外部培训讲师队伍
		督导、安排、检查内部培训师的工作，审核培训课程讲义
		发展外部培训合作机构，负责签订外部培训合同，接洽外部培训前的各项工作
		指导下属组织开展各项内外部培训
		检查跟进培训组织情况，进行培训效果跟踪和评价
职责五	职责表述	组织开展公司的薪酬、福利管理
	工作任务	参与公司的薪酬管理制度、薪酬体系设计和薪酬管理的规范工作，并根据公司发展需要适时调整薪酬方案
		开展公司的薪酬调整管理，组织有关的调薪评审活动
		接受员工的有关询问，解释公司薪酬、福利相关政策及核算方法
职责六	职责表述	组织开展公司的绩效管理工作
	工作任务	参与制订公司的绩效考核体系和激励政策方案
		实施和推进绩效管理工作
		负责监督和检查绩效考核的实施情况
		负责收集和汇总的绩效评估档案
		负责受理绩效投诉并反馈信息
职责七	职责表述	组织开展公司的员工管理及人事工作
	工作任务	建立公司人员基本信息数据库，完成人事信息统计，更新员工基本信息、员工流动状况并核查，提供人力资源状况分析
		建立内部沟通机制，妥善处理人员流动与劳资关系，及时跟踪和分析人员流动状况并提供给高层参考，逐步实现对员工流动的有效控制

续表

<table>
<tr><td rowspan="4">职责七</td><td rowspan="4">工作任务</td><td colspan="3">与员工进行积极沟通，进行定期或不定期的员工谈话</td></tr>
<tr><td colspan="3">建立员工反馈制度，针对员工日常反映出的问题，对相应问题提出整改意见并监督改进</td></tr>
<tr><td colspan="3">制订档案管理规范和制度，指导下属建立员工档案管理，并进行定期的更新、整理、保管</td></tr>
<tr><td colspan="3">进行员工劳动合同管理</td></tr>
<tr><td rowspan="6">职权</td><td colspan="4">对公司人力资源管理制度的建议权</td></tr>
<tr><td colspan="4">对公司员工的招聘录用的建议权、转正建议权</td></tr>
<tr><td colspan="4">对公司员工的人事任免及人员调配的建议权</td></tr>
<tr><td colspan="4">对公司绩效考核工作的指导、监督权，以及对考核结果的审核权</td></tr>
<tr><td colspan="4">对员工出勤的监督权</td></tr>
<tr><td colspan="4">对人力资源有关档案管理的监督权、查阅权</td></tr>
<tr><td rowspan="4">工作关系</td><td rowspan="2">内部关系</td><td colspan="3">本部门各岗位</td></tr>
<tr><td colspan="3">公司各部门</td></tr>
<tr><td rowspan="2">外部关系</td><td colspan="3">各子（项目）公司</td></tr>
<tr><td colspan="3">政府部门、相关机构和公司</td></tr>
<tr><td>办公设备</td><td colspan="4">办公电脑、电话、打印机、碎纸机</td></tr>
<tr><td rowspan="4">任职资格</td><td>学历</td><td>本科及以上</td><td>职称</td><td>人力资源管理师中级以上
（人力资源管理师三级以上）</td></tr>
<tr><td>专业</td><td colspan="3">人力资源管理专业、工商企业管理等相关专业</td></tr>
<tr><td rowspan="2">工作经验</td><td colspan="3">5 年以上相关工作经验</td></tr>
<tr><td colspan="3">对人力资源管理事务性工作有娴熟的处理技巧</td></tr>
<tr><td rowspan="8">任职资格</td><td rowspan="5">知识技能</td><td colspan="3">人力资源、企业管理等相关专业</td></tr>
<tr><td colspan="3">熟悉现代人力资源管理知识</td></tr>
<tr><td colspan="3">熟悉劳动法知识及相关地方性法规</td></tr>
<tr><td colspan="3">熟悉 Office 办公软件</td></tr>
<tr><td colspan="3">知晓财务会计和管理能力开发等方面的知识</td></tr>
<tr><td rowspan="3">能力素质</td><td colspan="3">计划与执行能力</td></tr>
<tr><td colspan="3">组织与协调能力</td></tr>
<tr><td colspan="3">沟通能力</td></tr>
</table>

续表

任职资格	其他要求	有良好的个人形象及较高的亲和力			
		服务意识强，保密意识强			
版本控制	修订时间	修订内容	修订者	审核者	审批者
签字确认	责任人			时间	
	任职者				
	直接上级				
	总经理				

2.3 操作演练

【任务背景一】

东进公司是一家中小型规模企业（300 人左右），主要销售净水设备。近年来销售人员纷纷辞职，该公司认真分析了销售人员辞职的原因，发现原来招聘销售人员的时候缺乏严谨的工作分析，只要是看着顺眼、感觉差不多的人，就招进来做销售。结果很多人进入该公司后，发现这项工作根本不是自己喜欢的，或者进入该公司时并不清楚自己的工作是什么。在这种情况下，很多人纷纷离职。

【任务内容】

假设你是东进公司人力资源部副经理，主要负责工作分析和招聘，请拟定一份净水设备销售人员工作说明书。

【任务实施指导】

1. 你打算用什么形式（如表格、Word）展现工作说明书？

____

2. 工作说明书的内容主要包括哪些问题？

____

（提示：两个大的问题："岗位是什么？"和"岗位要求是什么？"。）

3. 确定好以上内容后，如何设计工作说明书？

____

4. 提醒：后续企业在使用本岗位说明书时，需要随着岗位需求的变化不断进行修改。

【任务背景二】

新世纪摄影公司

新世纪摄影公司的主要业务是摄影、冲印底片和制作艺术照片。公司由 50 个雇员组成，其中有 8 个管理人员。艺术部（8 名雇员和 1 名管理人员）的基本工作是挑选照片后进行艺术处理，并装订成册。如果组织得当，这些工作其实是很有趣的。在工作设计之前，主管人接收所有的任务，将它们归类整理，然后按工人的技术水平分派任务，指定完成期限。工作负荷过重时，主管人本身也要完成一部分工作，完成工作后，他必须检查所有的产品，并修补有问题的部分。

对主管人而言，修补有问题的照片是个令人头痛的问题，他需要完成大量细致且烦琐的工作。然而，即便主管人花费了大量的时间和精力在上面，工作却仍有积压，以至顾客和其他部门经常抱怨成品变质、工期拖延，结果他忙得几乎没有时间培训和管理员工，而雇员的出错率也越来越高，积压的工作量也越来越多，工作的效率也越来越低下。同时，不合理的计酬方式使情况更加恶化。报酬的高低以完成任务的数量来定，而不考虑工作的难易程度，这使那些有经验的工人从事耗时多的复杂工作而报酬偏低，而那些做着简单工作的新雇员却得到高收入。职工的不满情绪日益增加，两个月内，有 3 个职工离开了该部门。

【任务内容】

1. 请应用工作设计的基本原则，分析该公司的工作设计中存在什么问题。
2. 对该公司的工作设计提出新的方案。

【任务实施指导】

1. 分析工作设计中的问题时，首先要做什么？

____

（提示：首先对本案例中的涉及岗位进行工作分析。）

2. 第二步要做的工作是什么？

____

（提示：理顺各岗位之间的衔接问题，解决岗位的职责和报酬不对等的问题。）

【任务背景三】

张经理是某管理顾问公司经理兼高级顾问，最近正在为某医院做一个人力资源咨询项目。为了实现人员和岗位的最佳配置，张经理今天早上和该公司从事顾问工作的同事们一起召开了一个项目工作例会，在工作分析方法的选择和使用上，他们发生了激烈的争执。谈话内容如下：

“他们医院大，有 2 000 多人，我建议用职位问卷分析法做，这样比较规范和标准，也容易操作。”

“我不同意，2 000 多份问卷发下去再收回来，难度很大。另外，要完成这么多份问卷的分析工作起码要一个多月的时间，而我们这一阶段的全部工作时间才一个月，时间不允许我们这样做。”

谈话陷入僵局。实际上每个顾问的想法都是对的，只不过各自的出发点不同而已。最后，张经理说：“这样吧，我们以访谈法为主，同时辅以职位问卷分析法和工作日记法，多种方法结合。这样既能节省时间，又能达到预期效果。”

【任务内容】

1. 张经理的意见合理吗？为什么？
2. 针对该医院的具体情况，什么方法更为有效？

【任务实施指导】

1. 分析案例首先需要做什么？

____

（提示：阅读背景资料，了解企业的基本情况。）

2. 工作分析方法有哪些？各种工作分析方法的优缺点是什么？

____

3. 了解了各种工作分析的方法，如何选择适合企业的工作分析方法？

____

（提示：对比企业的背景和工作分析各方法的优缺点进行决策。）

复习题

1. 简述工作分析的概念和相关术语。
2. 工作分析的基本流程是什么？
3. 工作分析的常用分析方法有哪些？
4. 简述工作说明书的编写内容和要点。
5. 工作评价的概念是什么？工作评价方法有哪些？

附：

表 2-4 师生互动评价表

序号	评价内容	评价标准	评价结果
1	工作分析的概念	能说出工作分析主要研究的 2 个问题	是 / 否
		能说出工作分析的重点	是 / 否
		能说出工作分析的结果	是 / 否
2	工作分析的流程	能掌握工作分析的实施流程	是 / 否
3	工作分析的方法	能说出工作分析的方法	是 / 否
		能说出工作分析方法的优缺点	是 / 否
		能根据具体的企业背景选择工作分析方法	是 / 否
4	工作说明书的设计	能说出工作说明书包含的内容	是 / 否
		能利用表格或者文字撰写工作说明书	是 / 否
5	工作评价的概念	能说出工作评价的概念	是 / 否
		能说出工作评价的方法	是 / 否

模块 3 招聘与选拔

在激烈的社会竞争中，企业的核心竞争力来自高素质的员工队伍和科学的人事安排。员工的招聘与选拔是决定企业人力资源管理工作效率的关键因素。根据企业的经营目标与业务要求，在人力资源规划的指导下，根据工作说明书，把合适的人才在合适的时间安排在合适的岗位，是企业经营成功的关键之一。

知识目标

1. 了解员工招聘的意义、原则及影响因素；
2. 掌握员工招聘的流程和来源；
3. 掌握员工招聘与选拔的方法；
4. 掌握背景调查实施的方法。

能力目标

1. 能够根据给定的背景资料为企业设计招聘计划；
2. 能够编制招聘过程中的基本文件和相关表格；
3. 能够利用招聘的相关理论组织模拟面试。

思政目标

1. 培养学生诚实守信的品质；
2. 培养学生平等、公正的法治意识；
3. 培养学生关心民生的社会责任感。

3.1 操作基础

3.1.1 理论基础

导入案例

萝 卜 招 聘

2010 年 11 月 13 日下午，网友“冒某某”在其新浪微博上爆料，称句容市 2010 年事业单位招聘有问题，并晒出该市人力资源和社会保障局官网链接为证。其中对句容市政府接待服务中心公务接待人员的应聘条件设置为：女性、身高 1.63 米以上、具有两年相关工作经验、面试成绩占 70%、专业不限、限句容籍户口等。而据该网友了解，事实真相是，句容市一位副市长的侄女王某某，此前在接待办工作两年，一直无编制。此次招聘条件，全部为她量身打造，人称“萝卜招聘”。

【案例思考】如何进行有效招聘?

一、招聘的含义及相关理论

（一）招聘的含义及内容

1. 招聘的含义

招聘是企业获得合格人才的渠道，是企业为了生存和发展的需要，根据企业人力资源规划和分析工作的数量与质量要求，通过信息的发布和科学甄选，获得本企业所需合格人才，并安排他们到企业所需岗位工作的过程。

由此可以看出，招聘的前提与依据是人力资源规划和工作说明书。招聘的核心是通过选拔实现“人—事”匹配。招聘的目的是寻找具备最适合的技能，而且具有劳动的愿望，能够在企业相对稳定地工作的雇员。

一位知名节目主持人曾经说过：“我做事只有两个原则，一是做自己喜欢的事，二是做自己擅长的事。碰巧电视节目主持人是我既喜欢又擅长的工作……”这样的雇员，就是企业招聘时最符合期望的雇员。

2. 招聘与选拔的内容

招聘与选拔是企业获取人力资源职能的体现，是实现企业人力资源战略、落实人力资源规划的重要一环。从招聘的定义来看，招聘与选拔是由招募、选拔、录用和评估四个阶段组成的系统的管理和实践过程。

（1）招募。是企业发布招聘信息，吸引求职者并建立求职者“蓄水池”的过程，主要包括招聘计划的制订与审批，招聘渠道的选取，招聘信息的设计与发布，以及组织应聘申请者。

（2）选拔。是从职位申请者中筛选那些符合企业需要人员的过程，也就是企业对申请者进行分析考查的过程，包括资格审查、初选、测试、体检、背景调查等内容。

（3）录用。该阶段主要包括上岗引导、新员工访查等工作内容。目的在于促进员工了解企业的文化和价值观，培养员工正确的工作态度；满足他们进入群体过程的需要；打消新员工不切实际的念头；提供给新员工需要的专门信息；降低文化冲击的影响，提高新员工的稳定性。

（4）评估。是招聘过程中必不可少的一个环节。评估包括两个方面的内容：一是对招聘结果的成效进行评估，如成本与效益评估，录用员工数量与质量评估；二是对招聘方法的成效进行评估，如对所采取的选拔方法的信度与效度加以评估。

以上四个步骤是招聘与选拔过程中必不可少的环节，它们紧密相连，环环相扣，构成了招聘与选拔的全过程。

（二）招聘与选拔的作用

企业招聘的原因，一般来讲主要有以下情况：第一，新建一个组织或企业，为了达到企业的目标，满足企业技术、生产、经营需求需要招聘合适的员工；第二，现有的企业由于业务规模扩大而导致人手不足；第三，现有企业人员结构不合理，需要进行人员配置的调整，裁减不符合企业工作要求的人员，吸纳企业需要的特殊人才；第四，企业内部由于员工调任、离职、退休或升迁等原因造成的职位空缺。

因此，人力资源管理部门需要不断吸收新生力量，为企业适应不断变化的市场需要提供可靠的人力资源保障。所以，员工招聘是企业人力资源管理工作中的关键环节，它与人员调配、任用、考核、晋升、奖惩和培训等活动密切相关。成功的人员招聘与配置，是保障企业能够健康发展的重要前提。

具体而言，员工招聘的作用表现在以下几个方面：

1. 成功的招聘活动是保证企业健康发展的重要条件。

2. 有效的招聘可以降低企业招聘成本。

3. 有效的招聘可以提高企业的绩效水平。

4. 有效的招聘有利于整个劳动力市场人力资源的合理流动。

5. 有效的招聘过程可以扩大企业的知名度，对外树立良好的企业形象。

二、招聘的影响因素

（一）影响招聘的内部因素

1. 企业的声望

企业是否在应聘者心中树立了良好的形象以及是否具有强大的号召力，将在无形之中影响招聘活动。如一些老牌的大公司或者是国有企业、效益好且有知名度的企业，在求职者的心中声望高，就能很容易地吸引大批的应聘者。

2. 企业所处的发展阶段

企业所处的发展阶段不同，人力资源管理职能的相对重要性也不同。由于产品或服务范围的扩大需要增设新的岗位和招聘更多的人员，所以，处于增长和发展阶段的企业比成熟或下降阶段的企业需要招聘更多的员工。处在发展阶段和迅速扩大的企业可能在招聘过程中强调能够为求职者提供发展和晋升的机会。而一个处在相对成熟阶段的企业在招聘中可能强调所招聘工作岗位的安全性、提供的高工资和福利等较好的待遇作为吸引求职者的条件。

3. 企业的招聘政策

企业的招聘政策对招聘人员时选择的招聘方法是有影响的。例如，对于业务水平和技能水平要求较高的岗位，大多数企业倾向从内部招聘，当然也取决于企业高层管理者的爱好，即高层管理者是喜欢从企业内部还是从企业外部招聘。这种内部招聘政策可以向内部员工提供好的发展和晋升机会，有利于调动企业在岗员工的工作积极性。内部渠道的明显缺点是可能将不具备岗位任职资格的员工提拔到更高或者更重要的岗位，造成后续不能达到新岗位要求的情况。

另外，对于文化层次较高的人员来说，他们更关注企业内的相关人事政策，如岗位的升迁路径的设置、进修机会、工作的人文环境等，他们对此看得比工资待遇更重要。

综上所述，企业的招聘政策影响着企业的招聘活动。

4. 福利待遇

企业内部的薪资制度、福利措施是员工劳动报酬的主要体现，将从物质方面影响招聘活动。工资待遇越高或越好，招聘的吸引力就越大。

5. 成本和时间

由于招聘评估的目标包括成本评估和效益评估两个方面，而且各种招聘方法奏效的时间不一致，所以，成本和时间上的限制明显地影响招聘效果。招聘资金充足的企业在招聘方法上可以有更多的选择，它们可以花大量费用做广告，所选择的传播媒体可以是在全国范围内发行的报纸、杂志和电视等，当然，也可以举行校园招聘或到其他地区招聘。在各种招聘方法中，最昂贵的方法是利用高级招聘机构（猎头）。在中国，专门的高级招聘机构较为少见，各级政府的人才交流中心基本只是起到信息沟通的作用。

招聘时间上的制约也影响着招聘方法的选择。如果某企业突然出现紧急性人员需求，那么一些耗时比较多的招聘方法就不适合使用。比如校园招聘，因为学生毕业是有季节性的，而且需要和学校沟通招聘时间、地点等事宜，招聘时间较长。因此，企业必须寻找招聘周期较短的招聘方法。

一般来说，通过有效的人力资源需求预测可以使招聘费用降低、效率提高，尤其是在劳动力市场短缺时，对某类劳动力需求的事先了解可以使企业减少招聘费用并有效地获取所需的合格员工。

（二）影响招聘的外部因素

1. 国家的政策、法规

国家的政策法规从客观上界定了企业招聘对象选择和限制的条件。例如，西方国家中的人权法规定在招聘信息中不能有优先招聘哪类性别、种族、年龄、宗教信仰的人员表示，除非这些人员是因为工作岗位的真实需要。再如，在西方一些国家中，如果企业或其他组织在政府管辖的范围内招聘 100 个以上的雇员，那么，雇主的招聘计划和目标尤其要受到法律的约束。也就是说，雇主设计的招聘计划和方法必须在特定的人群内吸引有资格的应聘人。

2. 劳动力市场

（1）市场的地理位置。劳动力市场状况对招聘具有重要影响，其中一个因素是劳动力市场的地理位置。根据某一特定类型的劳动力供给和需求，劳动力市场的地理区域可以是局部性的、区域性的、国家性的和国际性的。通常，那些不需要很高技能的人员可以在局部劳动力市场招聘。而区域性劳动力市场可以用来招聘那些具有更高技能的人员，如水污染处理专家和计算机程序员等。专业管理人员应在国家的劳动力市场上招聘，因为他们必须熟悉企业的环境和文化。最后，对某类特殊人员如宇航员、物理学家和化学家等，除了可以在国内招聘外，还可在国际市场招聘。某些西方国家是根据工人愿意工作的路程长短来确定局部劳动力市场边界的，例如，如果人们愿意到 48 千米以内的地方工作，那么 48 千米以外的地区就不属于这一局部市场。另外，在局部和区域市场与国家或国际市场招聘之间的差异在于后者将引起人员的迁移。因此，企业的地理位置往往是很多人考虑是否变更工作的重要因素。

（2）市场的供求关系。我们把供给小于需求的市场称为短缺市场，而把供给大于需求的市场称为过剩市场。一般来说，当失业率比较高时，在外部招聘人员比较容易。相反，某类人员的短缺可能引起其薪酬的上升并迫使企业扩大招聘范围，从而使招聘工作变得错综复杂。

总之，劳动力市场状况影响招聘计划、范围、来源、方法和所必需的费用。为了有效地开展招聘工作，招聘人员必须密切关注劳动力市场条件的变化。

3. 行业的发展性

如果企业所属的行业具有巨大的发展潜力，就能吸引大量的人才涌入这个行业，从而使企业选择人才的余地较大，如近几年来的会计、电脑专业。相反，当企业所属行业远景欠佳时，企业就难以有充裕的人才可供选择，如现在的纺织业。

三、员工招聘的原则

（一）公开原则

在招聘之前，应把企业名称及性质、用人岗位、应聘的资格及条件、考试的方法和时间均面向社会通告。一方面，给予社会上的人才公平竞争的机会，达到广招人才的目的；另一方面，使招聘工作置于企业全体员工的监督之下，防止营私舞弊。

（二）公正原则

指对所有应聘者一视同仁，努力为社会上的有志之士提供平等竞争的机会，不拘一格地选拔录用各方面的优秀人才。不得人为地制造各种不平等的限制条件（如性别歧视、地域歧视等），以及各种不公正的优先优惠政策。

（三）竞争原则

指通过考试竞争和考核鉴别，以确定人员的优劣和人选的取舍。为了达到竞争的目的，一要加强招聘前的宣传工作，让更多的人前来应聘；二要严格考核程序和手段，科学地录用人才，杜绝“拉关系”“走后门”和贪污受贿等现象的发生。通过激烈而公平的竞争，选择优秀人才。

（四）全面原则

一个人能否胜任某项工作或者发展前途如何，是由多方面因素决定的，特别是非智力因素对其将来的作为起决定性作用。因此，必须对应聘人员从品德、知识、能力、智力、心理、过去的工作经验和业绩等方面进行全面考试、考核和考查。

（五）择优原则

择优是招聘的根本目的和要求。只有坚持这个原则，广揽人才、选贤任能，才能为企业引进或为各个岗位选择最合适的员工。为此，应采取科学的考试、考核方法，精心比较、谨慎筛选。

（六）量才录用原则

不同的岗位对于相关人员的要求是不同的。因此，必须根据岗位情况进行考核，做到量才录用。招聘工作，不一定要录用最优秀的，而是要做到人尽其才、用其所长，这才是发挥员工潜能的有效途径。

3.1.2 技能基础

员工招聘与录用工作是一个复杂、完整而又连续的程序化操作过程，完善的招聘工作程序是企业做好招聘与录用工作的保证。

一般来讲，员工招聘工作的基本流程包括招聘准备阶段——实施阶段——招聘评估阶段等步骤，如图 3-1 所示。

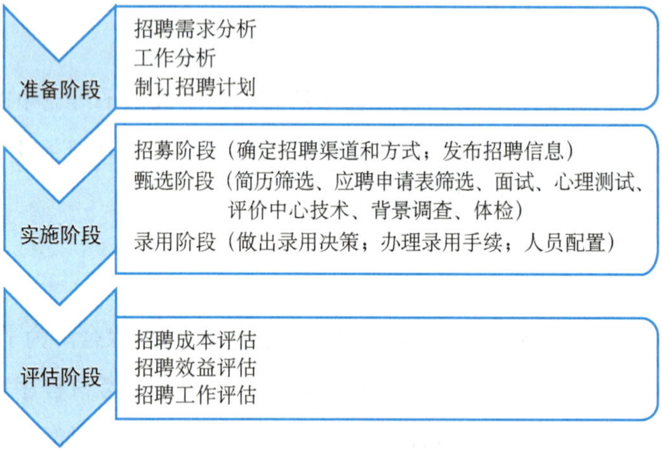

图 3-1 员工招聘工作的基本流程

一、招聘准备阶段

工作分析和招聘需求分析已经在模块一和模块二中重点解释。制订招聘计划是招聘重要的准备步骤之一。

（一）制订招聘计划

招聘计划是人力资源部门根据用人部门的增员申请，结合企业的人力资源规划和职务描述书，明确一定时期内需招聘的职位、人员数量、资质要求等因素，并制订具体的招聘活动的执行方案。

招聘计划是招聘的主要依据。由于员工招聘直接影响人力资源开发与管理的其他步骤，因此制订招聘计划的目的在于使招聘工作更加合理化、科学化。招聘计划由用人单位根据部门发展需要制订，然后由人力资源部门对其进行审核，特别是对人员需求量、费用等项目进行严格复查，签署意见后交上级主管审批。

招聘计划的具体内容包括以下几个方面：

1. 人员需求清单。撰写部门人员招聘申请表，见表 3-1。

表 3-1 部门人员招聘申请表

<table>
<tr><td rowspan="5">职位要求</td><td>申请部门</td><td></td><td>申请日期</td><td></td></tr>
<tr><td>职位名称</td><td></td><td>申请人数</td><td></td></tr>
<tr><td>补充方式</td><td>内部调整 外部招聘</td><td>上岗日期</td><td></td></tr>
<tr><td>薪资范围</td><td></td><td>工作地点</td><td></td></tr>
<tr><td>招聘原因</td><td colspan="3">□ 空缺 □ 增编 □ 替换 □ 调岗</td></tr>
<tr><td rowspan="3">应聘者条件</td><td>性别要求</td><td>□ 男 □ 女 □ 不限</td><td>年龄限制</td><td>________岁至________岁</td></tr>
<tr><td>学历要求及工作经验</td><td>学历</td><td colspan="2">年以上相关工作经验</td></tr>
<tr><td colspan="4">工作技能要求：</td></tr>
<tr><td>岗位职责</td><td colspan="4">岗位职责简述：</td></tr>
<tr><td colspan="5">部门负责人意见：
负 责 人 签 字：
日 期：</td></tr>
<tr><td colspan="5">人力资源部意见：
负 责 人 签 字：
日 期：</td></tr>
<tr><td colspan="5">总经理审批意见：
负 责 人 签 字：
日 期：</td></tr>
</table>

2. 招聘信息发布的时间和渠道。发布招聘信息就是向可能应聘的受众传递企业将要招聘的信息，是一项十分重要的工作，直接关系到招聘的质量，应引起有关方面充分重视。一旦招聘决策确定后，就应该迅速发布招聘信息。

发布招聘信息应遵循的基本原则如下：

（1）面广原则。发布招聘信息的面越广，接收到该信息的人就越多，应聘的人也就越多，这样招聘到合适人选的概率就越大。

（2）及时原则。在条件允许的情况下，招聘信息应该尽量早地发布，这样不仅有利于缩短招聘进程，而且有利于使更多的人获取信息，使应聘人数增加。

（3）层次原则。招聘的人员都是处在社会的某一层次的，要根据招聘岗位的特点，向特定层次的人员发布招聘信息。例如，招聘医药行业人员的企业可以在医药行业的报纸上刊登招聘广告。

招聘信息发布的渠道有报纸、杂志、网络、电视、广播电台、人才市场和新闻发布会等（本部分将在本节招募阶段内容中详细介绍）。

除以上主要渠道外，还有随意传播的发布形式。这是有关部门或有关人员用口头的、非正式的方式发布招聘信息的类型。随意传播的优点是费用低（几乎不用什么费用），可以进行双向交流，速度较快，缺点是覆盖面窄。在招聘层次不是很高时可以选用随意传播这种招聘信息发布渠道。

一般来说，招聘信息包括五个方面的内容，见表 3-2。

表 3-2　招聘信息内容

类别	具体内容	注意事项
公司简要介绍	名称、主要业务、规模、获得荣誉、理念与愿景等	内容不要过多，以 200 字左右为宜；可以主要强调优势，如上市计划、创始人、公司业绩等
职位综合信息	职位名称、招聘人数、工作内容、工作地点等	职位名称一定要与现有社会的通用职位名称匹配；相应的工作内容略详细，最好有 5～8 条，如只是泛泛地说负责某类工作，应聘者往往很难明确工作内容
职位具体要求	年龄、学历、专业、工作时间、工作经验、行业背景等	此部分内容即《工作说明书》中的任职资格
职位薪酬福利	提供的薪资范围、提供的福利等	此部分内容在发布时要注意，如果薪资不太具备市场竞争力，建议不要发布，否则会导致应聘者不投递简历；可以强调一下特殊的福利
其他补充信息	特殊要求、联系人、联系方式、交通信息等	此部分信息是非常重要的，一定要保证联系人、联系方式的准确，否则会浪费招聘费用

在发布招聘信息时，要求应聘人员填写《应聘人员登记表》，见表 3-3。

表 3-3 应聘人员登记表

应聘职位： 填表日期： 年 月 日

<table>
<tr><td>姓　名</td><td></td><td colspan="2">性　别</td><td></td><td colspan="2">年　龄</td><td></td><td>出生日期</td><td></td></tr>
<tr><td>籍　贯</td><td></td><td colspan="2">民　族</td><td></td><td colspan="2">健康状况</td><td></td><td>政治面貌</td><td></td></tr>
<tr><td>学　历</td><td></td><td colspan="2">学　位</td><td></td><td colspan="2">职　称</td><td></td><td>婚姻状况</td><td></td></tr>
<tr><td>毕业院校</td><td colspan="4"></td><td colspan="2">所学专业</td><td colspan="3"></td></tr>
<tr><td>外语水平</td><td colspan="4"></td><td colspan="2">计算机水平</td><td></td><td>手机号码</td><td></td></tr>
<tr><td>本市住址</td><td colspan="9"></td></tr>
<tr><td>户口所在地</td><td colspan="9">省（区、市）　　　　市（地区、州、区）</td></tr>
<tr><td>身份证号码</td><td colspan="5"></td><td>紧急联系人及电话</td><td colspan="3"></td></tr>
<tr><td>期望工资</td><td colspan="2"></td><td colspan="3">可以上岗的时间</td><td></td><td>其他要求</td><td colspan="2"></td></tr>
<tr><td rowspan="3">所受教育
（由高到低）</td><td colspan="2">起止时间</td><td colspan="4">学校名称</td><td>专业</td><td colspan="2">学历</td></tr>
<tr><td colspan="2"></td><td colspan="4"></td><td></td><td colspan="2"></td></tr>
<tr><td colspan="2"></td><td colspan="4"></td><td></td><td colspan="2"></td></tr>
<tr><td rowspan="5">工作经验
（由近到远）</td><td colspan="2">起止时间</td><td colspan="4">公司名称</td><td>所担任职务</td><td colspan="2">相关证明人及电话</td></tr>
<tr><td colspan="2"></td><td colspan="4"></td><td></td><td colspan="2"></td></tr>
<tr><td colspan="2"></td><td colspan="4"></td><td></td><td colspan="2"></td></tr>
<tr><td colspan="2"></td><td colspan="4"></td><td></td><td colspan="2"></td></tr>
<tr><td colspan="2"></td><td colspan="4"></td><td></td><td colspan="2"></td></tr>
<tr><td rowspan="4">参加的培训</td><td colspan="2">培训时间</td><td colspan="4">培训机构</td><td>培训内容</td><td colspan="2">所获得的证书</td></tr>
<tr><td colspan="2"></td><td colspan="4"></td><td></td><td colspan="2"></td></tr>
<tr><td colspan="2"></td><td colspan="4"></td><td></td><td colspan="2"></td></tr>
<tr><td colspan="2"></td><td colspan="4"></td><td></td><td colspan="2"></td></tr>
<tr><td>所受过的奖励</td><td colspan="9"></td></tr>
<tr><td>兴趣和爱好</td><td colspan="9"></td></tr>
<tr><td>个人特长
及自我评价</td><td colspan="9"></td></tr>
</table>

说明（以下内容仔细阅读）：

本人郑重承诺，以上所填内容真实有效，若有虚假不符合录用条件，公司有权解除劳动合同。本人接受背景调查。

本人签字：________________

______年______月______日

3. 招聘小组人选。包括小组人员姓名、职务、各自的职责。

4. 应聘者的考核方案。包括考核的场所、大体时间、题目设计者姓名等。

5. 招聘的截止日期。

6. 新员工的上岗时间。

7. 招聘费用预算。包括资料费、广告费、差旅费和人才交流会费用等。

8. 招聘工作时间表。尽可能详细，以便于他人配合。

9. 招聘广告样稿（本部分将在本节招募阶段内容中详细介绍）。

二、招聘实施阶段

（一）招募阶段

在招募阶段需要确定招聘渠道与方式的选择以及发布招聘信息。从招聘渠道的选择上看，企业人员的补充有内部补充和外部补充两个方面的来源，即通过内部和外部两个方面招募员工。

1. 内部招募的优势与局限

内部招募是指通过内部晋升、工作调换、工作轮换、人员重聘等方法，从企业内部人力资源储备中选拔出合适的人员补充到空缺或新增的岗位上去的活动。

内部招募具有如下优势：

1）准确性高。从招聘的有效性和可信性来看，由于内部员工过去的业绩评价资料较易获得，管理者对内部员工的性格、工作动机以及发展潜能等方面也有比较客观、准确的认识，使得企业对内部员工的了解更全面、更可靠，提高了人事决策的成功率。

2）适应较快。从运作模式看，现有的员工更了解本企业的运营模式，与从外部招募的新员工相比，他们能更快地适应新的工作。

3）激励性强。从激励方面来分析，内部招募能够给员工提供发展的机会，强化员工为企业工作的动机，也增强了员工对企业的责任感，尤其是各级管理层人员的招募，这种晋升式的内部招募往往会带来其余员工的系列晋升，从而能鼓舞员工士气。同时，也有利于在企业内部树立榜样。通过这种相互之间的良性互动影响，可以在企业中形成积极进取、追求成功的氛围。

4）费用较低。内部招募可以节约大量的费用，如广告费用、招聘人员与应聘人员的差旅费等，同时还可以省去那些不必要的培训项目，减少了企业因岗位空缺而造成的间接损失。此外，从企业文化角度来分析，员工在企业中工作了较长一段时间后，已基本融入了本企业的文化，对本企业的价值观有了一定的认同，因而对企业的忠诚度较高，离职率低，避免了招聘不当造成的间接损失。许多企业都特别注重从内部选拔人才，尤其是管理者、高层管理者。如著名的 GE 公司董事长，对 GE 和全世界的企业管理都做出巨大贡献的杰克·韦尔奇（Jack Welch）就是从企业内部选拔出来的。GE 中国有限公司董事长曾坦言："韦尔奇的接班人肯定是从内部产生的，因为外部的人根本不了解 GE 这个企业的结构和管理系统……"

尽管内部选拔有如上所述的许多优势，但其本身也存在着明显的不足，主要表现在以下一些方面：

1）因处理不公、方法不当或员工个人原因，可能会在企业中造成一些矛盾，产生不利的影响。内部招聘需要竞争，而竞争的结果必然有成功与失败，并且失败者占多数。竞争失败的员工可能会心灰意冷而士气低下，不利于企业的内部团结。内部选拔还可能导致部门之间"挖人才"现象，不利于部门之间的团结协作。此外，如果在内部招聘过程中按资历而非能力进行选择，将会诱发员工形成"不求有功，但求无过"的心理，也给有能力的员工的职业生涯发展设置了障碍，导致优秀人才外流或被埋没，从而削弱企业的竞争力。

2）容易造成"近亲繁殖"。同一企业内的员工有相同的文化背景，可能会产生"团体思维"，抑制个体创新，尤其是当企业内部重要岗位主要由基层员工逐级升任时，就可能会因缺乏新人与新观念的输入，而逐渐产生一种趋于僵化的思维意识，这将不利于企业的长期发展。许多观察人士认为，通用汽车公司在 20 世纪 90 年代所面临的严重经营问题就与其长期实行的内部招聘策略有关。幸运的是，通用汽车公司已经意识到这点，也开始注意输入"新鲜血液"。

此外，企业的高层管理者如果多数是从基层逐步晋升的，管理层的年龄就会偏高，不利于冒险和创新精神的发扬。而冒险和创新则是新经济环境下企业发展至关重要的两个因素。要弥补或消除内部选拔的不足，就需要人力资源部门做大量更细致的工作。

2. 外部招募的优势与局限

外部招聘人员相对于内部选拔人员而言成本比较高，而且也存在着较大的风险，但具有以下优势：

1）带来新思想、新方法。从外部招募来的员工对现有的企业文化有一种崭新的、大胆的视角，而较少有感情的依恋。典型的内部员工已经彻底被企业文化同化了，受惯性思维影响，既看不出企业有待改进之处，也没有进行变革、自我提高的意识和动力，企业内部缺乏竞争的意识和氛围，可能会出现一潭死水的局面。通过从外部招募优秀的技术人才和管理专家，可以在无形中给企业原有员工施加压力、激发斗志，从而产生"鲶鱼效应"，特别是在引进高层管理人员时这一点尤为突出，因为他们有能力重新塑造企业文化。例如，惠普公司的董事会出人意料地聘用朗讯公司的一个部门经理来任首席执行官（CEO），以重塑惠普公司的文化。

2）有利于招到一流人才。外部招募的人员来源广，选择余地很大，能招聘到许多优秀人才，尤其是一些稀缺的复合型人才。

3）有利于树立良好的形象。外部招募也是一种很有效的向外界传递企业信息的方式，企业可以借此在其员工、客户和其他外界人士中树立良好的形象。

同样，外部招募也有以下不足：

1）筛选难度大，时间长。企业在招募时希望能够比较准确地测评应聘者的能力、性格、态度、兴趣等素质，从而预测他们在未来的工作岗位上能否达到企业所期望的要求。而研究表明，这些测量结果只有中等程度的预测效果，仅仅依靠这些测量结果来进行科学的录用决策是比较困难的。为此，一些企业还采用诸如推荐信、个人资料、自我评定、同事评定、工作模拟评价中心等方法。这些方法各有各的优势，但也都存在着不同程度的缺陷。这就使得录用决策耗费的时间较长。

2）员工进入角色慢。从外部招募来的员工需要花费较长的时间对其进行培训和定位，才能了解企业的基本结构、工作流程和运作方式等，从而增加了培训成本。

3）招募成本大。外部招募一般需要在媒体发布信息或者通过中介机构招募时支付一笔费用，后续的过程也非常烦琐与复杂，不仅耗费了很多人力、财力，还占用了很多时间，所以外部招募的成本较大。

4）决策风险大。外部招募只能通过几次短时间的接触来判断候选人是否符合本企业空缺岗位的要求，而不像内部招募那样经过长期的接触和考察，所以很可能因为一些外部的因素（例如应聘者为了得到这份工作而夸大自己的实际能力等）而做不出准确的判断，进而增加了决策的风险。

5）影响内部员工的积极性。如果企业中有能够胜任岗位的人未被选用或提拔，即内部员工得不到相应的晋升和发展机会，内部员工的积极性可能会受到影响，容易导致“招来女婿，气走儿子”的现象发生。因此，外部招募一定要慎重。

3. 内外部招募具体来源的甄选

要进行有效的人员招聘，必须首先明确人员招募来源。根据招募对象的来源，可将招募分为内部招募与外部招募。由于内部招募与外部招募各有其优势与不足，而且二者在一定程度上可以互补，因此，企业在进行人员招募时要进行综合考虑，选用内外部结合的方式既可以发挥内外部招募各自的优势，又可以在一定程度上避免不足。具体的结合力度取决于企业对经营环境、发展战略计划、招聘的岗位以及相关因素的考察和决策。唯一的原则是，人员招聘最终要有助于提高企业的竞争能力和适应能力。在确定选择内部招募或外部招募后，还要了解各种招募具体的来源。

1）内部招募来源的选择

内部招募作为一个总体，还可以细分为内部提拔、工作调换、工作轮换、重新聘用、公开招募五个来源。其中，公开招募面向企业全体人员，内部提拔、工作调换、工作轮换则局限在部分人员，重新聘用则是吸引那些因某些原因暂时不在岗的人员。

（1）内部提拔。这种做法给员工提供升职的机会，会使员工感到有希望，有发展的机会，对于激励员工非常有利。从另一方面来讲，内部提拔的人员对本企业的业务工作比较熟悉，能够较快适应新的工作。然而内部提拔也有一定的不利之处，如内部提拔的人员不一定是最优秀的，可能会导致少部分员工心理上的忌妒与不平。一个人在一个企业待的时间越长，别人看到他的优点就越少，而看到他的缺点也就越多，尤其是在他被提拔的时候。因此，许多企业在出现职务空缺后，往往会同时采用两种方式，即从内部和外部同时寻找合适的人选。

（2）工作调换。工作调换也叫作“平调”，是在内部寻找合适人选的一种基本方法。这样做的目的是要填补空缺，但实际上它还起到许多其他作用。如可以使内部员工了解企业内其他部门的工作，与本企业更多的人员有深入的接触、了解。这样，一方面有利于员工今后的提拔，另一方面可以使上级对下级的能力有更进一步的了解，也为今后的工作安排做好准备。

（3）工作轮换。工作轮换和工作调换有些相似，但又有所不同。工作调换从时间上来讲往往较长，而工作轮换则通常是短期的、有时间界限的。另外，工作调换往往是单独的、临时的，而工作轮换往往是两人以上，有计划地进行的。工作轮换可以使企业内部的管理人员或普通人员有机会了解企业内部的不同工作，给那些有潜力的人员提供以后可能晋升的条件，同时也可以减少部分人员由于长期从事某项工作带来的烦躁和厌倦等感觉。

（4）重新聘用。有些单位由于某些原因会有一批不在岗的员工，如下岗人员、长期休假人员（如曾因病长期休假，现已康复但由于无位置还在休假），已在其他地方工作但关系还在本企业的人员（如停薪留职），等等。在这些人员中，有的恰好是内部空缺所需要的人员。他们中有的人素质较高，对这些人员的重聘会使他们有再为企业尽力的机会。另外，这些人员可以尽快上岗，减少了培训等方面的费用。

（5）公开招募。公开招募是面向企业全体人员的，其做法通常是在企业内部公开空缺岗位，吸引员工来应聘。这种方法起到的另一个作用就是使员工有一种公平合理、公开竞争的平等感觉，这种招募方式会使员工更加努力奋斗，为自己的个人职业发展增加积极的因素。这无疑是人力资源开发与管理的目标之一。

2）外部招募来源的选择

内部招募由于人员选拔的范围比较小，往往不能满足企业的需要，尤其是当企业处于创业初期或快速发展的时期，或是需要特殊人才时，仅有内部招募是不够的，必须借助于企业外的劳动力市场，采用外部招募的方式来获取所需的人员。外部招募的具体来源有：

（1）学校招聘。学校是人才资源的重要来源，每年学校有几百万的毕业生走出校门进入社会，学校毕业生已成为各单位技术人才和管理人才的最主要来源。跟社会招聘相比，学校招聘有许多优势：学生的可塑性强，选择的余地大；候选人专业多样化，可满足企业多方面需求；招募成本低；有助于宣传企业形象；等等。

学校通常以中等职业技术学校、大专院校两类为主要选择目标。中等职业技术学校是许多单位招聘办事员和岗位初级操作员的主要渠道，而大专院校是选拔大批年轻、具有较高素质、潜在的专业技术人员以及基层管理人员的主要场所。不少单位为不断获取所需的人才，在选定目标学校后，会采取以下措施提前在学生心中留下印象：在学校设立以本企业名字冠名的奖学金；拿出资金资助优秀生或者贫困生；为学校提供本企业使用的一些设施、设备；为学生提供实习机会达到提前试用的目的；等等。

（2）竞争对手与其他企业。对于需要相关专业工作经验较高的岗位来说，用人企业可以考虑从竞争对手或者其他企业招聘人才。企业人力资源部通过正常合法的途径将外部企业的合格应聘者吸引过来构成外部招聘的重要来源。对于中小企业来说，更要注重寻求那些有在大公司工作经验的人才，这些人不仅技能过硬，且在大公司的工作环境中接受了较为科学的管理体制的熏陶，具有较高的素质，招聘这些人是中小企业提高管理水平的有效方法。

（3）下岗失业者。目前，伴随我国的经济体制改革、企业发展战略调整和技术进步，大量的下岗失业者产生了。在这些下岗失业者中，有些人具有长期的工作经验和丰富的社会阅历，有些还具有本岗位需要的一些重要技能，所以企业也可以从下岗失业者中招聘到需要的人员。

（4）退伍军人。军人具有坚强的意志、忠诚的品质、严明的组织性和纪律性，是招聘诸如行政、保卫这样岗位的最佳人选。另外，拥军优属是每个企业和个人的光荣义务。招聘退伍军人，把他们妥善安置在合适的岗位上有利于提高单位的知名度，树立企业良好的外部形象，并且可以和当地政府建立融洽的关系。

（5）退休人员。目前我国已经进入老龄化社会，退休者已经成为企业的员工来源之一。虽然退休人员身体和精力整体不如年轻人，但在一些需要丰富的工作经验、良好的协调能力和稳健的处世作风的职业领域，退休者常常是极佳的候选人。我国目前许多企业在员工退休后又把他们返聘回来，充当某个领域的顾问，取得了很好的效果。

4. 招聘广告的撰写

1）招聘广告的设计原则

一份招聘广告一定要能够吸引广大读者，使他们对广告的内容产生兴趣，进而产生应聘的想法，并能够采取实际的应聘行动。

因此，招聘广告的设计必须遵循“注意—兴趣—愿望—行动”的四项基本原则。

（1）引起读者的注意。这是从广告设计的总体效果而言。在多数媒体上，大部分的广告都是批量发布的。广告设计如果没有特色，就很容易淹没在其他大量的广告中而不能引起应聘者的注意。可以通过设计醒目的字体、与众不同的色彩、选择显眼的位置等方式引人注目，最醒目的内容应是企业最具吸引力之处，例如企业的名称、企业的标识、招聘的岗位、人事政策、工作地点等。

（2）激发读者的兴趣。即要引起求职者对工作的兴趣，平铺直叙的、枯燥的广告词可能很难引起人们的兴趣，而撰写生动的、具有煽动性、能引起读者共鸣的广告词加上巧妙、新颖的呈现方式则很容易令人感兴趣，例如“你将投身于一项富有挑战性的工作！”“你愿意与充满活力的单位共同成长吗？”等。

（3）创造求职的愿望。求职的愿望比激发兴趣更进一步，即不仅要使读者有兴趣，还要引发读者求职和工作的愿望。通常，求职的愿望是与他们的需求紧密联系在一起的，因此，一般情况下企业可以通过强调吸引人的一些因素，如成就、培训与发展的机会、富有挑战性的项目、优越的薪酬福利等，激发求职者对工作的愿望。

（4）促使求职的行动。即要向应聘者提供联络方法，包括联系电话、通讯地址、企业的网址等，同时也可以用“今天就打电话吧”“请尽快递交简历”等语言促使应聘者迅速采取行动。

2）招聘广告的设计

（1）招聘广告设计的内容

企业使用广告招募人员，除了要考虑广告媒体传统和现代方式的选择外，还要注意广告设计的技巧。招聘广告应力求能吸引更多的人，并做到内容准确、详细，聘用条件清楚。好的招聘广告还能起到扩大企业影响力的作用，一举两得。

一般来说，招聘广告的内容包括以下几部分：

① 企业情况简介。招聘广告中，企业情况简介最好语言简洁，同时介绍的内容应该是企业最具特色和富有吸引力的特点，千万不可长篇大论、词不达意。在广告中最好能使用企业的标识，并提供企业的网址，以便感兴趣的读者可以自行浏览企业的网页以获取更进一步的信息。

② 岗位情况介绍。招聘广告中，对招聘岗位的介绍通常包括岗位名称、所属部门、主要工作职责等。起草招聘广告时参考一下岗位说明书会比较有帮助。但要注意的是，招聘广告中的岗位情况介绍应该从读者的角度来考虑，以读者能够理解和感兴趣为主，切不可照搬岗位说明书。

③ 岗位任职资格要求。招聘广告中，还必须对应聘者的基本任职条件提出要求，包括专业范围、工作经验等。

④ 相应的人力资源政策。招聘广告中，如果需要，可以提及应聘岗位相应人力资源政策，包括薪酬水平、劳动合同、培训机会等内容。

⑤ 应聘者的准备工作。招聘广告中，如果需要，可以注明应聘者必须准备哪些材料，例如中英文简历、学历学位证书复印件、资格证书复印件、身份证复印件、照片等，以及对薪金的要求和户口所在地等信息。在现在的网络招聘中一般会以“申请职位”的方式进行信息的填写。

⑥ 应聘的方式。应聘的方式大多是将简历和应聘材料通过信件、电子邮件等方式发送到公司，因此需要提供公司的通信地址或者电子邮件，也可以是办公电话。另外，应该提供应聘的时间范围或者截止日期。在目前的第三方网络平台上，不直接显示应聘者的联系方式（需要付费方可显示和下载），而对于公司的联系方式，在网络招聘中一般都会显示，公司的地址会附带公司的位置地图。如果公司对应聘者有意向，会直接发送面试邀约。

（2）招聘广告的设计与撰写的注意事项

招聘广告设计和撰写还应该特别注意：

① 真实。招聘的单位必须保证招聘广告的内容客观、真实，并且要对虚假广告承担法律责任。广告中所涉及的录用人员薪酬、福利等政策必须兑现。

② 合法。广告中出现的信息要符合国家及地方的法律法规和政策。

③ 简洁。广告的编写要简明扼要，重点突出招聘的岗位名称、任岗资格、工作职责、工作地点、薪资水平、福利待遇等内容。

（3）招聘广告的样本及分析

招聘广告设计一

魔方网聘（北京）科技有限公司成立于 2015 年 3 月，总部位于北京，成立以来秉承“绽放每一个人的价值”的使命，将网络招聘从“简历交互模式”推进到“招聘全流程网络化”。

【招聘岗位】行政专员

【工作地点】济南高新区新泺大街 3003 号

【招聘人数】10 人

【岗位职责】

1. 负责日常检查监督，统筹相关行政工作开展（决议落实传达、会议 / 活动举办、资产管理维护等）；

2. 负责合同、收据和款项的检查、日常费用的管理，协助财务办理税务等相关事项；

3. 协助营销线检查监督相关业务工作，促进业务工作规范开展；

4. 完成上级交办的其他任务。

【任职资格】

1. 大专及以上学历；

2. 具有一定的文字编写能力，熟练运用 Office 等办公软件；

3. 做事认真负责，有强烈的事业心和较强的沟通、协调能力；

4. 条理清晰，学习能力强，具备良好的抗压能力；

5. 形象气质佳，性格开朗大方。

【薪资待遇】

1. 薪资 4 000～6 000 元 / 月，另可享有招聘奖（200～450 元 / 人）、带组奖等，每年至少两次晋级加薪机会；

2. 薪酬福利有竞争力。五险一金、年底双薪、绩效奖金、房补、餐补、包吃包住；

3. 福利手机免费用，并享有 169～599 元 / 月的话费补贴；

4. 带薪假期、授课奖、仁杰奖、员工互助金政策、节日大礼包、配备人才房、丰富多彩的员工文体活动、国内精品游、国外豪华游、大学生租房免佣金；

5. 培训及晋升机制完善；

6. 大平台发展稳健。

招聘广告设计二

公司介绍：A 公司成立于 2000 年，是一家以多媒体互动娱乐为主的互联网企业，在多媒体游戏开发业务领域具有多年的经验。公司拥有高技术、专业的研发团队，人员规模达 600 多人，在多媒体游戏开发领域处于领先地位，曾成功打造过多款著名游戏。2012 年，A 公司于纳斯达克成功上市，目前，公司旗下已拥有网络游戏、互动视频两大产品系列。

职位名称：IOS 开发工程师

招聘人数：5 人

工作性质：全职

工作地点：北京

职位月薪：面议

发布日期：2014 年 10 月 9 日

工作内容：

1. 负责公司自有产品 IOS 客户端软件研发与维护；

2. 根据产品需求完成模块设计、编码、真机测试工作；

3. 按照项目计划，按时提交高质量的代码，完成开发任务；

4. 编写相关开发文档、技术资料等；

5. 改善软件的易用性，提升用户使用体验。

任职要求：

1. 计算机或相关专业本科以上学历，三年以上 IOS 开发经验；

2. 精通 Objective-C 语言，具备扎实的编程功底和编程经验，具有良好的 C 和 C++ 编程基础；

3. 熟悉 MACOSX 及 MAC、iPhone、iPad 开发环境，熟练使用 iPhone SDK、XCode、Interface Builder 等开发工具；

4. 熟悉多线程，有处理多线程问题及优化多线程性能的实际开发经验；

5. 熟悉多媒体应用开发，有视频和音频开发经验者优先考虑；

6. 能够适应加班及出差等工作要求。

工作地址：北京市 ×× 区 ×× 街 ×× 号

联系人：×××

联系邮箱：××××××××

联系电话：××××××××

5. 招聘广告发布的媒体选择

招聘广告发布的媒体有较多选择，可以采用的广告媒体主要包括：报纸、杂志、广播电视、互联网等，这些可以借用的媒体广告各具不同的优缺点和适用范围，招聘人员应熟练掌握。

当然，企业招聘人员最终选用什么媒体发布招聘广告，关键取决于用人企业要为哪些工作岗位寻找候选人，想要吸引、获取何种人才。

1）报纸。报纸发行量大，同时广告的大小可以灵活选择，能够迅速将信息传达给读者。但报纸的阅读对象较杂，很多读者并不是所要寻找的岗位候选人，保留的时间也较短，同时报纸的纸质和印刷质量可能会对广告设计造成限制。因此，一般情况下，报纸招聘广告比较适合于在某个特定地区的招聘、候选人数量较大的岗位、流失率较高的行业或职业。

2）杂志。杂志接触目标群体的概率比较大，便于保存，纸质和印刷质量比报纸好，但广告的预约期较长，申请岗位的期限也会比较长，同时发行的地域可能较为分散。因此在一般情况下，杂志招聘广告比较适合于岗位候选人相对集中在某个专业领域内的情况，以及空缺岗位并非迫切需要补充且地区分布较广的情况。

3）广播电视。广播电视可能产生有较强冲击力的视听效果，容易给人留下深刻的印象，但广告的时间较短，且不便保留，费用一般也比较高。因此在一般情况下，广播电视招聘广告比较适合于企业迅速扩大影响、需要招聘大量人员时，以及用于引起求职者关注、将企业形象的宣传与人员招聘同时进行的情况。

4）网上招聘。网上招聘即通过互联网进行招聘，是随着计算机网络技术的发展和劳动力市场发展的需要而产生的、通过网络进行的招聘方式，由于这种方法具有信息传播范围广、速度快、成本低、时间周期长、联系快捷方便等优点，且不受时间、地域的限制，因而目前被广泛采用，也因此出现了很多的第三方招聘网络平台（如智联招聘网、51job、赶集网等）。无论是招聘企业、求职者，还是就业中介机构，均普遍使用信息网络，大型企业、外商合资企业、高新技术企业和计算机、通讯领域人才及中高级人才的招聘多采用此种方法。从目前看，网络招聘以其招聘范围广、信息量大、可挑选余地大、应聘人员素质高、招聘效果好、费用低等优点，获得了越来越多的企业的认可。

5）其他印刷品。海报、公告、招贴、传单、宣传旗帜、小册子、直接邮寄等都是在特殊场合有特殊效果的方法。这些方法可以在求职者采取某种即时性行动的时候，引起他们对企业的兴趣，而且极富灵活性。但是这些方式自身的作用非常有限，必须与其他招聘方法相结合方能产生良好的效果。在一些特殊场合，如为劳动者提供就业服务的就业交流会、公开招聘会、定期举行的就业服务会上，可以布置海报、标语、旗帜等。

总之，广告媒体都各有利弊，企业在选择时要综合考虑空缺岗位、广告价格、潜在应聘者所在的地域、工作特性等因素。在所有这些媒体中，网站是最新出现的，凭借传播速度快、范围广、查询方便等特性，受到了越来越多企业的青睐。在媒体选择上的另一个趋势就是在自己的企业主页上做广告，许多企业都在主页上开辟了“职业机会”模块，这样企业就可以把大量的信息放在主页上供应聘者查询，这对那些知名度较高、主页访问量较大的企业也是一种很好的选择。

（二）甄选阶段

在甄选阶段需要确定简历的筛选、应聘申请表的筛选、笔试、面试、评价中心技术、心理测试、背景调查、体检等环节的测试方式。

甄选主要是指从应聘者中选出企业所需要的人员的过程，人员甄选是招聘过程中最为关键的一步，也是技术性很强、难度最大的一步。

从全过程来看，人员的甄选可以分为三个阶段。第一阶段为初步筛选，也称为初选或者粗选，主要包括了简历筛选和应聘申请表的筛选；第二阶段为细选，主要包括笔试和面试；第三阶段为精选，主要做最后的甄别选择，包括了评价中心技术、心理测试、背景调查、体检等步骤。其中，简历的筛选、应聘申请表的筛选、背景调查都属于材料筛选的内容。通过三大步骤的选拔，最终保障企业录取的人才的质量。

1. 简历的筛选

1）个人简历筛选

个人简历筛选是指根据简历或档案中记录的事实，了解求职者的工作经历和受教育情况，从而对其能否胜任新岗位有一定的预判。对于个人简历资料，既可以用于初审个人经历，迅速排除明显不合格的人员，也可以根据其各项内容与工作要求相关性的高低，事先确定简历中各项内容的权重，然后把申请人各项得分相加得出总分，最后根据总分确定选择对策。

过去人们常说这样一句话："看看他的过去就知道他的现在，看看他的现在就知道他的将来。"在企业人力资源管理活动中，这句富有哲理的话也是具有一定实用价值的。研究结果表明，简历筛选对申请人今后的工作表现有一定的预测效果，员工的过去总是能从某种程度上表明其未来。也就是说，通过对应聘者简历进行较为深入的审核与剖析，能够从一定程度上了解应聘者的整体素质和他过去的所作所为，特别是他所取得的业绩。

企业在进行人员的初选时，采用这种方法的优点是成本费用低，依据较为客观。但它也存在明显的不足，如简历填写的真实性、简历分析的预测效度、简历项目的选择，以及评定权重设计的准确性和客观性等无法一一甄别。

2）简历筛选的技巧

要在众多的简历中迅速筛选到需要的简历，需要掌握一些技巧。

第一步（初筛）：利用第三方招聘平台、邮件的筛选功能进行初筛。

通过第三方招聘平台投递的简历可以直接利用平台的筛选功能进行初步筛选，例如，可以通过设置职位名称、工作年限、行业、学历、更新时间、求职状态、薪资期望值等进行单一或多个条件筛选。

如果使用邮箱，可以先以某一顺序进行排序，如以应聘职位排序后，再使用邮箱内的条件筛选功能进行初步筛选。

第二步（二筛）：用重点信息匹配法进行二筛。

在初筛的基础上，对简历的重点信息进行匹配，实行二筛。二筛的内容和关注点见表 3-4。

表 3-4 简历二筛的内容和关注点

类别	内容	关注点
关注点一	基本信息	性别、年龄、籍贯、婚姻、住址等
关注点二	工作经验	工作年限、工作公司、职位、工作内容、转换频率等

续表

类　别	内　容	关　注　点
关注点三	培训情况	培训内容、培训时长、培训证书等
关注点四	学历情况	学校、专业、学历、时长等
关注点五	其他情况	出国经历、个人需求等

对重点信息进行二筛，是对简历的符合程度进行比初筛更为细致的判断。

第三步（终筛）：用特殊信息关注与标注的方法进行终筛。

通过初筛和二筛，对简历与职位需求的匹配度有了基本的判断，最后一步就是要用特殊信息关注与标注的方法进行终筛，确定候选人是否进行下一步面试环节。

特殊信息关注与标注主要集中在以下几个方面：

（1）空档。需要特别关注在不同学历阶段或不同工作经验阶段之间是否有空档，而且要标注下来作为面试时的一个重点。

（2）缺失。从常理上看，如果未完整展示某一类别信息的，排除无制作简历经验的情况外多为制作人有意回避。如学历的不完整、工作经历的不完整等。

（3）异常。对于明显有悖于常理的地方要加以关注，如项目经验明显与工作经验不匹配、学历时间与工作经验时间重叠、简历内容自相矛盾等。

2. 应聘申请表的筛选

应聘申请表是企业专门设计，由应聘者填写的申请表，其内容对应聘者素质有一定的测评价值。典型的应聘申请表需要求职者填写背景资料，如姓名、地址、受教育程度、社会关系、工作经历、特长、兴趣爱好、要求的职位等。

一张填好的申请表可以达到三个基本目的：一是确定求职者是否符合工作所需要的最低资格要求，以便确定最少的候选人；二是可以帮助招聘者判断求职者具有或不具有某些与工作相关的属性，例如，可以通过工作经历来判断其经历是否与拟任职位所需能力有关；三是申请表中所包含的资料可以提示招聘人员在下一阶段提出与求职者有关的潜在问题。申请表比较客观、易审核、成本低，所以它在选拔人才过程中被普遍使用。

申请表可以提供很多求职者的有用信息，但是对主考官而言，关键问题在于确定哪些信息在人才选拔中是最有价值的，在这方面，人们通常具有很多刻板印象。例如，有些人认为学历与管理能力有较强的联系，但科学研究表明未必如此。

国外的一些专家曾试图运用“加权招聘申请表”进行人员的初步筛选。该方法的基本思路是：选择某类员工作为分析的对象，根据这些员工以往的工作绩效水平，分成一般组和优秀组，再根据他们在申请表中填写的资格条件、家庭背景、文化程度等方面的信息，进行深入的对比分析，最终设计出一套切实可行的评分体系，对应聘者进行初选。

表 3-5 为个人简历与申请表的优缺点比较。

表 3-5 个人简历和应聘人员申请表的区别

项目	应聘人员申请表	个 人 简 历
优点	直截了当，结构完整，限制了不必要的内容，易于评估	体现应聘者的个性，允许应聘者强调自己认为重要的内容，允许应聘者点缀自己，费用低
缺点	限制创造性，设计、印刷、分发费用较高	应聘者可以略去某些对自己求职不利的内容，难以评估

3. 笔试

笔试是最基本的人员选拔方法，主要用来测试应聘者的知识和能力，现在有些企业也通过笔试来测试应聘者的性格和兴趣等。

对知识和能力的测试包括两个层次，即一般知识与能力和专业知识与能力。一般知识与能力包括个人的社会文化知识、智商、语言理解能力、数学才能、推理能力、理解速度和记忆能力等。专业知识与能力指与应聘岗位相关的知识与能力，如财务会计知识、管理知识、人际交往能力、观察能力等。性格和兴趣通常要运用专业的心理测试方法来测试，仅靠笔试中的一部分题目是很难得出准确结论的。

笔试的优点在于它花费的时间少、效率高、成本低，对应聘者的知识、能力、技术的考查信度较高，成绩评价比较客观。通过笔试可以对应聘者的知识结构、实践经验和工作熟练程度做出初步判断，因此笔试是企业频繁使用的人员选拔方法。但笔试的缺点在于它不能全面地考查应聘者的工作态度、品德修养以及其他一些隐性能力。因此，笔试往往作为人员选拔的初步筛选方法。

4. 面试

由于笔试不能获得应聘者的全部信息，企业不能对应聘者进行深入的了解，个人也无法获得企业更为全面的信息，因此需要通过面试使企业和个人各自得到所需要的信息，以便企业做出录用决策，个人做出是否加入企业的决策。

1）面试的概念

面试是指在特定的时间和地点，由面试官与应聘者按照面试企业方预先设计好的目的和程序，进行面谈、相互观察、相互沟通的过程。通过面试，用人企业可以了解应聘者的仪表风度、工作经验、业务知识水平、求职动机、沟通能力、情绪状态等，应聘者可以更全面地了解用人企业的相关信息。

面试具有以下特点：

（1）面试以谈话和观察为主要手段；

（2）面试是一个双向沟通的过程；

（3）面试具有明确的目的性；

（4）面试是按照预先设计的程序进行的；

（5）面试官与应聘者在面试过程中的地位是不平等的，面试官始终处于主动地位。

2）面试的内容

企业文化不同，拟聘岗位不同，面试官价值观与个性不同，则面试的目的和内容也会不同。一般认为企业面试时可以选择以下内容：

（1）仪表风度

仪表风度是指应聘者的体型、外貌、气色、衣着举止、精神状态等。如对客户服务人员、营销人员、公关人员、企业经理人员等的仪表风度的要求较高。研究表明，仪表端庄、衣着整洁、举止文明的人，一般做事有规律、注意自我约束、责任心强。

（2）专业知识

了解应聘者掌握专业知识的深度和广度，其专业知识更新是否符合所要录用职位的要求，以作为对笔试中专业知识测试的补充。面试对专业知识的考查更具灵活性和深度，所提问题也更接近空缺岗位对专业知识的需求。

（3）工作实践经验

通过查阅应聘者的个人简历或求职登记表，拟定相关的提问；查询应聘者的有关背景及过去工作的情况并设置相应问题，以补充、证实其所具有的实践经验；通过对工作经历与实践经验的了解，考查应聘者的责任感、主动性、口头表达能力等。

（4）口头表达能力

口头表达能力主要是考查面试中应聘者是否能够将自己的思想、观点、意见或建议顺畅地用语言表达出来。考查的具体内容包括表达的逻辑性、准确性、感染力、音质、音色、音量、音调等。

（5）综合分析能力

在面试中，应聘者是否能对面试官所提出的问题透过表面抓住本质，并且说理透彻、分析全面、条理清晰。

（6）反应能力与应变能力

指在面试中，应聘者对面试官所提出的问题理解是否准确，对于突发问题的反应是否机智敏捷、回答是否恰当，对于意外事情的处理是否妥当，等等。

（7）人际交往能力

在面试中，通过询问应聘者经常参与哪些社团活动、喜欢与哪种类型的人打交道、在各种社交场合所扮演的角色，可以了解应聘者的人际交往倾向和与人相处的技巧。

（8）自我控制能力与情绪稳定性

自我控制能力对于与人交往多、接手突发事件多的人员，如企业管理人员、客户服务人员、人力资源管理人员等来说尤为重要。一方面，在遇到上级批评指责、工作压力或是在个人利益受到冲击时，能够克制、容忍、理智地对待；另一方面，对工作更有耐心和韧劲。

（9）工作态度

既要了解应聘者在过去学习工作中的态度，又要了解其对应聘岗位的态度。在过去学习或工作中态度不认真的人，在新的工作岗位上是很难做到勤勤恳恳、认真负责的。

（10）上进心

上进心强的人一般都会在事业上确立奋斗目标，并为之积极努力；上进心不强的人一般都安于事业现状，无所事事。

（11）求职动机

动机不同，在工作中的表现和业绩也会不同，所以面试中一定要明确应聘者为何希望来本企业工作。

（12）应聘者的劳动精神与工匠精神

员工的理念和态度比知识、技能和经验重要。劳动精神可从过去的经历和典型事例中去考查，工匠精神可从是否具有“干一行、爱一行、钻一行、专一行”的精益求精的态度和经历去考查。

（13）业余兴趣与爱好

了解应聘者休闲时喜欢从事哪些运动、喜欢阅读哪些书籍、喜欢什么样的电视节目、有什么样的嗜好等，这样既有利于对应聘者的个性做出进一步的判断，又有利于对录用的员工进行合理的岗位配置。

3）面试的种类

面试的分类方法很多，可以根据不同标准或从不同角度进行分类，现介绍一些常见的面试分类。

（1）单独面试与集体面试

根据面试对象的多少，可将面试分为单独面试和集体面试。

① 单独面试是指考官与应聘者单独面谈。这是最普遍、最基本的一种面试方式。

单独面试的优点是能提供一个面对面的机会，让面试双方较深入地交流。单独面试又有两种类型：一种是由一个面试官负责整个面试过程，这种面试大多在规模较小的单位录用较低职位人员时采用；另一种是由多位面试官分工负责面试的整个过程，但是，每次只有一位面试官与应聘者交谈。第二种类型又包含两种情形：一是由多位面试官在同一场地、同一段时间内依次向应聘者提问；二是将面试官按照职别由低到高的顺序排列，依次对同一位应聘者进行面试。

② 集体面试又称小组面试，是指多位应聘者同时面对多位面试官的情况。各位面试官同时围绕面试的重点内容，依据拟定的基本面试问题及应聘者的回答情况，对应聘者进行提问或续问。在面试中，并非每一位面试官都要提问，但是每一位面试官都要依据面试情况进行打分。这种面试一般会对每一位应聘者提出相同或类似的问题，也可以提不相关的一些问题。这种方法主要用于考查应聘者的人际沟通能力、思考与创新能力、适度与他人竞争的能力、口头表达能力等。

（2）结构化面试、非结构化面试、半结构化面试

根据面试的结构化（标准化）程度，可将面试分为结构化面试、非结构化面试、半结构化面试三种。

① 结构化面试是指面试的题目、评分方法、评分标准、实施程序和面试官构成等方面都有统一、明确规定的面试。结构化面试对所有应聘者提出的问题大致相当，所以能够对不同应聘者的回答进行比较，因而这种面试具有一定的客观性、公正性。

结构化面试具有三个方面的含义：一是面试程序的结构化。在面试的起始阶段、核心阶段、结束阶段，考官需要做些什么、注意些什么、达到什么目的，这些都会在面试前进行策划。二是面试试题的结构化。在面试过程中，面试官要考查应聘者哪些方面的素质，围绕这些考查角度提哪些问题、在什么时候提出、以什么方式提出，这些都会在面试前进行准备。三是面试结果评判的结构化。从哪些角度评判应聘者的面试表现、等级如何区分、如何打分等，这些也都会在面试前做出相应规定，并会在多位面试官间统一标准。

② 非结构化面试是对与面试有关的因素不做任何限定的面试。在面试时，由面试官根据具体情况随时提问，鼓励应聘者多谈多说，再根据应聘者对问题的反应进一步提问，以考查应聘者是否具备某一职务的任职条件。面试官在这种面试中提出的问题通常具有一定的关联性，不会显得唐突，面试官和应聘者在面试中都会比较自然。但是，由于对每一位应聘者提出的问题不同，评价的标准也会不同，因而面谈的效度与信度都会受到影响。非结构化面试一般耗时较长，有时还会把最关键的问题遗漏掉。

非结构化面试类似于人们日常的非正式交谈，除非面试考官的个人素质极高，否则很难保证非结构化面试的效果。目前，非结构化的面试愈来愈少。

③ 半结构化面试是将结构化面试与非结构化面试结合起来运用的面试，它往往只对面试的部分因素有统一要求，如规定统一的程序和评价标准，但面试题目可以根据面试对象不同而随意变化。半结构化面试对全面了解应聘者的情况有一定的实际意义。

（3）压力性面试与非压力性面试

根据面试目的的不同，可将面试分为压力性面试和非压力性面试。

① 压力性面试是指将应聘者置于一种人为的紧张气氛中，让应聘者接受诸如挑衅性的、非议性的、刁难性的刺激，以考查其应变能力、压力承受能力、情绪稳定性等。典型的压力性面试是面试官以穷追不舍的方式连续就某事向应聘者发问，且问题刁钻棘手，甚至逼得应聘者疲于应付，面试官以此种“压力发问”的方式逼迫应聘者，以反映其对待难题的机智灵活性、应变能力、思考判断能力、气质性格和修养等方面的素质。

② 非压力性面试是指在没有压力的情境下考查应聘者有关方面的素质，主要是询问应聘者工作经历方面的情况。

（4）一次性面试与分阶段面试

根据面试的进程，可将面试分为一次性面试和分阶段面试。

① 一次性面试是指企业对应聘者的面试集中一次进行。面试官的阵容一般都比较“强大”，通常由企业人事部门负责人、业务部门负责人及人事测评专家组成。通常情况下，应聘者是否能面试过关，甚至是否被最终录用将取决于这次面试的表现。

② 分阶段面试又分为依序面试和逐步面试两种类型。

依序面试一般分为初试、复试与综合评定三步。初试的目的在于从众多应聘者中筛选出较好的人选。初试一般由企业的人事部门主持，主要考查应聘者的仪表风度、工作态度、上进心、进取精神等，将明显不合格者予以淘汰。初试合格者则进入复试，复试一般由用人部门主管主持，以考查应聘者的专业知识和业务技能为主，衡量应聘者对拟任工作岗位是否合适。复试结束后再由人事部门和用人部门综合评定每位应聘者的成绩，确定最终合格人选。

逐步面试一般是由用人岗位的直接主管、间接主管以及一般工作人员组成面试小组，按照小组成员的层次，由低到高，依次对应聘者进行面试。面试的内容依层次各有侧重，低层一般以考查专业及业务知识为主，中层以考查能力为主，高层则实施全面考查及最终把关。逐步面试实行逐层淘汰筛选，越来越严格。

（5）常规面试、情境面试与综合性面试

根据面试内容设计的重点不同，可将面试分为常规面试、情境面试和综合性面试。

① 常规面试是指面试官与应聘者面对面进行以问答形式为主的面试。在这种面试条件下，面试官处于积极主动的位置，应聘者一般是被动应答的位置。面试官提出问题，应聘

者根据面试官的提问做出回答，展示自己的知识、能力和经验。面试官根据应聘者对问题的回答以及应聘者的仪表仪态、身体语言、在面试过程中的情绪反应等对应聘者的综合素质状况做出评价。

② 情境面试突破了常规面试中面试官和应聘者一问一答的模式，引入了无领导小组讨论、文件筐测验、角色扮演、演讲、答辩、案例分析、管理游戏等人员甄选中的情境模拟方法。情境面试是面试形式发展的新趋势，在这种面试形式下，面试的具体方法灵活多样，面试的模拟性、逼真性强，应聘者的才华能得到更充分、更全面的展现，面试官对应聘者的素质也能做出更全面、更深入、更准确的评价。

③ 综合性面试是常规面试与情境面试的综合运用，它兼有前两种面试的特点，而且是结构化的，内容主要集中在与工作职位相关的知识、技能和其他素质上。

（6）初步面试与诊断面试

从面试所达到的效果来看，可将面试分为初步面试和诊断面试。

① 初步面试。这种面试用来增进企业与应聘者的相互了解，在这个过程中应聘者可以对其书面材料进行补充（如对技能、经历等进行说明）；企业能够进一步了解其求职动机，并向应聘者介绍企业情况，解释岗位招募的原因及要求。初步面试类似于面谈，比较简单、随意。

② 诊断面试。这种面试是判断初步面试筛选合格的应聘者的实际能力与潜力的面试，它的目的是让招聘企业与应聘者双方补充更深层次的信息，如应聘者的表达能力、交际能力、应变能力、思维能力、个人工作兴趣与期望，以及企业的发展前景、应聘者的发展机遇和培训机会等。这种面试由用人部门负责把关，人力资源部门参与决策，它更像一场正规的“考试”。对于高级管理人员的招聘，企业的高层领导也将参与其中。

4）实施面试的过程

第一阶段：预备阶段。预备阶段主要是就一般的社交话题进行交谈，使应聘人员自然地进入面试情境之中，以消除他们的紧张心理，建立和谐、友善的面试气氛。

第二阶段：引入阶段。应聘人员的情绪逐渐稳定下来后开始进入第二阶段，即引入阶段。该阶段主要围绕其履历内容提出问题，给应聘者第一次真正发言的机会。

第三阶段：正题阶段。第三阶段进入面试的正题，主要是通过不同的话题来了解应聘人员不同侧面的心理特点、行为特征，以及能力素质等，因此提问的范围也比较广。

第四阶段：变换阶段。第四阶段为变换阶段，主要是为了针对应聘者的特点获取评价信息。变换阶段评价的内容基本是面试“评价表”中所列的各项要素。

第五阶段：结束阶段。面试的最后一个阶段是结束阶段。面试的结束应该自然、流畅，不要给应聘人员留下戛然而止的感觉。

5. 评价中心测试

评价中心测试又称情境模拟测试，是近年来兴起的一种高级管理人员和专业人员的选拔方法。评价中心测试通过创设一个模拟的管理系统或工作场景，将被测评者纳入企业系统中，采用多种评价技术和手段，观察分析被测评者在模拟的工作情境压力下的心理和行为，以测量其管理能力和潜在能力。评价中心测试是一种综合运用多种评价技术对被评价人员进行全面了解的方法，由这种方法得出的评价结果适用于人力资源管理的各项工作环节。

评价中心测试的主要形式有以下几种：

1）文件筐测验。这是一种针对管理职位实施的测试方法，是模拟管理人员日常进行公文处理的情境，事先设计好一些有待处理的文件，交给设定在某一岗位的应聘者现场办公处理，并限时做完这些工作，以考核应聘者有关能力和素质的测试方法。具体来说，就是在测试过程中向应聘者提供招聘职位的工作中可能遇到的各类公文、会议纪要、开会通知、紧急函电、请示报告、员工或客户投诉、备忘录和工作汇报等。文件大概有 15～30 份，这些文件没有排序、随机堆放，文件类型包括手写的便条、打印的文稿、邮寄来的信函等。在测试时，根据应聘者处理公文的速度、质量和处理公文的轻重缓急等指标进行评分。面试官通过考查应聘者在模拟过程中的工作状态和工作效果，评价应聘者个人的自信心、企业领导能力、计划能力、决策能力、书面表达能力和经营管理能力等，选择符合岗位要求的人选。文件筐测验一般用于中高级管理人员的选拔。

2）无领导小组讨论。无领导小组讨论就是把几个应聘者组成一个小组（通常为 5～7 人），给他们一个议题，事先并不指定主持人，让他们在规定的时间内展开讨论以解决这个问题，并做出一个决策。根据每个人在讨论中的表现及所起的作用，测评者按既定的评分维度予以评分。这些维度包括主动性、说服力、语言沟通能力、精力、自信程度、创新力、抗压能力、耐受力等。无领导小组讨论是评价中心测试中经常被采用的一种测评技术。

3）角色扮演法。角色扮演法是一种比较复杂的测评方法，它要求被测评者扮演一个特定的管理角色来处理日常的管理事务，测评者通过观察被测评者的反应来评价被测评者在模拟情境中的行为表现与企业预期的行为模式和职位的要求之间是否吻合。这种方法主要用于评价被测评者的人际关系处理能力、应变能力、情绪的稳定程度和控制能力、处理问题的方法和技巧。例如，要求被测评者扮演一个高级管理人员，由他来向下级做出指示时，要着重关注被测评者的心理素质，而不要根据他临时的工作意见做出评价。

4）工作样本法。工作样本法是指选取一些工作任务作为拟聘职位的一个“工作样本”，然后请被测评者现场操作，根据被测评者的实际表现来测评其管理效率的方法。工作样本法通过被测评者一个样本的工作绩效预测其整体绩效，减少了很多中间环节，是一种比较直接、自然的测评方法。这种方法还有一个更大的特点，就是能使被测评者对拟任的工作岗位有一个更加现实和感性的认识。

6. 心理测试

所谓心理测试是指在控制的情境下，为了了解被测评者潜在的能力及其心理活动规律，对应聘者的智力、潜能、气质、性格、态度、兴趣等心理测度进行的一种测试方法。心理测试具体包括以下几个方面的内容：

1）智力测试。也就是通常说的智商测试，是对人的一般认知功能的测量，是一种间接测试，测试的结果由 IQ 表示。常见的智力测试有比奈-西蒙智力测试、韦克斯勒成人智力测试、瑞文智力测试等。由于这些测试中的问题都是标准化的试题，具有较高的信度和普遍性，因此在录用高级管理人员时可以作为一种重要的参考依据。

2）能力测试。能力测试用来衡量一个人学习及完成一项工作的能力。通常将其分为一般能力测试和特殊能力测试两类。

（1）一般能力测试。一般能力包括思维能力、想象能力、语言能力、推理能力、判断能力、协调能力等。一般能力测试是用于测量某项工作所应具备的某种潜在能力的心理测试。它在人员选拔与录用中应用最广，一般通过词汇、相似、相反、算术计算、推理等类型的问题进行评价。

（2）特殊能力测试。这主要是针对特定职位而设定的测试，又称技能测试。例如，对秘书进行的文书能力测试，对机械工进行的机械能力测试，对会计进行的珠算、记账、核算等能力的测试。

3）个性测试。个性具有稳定性，通过个性测试可以判断被测评者对现实的态度。

4）职业性向测试。职业性向测试的目的在于揭示人们想做什么以及他们喜欢做什么。应聘者的职业兴趣态度在很大程度上影响员工在职位上的绩效和离职率。目前在招聘选拔中所使用的职业性向测试主要是约翰·霍兰德（John Holland）的职业性向测试。霍兰德认为，人格（包括价值观、动机和需要等）是决定一个人职业选择的重要因素，人们的职业兴趣分为六种基本类型，即实际型、社会型、艺术型、常规型、企业型和研究型。

7. 背景调查

背景调查通常是指用人企业通过第三方对拟聘者的情况进行了解和验证，这里的第三方主要是指拟聘者原来的雇主、同事以及其他了解拟聘者的人员，或是能够提供资料验证拟聘者情况的机构和个人。背景调查的内容通常是拟聘者的受教育状况、工作经历、工作业绩、个人品质、工作能力、个人兴趣等情况。假学历、假成绩单、虚假的工作经历与经验、言过其实的工作能力、精心伪装的个人品质与兴趣会严重妨碍人员选拔的公正性、准确性，挫伤企业内员工的积极性，给企业带来不必要的损失。为了防“假”于未然，对录用人员特别是关键职位、重要人员的背景进行调查是十分有必要的。

1）检测拟聘者的诚信度

求职者在应聘时，往往对自己进行刻意包装，求职信越做越精美，工作经历越来越丰富。那些学历较低、经验不足的求职者为迎合企业的需要，也纷纷开始弄虚作假。因此，使用背景调查可以验证申请者所提供的信息是否真实，检测拟聘者的诚信度。

2）侧面了解拟聘者的能力和素质

有些求职者会在工作经验方面一味夸大其词，甚至伪造简历以满足应聘职位的要求。通过对前雇主或教育单位的背景调查，可以了解有关求职者的技能、个性、工作习惯和品格。但是需要说明的是，在调查中不能只相信推荐者的说辞，还必须仔细审核支持推荐者态度的具体行为事例，如有可能，最好进行多方互核。

3）较好地预测拟聘者将来绩效

由于个人行为具有一致性和相关性，因此个体过去的绩效能够较好地预测将来的绩效。对于企业而言，这就意味着如果企业要找合适的员工，那么最好的申请者就是那些以前有过类似岗位经验并取得过卓越绩效的人员。

8. 体检

这里所说的体检不同于一般的身体健康检查，它包括健康检查和身体运动能力测试。企业内的员工不仅要有健康的体魄，还必须具备一定的运动能力。例如，对于建筑人员就要求测定其气力、握力、耐力、控制力、调整力、坚持力、手指灵巧度、手臂灵巧度、手眼协调度、手眼足协调度、视觉灵敏度、听力灵敏度、颜色辨别能力等。一般来说，体检通常放在所有筛选方法之后进行，这样做的好处是可以节约费用。体检的主要目的是确定应聘者的身体状况是否能够适应工作的要求，特别是能否满足工作对应聘者身体素质的特殊要求，体检还可以降低缺勤率和减少事故的发生，也可以发现员工可能不知道的传染病。所以体检的结论具有综合性，不是“健康”或者“不健康”就能表达的。在这一过程中要注意避免出现歧视。

体检这一环节的执行相对比较简单，一般企业会指定一个有信誉的或长期往来的医疗机构，要求应聘者在一定时期内去相应机构进行体检。在大企业中，体检通常在企业的医疗部门中进行。体检的费用一般由招聘单位支付，体检的结果也交给招聘单位。

（三）录用阶段

人员录用是人员招聘的重要环节之一，它主要涉及在对应聘人员进行甄选之后，对候选人进行录取、任用等一系列的具体事宜，如决定录用人员、通知录用人员、试用合同的签订、员工的初始安排、试用、正式录用等内容。

1. 通知录用者

1）公布录用名单

此阶段的任务是依照人员录用的原则，避免主观武断和不正之风的干扰，把选择阶段多种考核和测试结果组合起来进行综合评价，从中择优确定录用名单。录用名单确定后张榜公布，公开录用，以提高透明度。这样做的好处是，一方面可以接受社会监督，切实落实招聘政策；另一方面可以防止招聘中的不正之风，也可以避免招聘过程中的弄虚作假。

2）通知被录用者

通知应聘者是录用工作的一个重要部分。通知有两种，一种是录用通知，一种是辞谢通知。两种通知是完全不一样的，一个是给人带来好消息，另一个是给人带来坏消息。当然，写录用通知相对更容易，因为无论如何组织措辞，该通知都是人们乐意读的。而写辞谢通知则相对比较难，因为无论如何组织措辞，都很难让应聘者高兴起来。值得一提的是，得益于网络技术和科技手段的进步，一般企业录用会选择通过钉钉、微信、QQ 平台或以电话、短信等形式发出。录用通知书的内容和格式如下：

×××先生／女士：

通过面谈和考查，很高兴通知您，我们公司能够为您提供×××职位。如果您能接受该职位的工作，我们将感到很荣幸。我们会为您提供良好的工作环境和全新的发展机会，并按照我们商谈的结果支付您的工资报酬。

我们很希望在×年×月×日之前能够获得您是否愿意接受该职位的信息。如果您有什么问题请尽快与我联系，我的电话是×××。我的电子邮箱是××。

等待您的答复。

此致

人力资源部经理（签名）

年　　月　　日

2. 签订劳动合同

劳动合同，也称劳动契约、劳动协议，它是指劳动者同企业确立劳动关系，明确双方责任、权利和义务的协议。订立劳动合同的目的是在劳动者和企业之间建立劳动法律关系，规定劳动双方当事人的权利和义务。

3. 新员工培训

新员工培训又称为新员工入职培训、新员工适应性培训。一般包括两个阶段，一是所有新进员工的集中培训，二是各岗位或者部门新进员工的单独培训。集中培训的内容主要包括企业概况、本行业的概况、企业的产品和服务知识、制造与销售情况、企业的规章制度与企业结构、公务礼仪、行为规范、商业机密、职业操守、薪酬和晋升制度、劳动合同、福利与社会保险等。岗位或者部门的培训内容主要包括工作场所、办公设施设备的熟悉、内部人员的熟悉（本部门上级、下属、同事，其他部门的负责人、主要合作的同事）、了解业务、流程、职责、权限，了解客户、产品、市场、行业、对外联络方，有时需实地进行培训，如参观生产部门、研发实验室、仓库等，学习专业性的技术、业务、财务管理方法等一些必要的管理技能。

三、招聘评估阶段

在评估阶段要进行招聘结果评估、招聘工作评估、招聘方法评估。

（一）招聘结果评估

即招聘工作中的各项支出评估。人员招聘的总成本包括有形成本和无形成本。因为间接成本与无形成本在实际工作中很难计量，企业在评估招聘成本时常常把它们略去不计。但是在总体评估人员招聘成本的时候应当算上它们，这样才能对企业的招聘工作做出客观、公正的评价。

1. 成本效益评估

1）成本效用评估。成本效用评估经常用到以下几个公式：

① 总成本效用 = 录用人数 / 招聘总成本

② 招募成本效用 = 应聘人数 / 招募期间的费用

③ 选拔成本效用 = 被选中人数 / 选拔期间的费用

④ 人员录用效用 = 正式录用人数 / 录用期间的费用

2）招聘成本。招聘成本分为招聘总成本和招聘单位成本。招聘总成本是人力资源的获取成本。招聘单位成本是招聘总成本与实际录用人数之比。招聘成本评估常用到以下几个公式：

① 招聘总成本 = 招聘直接成本 + 招聘间接费用

② 招聘直接成本 = 招募费用 + 选拔费用 + 录用员工的家庭和工作安置费用 + 其他费用（差旅与招待费用）

③ 招聘间接费用 = 内部提升费用 + 工作流动费用

④ 招聘单位成本 = 招聘总成本 / 实际录用人数

3）招聘收益成本比。评估招聘收益成本比的公式为：

招聘收益成本比 = 所有新员工为企业创造的总价值 / 招聘总成本

2. 录用人员评估

录用人员评估是指根据招聘计划对录用人员的质量和数量进行评价的过程。在大型招聘活动中，录用人员评估十分重要。如果录用人员不合格，那么招聘过程中所花的时间、精力、金钱就都浪费了，只有招聘到的人员全部合格才能说是全面完成了招聘任务。

1）录用人员的数量评估。评估数量合理与否的标准有以下几个：

（1）录用比。该比率越大，说明可供筛选者越少，实际录用员工的质量可能较低。

（2）招聘完成比。该比率越小，说明招聘员工数量越少；如果为 100%，则意味着企业按计划招聘到了所有需要的员工。

（3）应聘比。该比率可以说明员工招聘的挑选余地和信息发布状况。该比率越大，说明企业的招聘信息发布越广、越有效，企业的挑选余地就越大。一般说来，应聘者比率应当在 200% 以上。

2）录用人员的质量评估。除了运用录用比和应聘比这两个数据来反映录用人员的质量外，也可以根据招聘的要求或工作分析中的要求对录用人员进行等级排列来确定其质量。

（二）招聘工作评估

招聘工作评估就是对招聘过程中的工作要项进行评估，它是判断招聘工作质量的另一个重要指标。具体来说，招聘工作评估包括征招工作评估和甄选工作评估两项。

1. 征招工作评估

人员征招工作的目的就是寻找或者吸引一定数量和质量的求职者。对人员征招工作的评估主要有两方面的内容，即量的评估和质的评估。

2. 甄选工作评估

人员甄选工作的评估也有两个方面的内容，一是效率评估，二是正确率评估。效率评估主要依据人员甄选工作的进度和每个阶段的产出率来评定，人员甄选工作的进度越快，时间越短，新员工入职工作岗位就越及时，发挥作用也就越快。而正确率的评估主要是看测验方法的效度和信度，这是加强和改进人员甄选工作的重要依据。如果某种测验方法的信度和效度不高，在甄选过程中就容易将优秀人才淘汰，将不合格的人招进来。

因此，企业不仅在甄选前要进行测验方法的效度和信度检验，选择效度和信度较高的测验方法，在甄选结束后还要对之进行评估，以便在以后的工作中改进或淘汰测验方法。

在做完了所有工作之后，就要撰写招聘总结了。招聘总结由招聘主要负责人撰写，要真实地反映招聘的全过程，明确指出招聘的成功之处和失败之处。

（三）招聘方法评估

对招聘方法的评估主要包括信度评估和效度评估两大类。信度和效度是任何一种测试方法都要涉及的基本问题，只有测试的信度和效度达到一定水平，其结果才能作为录用决策的依据。

3.2 操作示例

3.2.1 企业招聘方案示例

W 公司员工招聘方案设计

一、目的与意义

通过合理和高效的招聘程序，引进一批具有专业知识技能的优秀人才，充实公司各相应岗位的人才队伍，提高公司人员的综合素质，构建企业人才梯队，为今后公司的发展补充新鲜血液、储备人力资源。

二、人力资源规划

招聘岗位：销售代表

面向专业：营销专业为主，其他相关专业也可

招聘人数：20 人

学历要求：大专及以上

三、招聘计划及相关人员的工作内容

表 3-6 招聘计划及相关人员的工作内容

序号	项　目	工 作 要 点	责任人
1	招聘信息发布的时间和渠道	2011 年 11 月 19 日，湖南人才网、智联招聘网上发布招聘信息	人力资源部
2	成立招聘小组	2011 年 11 月 20 日，公司总经理任招聘小组组长	人力资源部
3	招聘资料准备	现场宣传用手提电脑 1 台、光盘、多功能接线板若干，面试题、应聘者登记表 300 份、面试测评表 150 份、公司背景资料 300 份，招聘广告牌 2 块、名片、黑色水笔 30 支、小订书机 2 个、回形针 4 盒、商务车 1 辆、轿车 1 辆	人力资源部
4	招聘地点及布置	人才市场招聘大厅。广告牌、桌椅位置的确定和摆放、招聘资料摆放、面试间桌椅摆放，落实时间：11 月 25 日下午 5 点前	人力资源部

续表

<table>
<tr><th>序号</th><th>项　目</th><th colspan="2">工 作 要 点</th><th>责任人</th></tr>
<tr><td>5</td><td>招聘流程</td><td colspan="2">应聘者填写应聘者登记表，根据相关个人资料进行初试，面试测评符合者通知进行复试，合格者进行终面和录用</td><td>人力资源部</td></tr>
<tr><td rowspan="4">6</td><td rowspan="4">日程安排</td><td>11 月 25 日</td><td>招聘资料汇总</td><td rowspan="4">人力资源部</td></tr>
<tr><td>11 月 26 日～30 日</td><td>接待应聘者，整理应聘资料，核对资料，进行初试</td></tr>
<tr><td>12 月 2 日</td><td>进行复试，公布录用面试名单并短信通知</td></tr>
<tr><td>12 月 5 日</td><td>最终面试，做出录用决策</td></tr>
</table>

四、招聘实施阶段

（一）销售人员的胜任力模型

表 3-7　销售人员的胜任力模型

胜任特征	权　重	胜任特征项目	行 为 描 述
成就与行动	10%	成就导向	设立具有挑战性但可以达到的目标
			能有效地运用时间
			关注潜在的获利机会
	20%	主动性	坚持，不轻易放弃
			在与客户交往过程中把握主动权，善于把握机会
	5%	信息搜集	有很多来源获得信息
帮助与服务	15%	人际理解	能很好地理解非语言行为
	20%	客户服务与导向	做出更大的努力来满足客户需求
			善于发掘客户需求并满足
			能及时追踪与客户联系的情况
冲击和影响	10%	冲击与影响	处理客户关心的问题
			间接影响
			建立可信度
	10%	关系建立	经营与工作相关的友谊
个人效能	10%	自信	对做好工作充满信心

（二）初试阶段：职业笔试测试

初试采取的是笔试测试的方法，通过工作、生活、价值观等方面的问题测试应聘者的性格。在职业心理中，性格影响着一个人对职业的适应性，特定的性格适于从事特定的职业，同时，不同的职业对人有不同的性格要求。因此，在考虑或选择时不仅要考虑自己的职业兴趣，还要考虑自己的职业性格特点。

1. 对面试官的标准：

用人部门负责人。

2. 面试官的录取标准：

具有强烈的团队观念以及良好的团队沟通协调能力，能够迅速理解上级的意图，形成目标，整合资源，制订具体可操作的行动方案，并监督计划实施的能力。

（三）复试阶段：无领导小组方式

1. 选拔方式

无领导小组面试是一种采用情境模拟的方式对应聘者进行集体面试的考查方式，面试官可以通过应聘者在给定情境下应对危机、处理紧急事件以及与他人合作的情况来判断该应聘者是否符合岗位需求。近几年来，无领导小组面试得到越来越多单位的认可。

2. 选拔方式的目的

讨论作为一种有效的测评方式，能测试出笔试和单一面试所不能检测出的能力或者素质，观察到应聘者之间的相互作用，依据应聘者的行为特征来对其进行更加全面、合理的评价，能够考查到应聘者的多种能力要素和个性特质，使应聘者在相对无意之中展现出自己各个方面的特点。由此预测出的真实团队中的行为有很高的效度，正符合销售人员选拔的方式。

3. 无领导小组评分要素及权重

言谈举止得体（5%）；发言主动生动（15%）；论点准确（15%）；综合分析与论证说理能力（15%）；提纲挈领（20%）；企业、领导能力（30%）。

（四）录用阶段：非结构化面试

1. 选拔方式

非结构化面试，就是没有既定的模式、框架和程序，面试官可以“随意”向被测者提出问题，而对被测者来说也无固定答题标准的面试形式。

2. 面试官的录取标准

三年以上管理工作经验；能独立制定客户方案，并积极寻求让客户满意的策略；良好的团队合作精神，优秀的人际交往和协调能力，良好的语言表达能力，极强的解决问题的能力；工作主动性强，思维敏捷，有较强的创新能力；有敏锐的市场意识、应变能力、领导能力和独立开拓市场的能力，学习能力强，逻辑性强。

五、招聘工作时间表

11 月 15 日：撰写招聘广告；

11 月 16 日～11 月 17 日：进行广告封面设计；

11 月 18 日：与报社、招聘网站及人才市场冬季招聘会管理委员会联系；

11 月 19 日：通过海报、宣传单、网络发布招聘信息；

11 月 20 日：选出初试、复试、录用面试官进行统一培训，准备好面试的各项材料；

11 月 26 日～11 月 30 日：接待应聘者，整理应聘资料，核对资料，进行初试；

12 月 1 日：通知应聘者；

12 月 2 日：进行复试；

12 月 3 日：公布录用面试名单并短信通知；

12 月 5 日：进行录用面试；

12 月 6 日：在公司网站上公布录用者名单；

12 月 8 日：向通过考核的人员通知录用；

12 月 9 日：进行招聘效果评估与总结；

12 月 15 日：新员工上班。

六、招聘费用

1. 印制广告及相关宣传材料：200 元 / 月；

2. 中介机构招聘费用：100～150 元 / 人；

3. 员工介绍费用：50～100 元 / 人；

4. 公车视频招聘广告、地方电视招聘广告、报纸招聘专题：400 元、1 000 元、200 元；

5. 车旅费、交际费：200 元；

6. 招聘会摊位费：50 元 / 场（中南劳动市场）、250 元 / 场（高新区人才市场）、300 元 / 场（芙蓉人才市场）；

7. 网络招聘费用：智联招聘网 100 元 / 期、前程无忧网 200 元 / 期；

8. 餐饮费：20 元 / 人。

七、招聘效果评价指标

1. 招聘的数量分析

现在中小型企业数量较多且产品比较单一，所以对销售领域非常关注，但越是小的企业，销售人员的稳定性就越差，因为中小企业没有更好的机制来稳定人才。根据公司的需求，预计不限学历的实用型人才仍将维持较高的需求态势。对于规模不大的软件公司来说，适合筛选部分头脑灵活、反应迅速、善于抓住机遇的毕业生投入其中。此次招聘的销售人员为 20 人。

2. 所录用人员的实际工作绩效评估

软件企业销售人员的工作表现评估是一项重要的工作，销售部必须确保既定的工作计划及销售目标能够完成，需要系统地监督和评估计划及目标的完成情况。销售人员的工作表现评估通常是检查每一个销售人员的销售业绩，这当中包括软件产品的销售数量、完成销售指标的情况和进度、对客户的拜访次数等工作，且必须定期地进行，对评估的事项必须订立明确的准则，使销售人员能够有规可循。评估的结果必须给销售人员进行反馈，以使他们知道自己做得不够的地方，从而对工作的不足做出改善。

工作评估不仅是检查销售人员工作指标的完成情况和销售业绩，更重要的是要检查销售策略和计划的成效，从中总结出成功的经验或失败的教训。成功的经验和事例应该向其他软件销售人员进行推广，失败的教训也应该让其他人作为借鉴。对销售业绩好的软件销售人员应当给予适当奖励，以促使他们更加努力地做好工作；对销售业绩差的软件销售人员，应当向他们指出应该改善的地方，并使他们在规定时间内做出改善。

3. 招聘时间（周期）的评估

对于软件销售人员的考核容易量化，因为其绩效通常以销售额、回款率、市场占有率、客户满意度等硬性指标衡量。因此对软件公司软件销售人员的评价周期应根据实际情况尽可能缩短，一般为月度或季度。根据公司需求，一般一个月内就有好几批成品生产出来或销售出去，所以决定对公司销售人员以月度为周期进行考核。

4. 招聘成本的核算

（1）张贴招聘广告的实际费用较低，但需要投入的人力、物力较大，招聘效果相对较差。预计能完成总招聘计划的 15% 左右。

费用：200 元 / 月 ×1 月 = 200 元

（2）员工介绍和联系中介机构的招聘费用相对较高，但是人力、物力的投入较少，招聘效果较好。预计能完成总招聘计划的 15% 左右。

费用：100 元 / 人 ×2 人 = 200 元

（3）招聘会摊位费：（中南 + 高新区 + 芙蓉）×1 = × 元，即：（50+250+300）×1 = 600 元。

（4）公车视频招聘广告、电视招聘广告、报纸招聘广告覆盖范围大、受众人员广、视听影响力大，给人留下真实的印象，既可以宣传公司，也起到较好的招聘效果。预计能完成总招聘计划的 35%。

费用：400 元 + 1 000 元 + 200 元 = 1 600 元

（5）网络招聘效果较好，因为越来越多的求职者对招聘网络比较熟悉或主动性较强，所以很多求职者关心招聘网的招聘信息，对招技术工、文员、管理类员工效果较好。预计能完成总招聘计划的 35%。

费用：（智联 100 元 / 期 + 前程无忧 200 元 / 期）×1 期 = 300 元

（6）在人流密集的市区人才市场招聘，费用较多，路途较远，花费时间较长，需在外

就餐，但效果较好。

费用：交旅费 + 餐饮费 =（200 元 +20 元 / 人）×4 人 = 880 元

综上所述：预计 2011 年 11～12 月的招聘总费用为：200+200+600+1 600+300+880=3 780 元。

5. 招聘中所采用的测评方法的效度、信度分析

（1）效度评估分析

软件公司对于此次销售人员的招聘采用预测效度，即对所有应聘的软件销售人员都予以测评，但并不依其结果决定录用与否，而是以其他甄选手段，如申请表、面试等来录用人员。待这些被录用销售人员工作一段时间以后对其工作绩效加以考核，然后再将绩效考核的得分与当初的测验结果加以比较，求两者的相关系数。相关系数越大，说明此测评效度越高，可以依此来预测应聘人员的潜力；若相关系数越小，或无相关，则说明此测评无法预测应聘人员的工作潜力。

（2）信度评估分析

软件公司对于此次销售人员采用分半信度测评，即将对同一组应聘人员进行的同一测评分为两部分加以考查，并测评这两部分结果之间的相关度。这种方法既省时，又避免了前后两次测评间的相互影响，做到既可信，又有效。

6. 招聘渠道的有效性分析

中小型企业不应拘泥于某种既定的模式，而是应从实际需要出发，不拘一格地选拔销售人才。软件公司决定选用校园招聘、人才市场，以及报刊广告进行销售人员招聘。校园招聘适合选拔部分头脑灵活、反应迅速、善于抓住机遇的毕业生，人才市场具有简便快捷的优势，报刊广告招聘信息覆盖面广，可收到较多应聘者资料。

附录 1：《应聘人员登记表》（略）

附录 2：销售人员岗位说明书（略）

附录 3：笔试测试题（略）

附录 4：面试题目参考（复试无领导小组题目、非结构化面试题目）（略）

3.2.2 校园招聘方案示例

背景资料

企鹅制冷公司是一家生产冰箱、空调等制冷设备的企业，为了充实企业的新生技术力量，公司人力资源管理部拟于 2023 年 11 月面向大学招聘相关专业应届毕业生，由小王负责制订本次校园招聘的方案。具体内容如下。

企鹅制冷公司校园招聘方案

一、校园招聘的目的及意义

刚走出校园的大学生充满激情，可塑性强，善于发现问题。招聘一批具有专业知识的毕业生，可以充实企业的专业人才队伍，有利于实现企业的可持续发展。

二、招聘要求

专业要求：电机、制冷、材料相关专业

招聘人数：15 人

具体要求：

1. 在校期间学习刻苦，学习能力强，成绩优秀；
2. 专业知识结构合理，有相关实习经历或工作经验；
3. 吃苦耐劳，责任心强；
4. 喜欢挑战，富有创新精神；
5. 在校期间担任班干部或参加各项社团活动者优先。

三、招聘流程

（一）收集简历

1. 网络招聘信息发布。在企业网站上发布招聘信息，提供“校园招聘职位申请表”供应聘者下载，并通过电子邮件的方式收集简历。

2. 参加校园宣讲会。企业联系各大院校，协调时间和地点，举行校园宣讲会。在宣讲会期间发放“校园招聘职位申请表”，由学生填写完毕后当场提交。

（二）简历筛选

人力资源部筛选收集到的简历，初步确定候选人名单，并发布面试通知。

（三）笔试

1. 解难能力测试。解难能力测试试题分为四个部分，共 50 小题，每题五个选项。

2. 专业技能测试。本次招聘的对象均为技术人员，必须设置专业技能测试。专业技能测试由企业相关技术部门负责设计笔试题目和答题评分。

（四）面试

1. 初试。人力资源部通知通过笔试的应聘者参加面试初试。初试由人力资源部企业进行，重点是考核应聘者的综合素质。

2. 复试。人力资源部通知通过初试的应聘者参加复试，复试由相关技术部门的部门经理、技术人员企业进行，考核的重点是应聘者的技术应用能力。

（五）发放录用通知

人力资源部配合用人部门对参加复试的应聘者进行综合测评，做出录用决策。人力资源部负责发布录用通知。

四、校园招聘评估

人力资源部负责对本次校园招聘进行全面评估，吸取经验教训，为以后的校园招聘工作提供指导。

3.2.3 面试问话提纲示例

表 3-8 面试问话提纲

面试项目	评价要点	提问要点
仪表与风度	体格外貌，穿着举止，礼节风度，精神状态	
工作动机与愿望	过去和现在对工作的态度，更换工作与求职原因，对未来的追求与抱负，本公司所提供的岗位或工作条件能否满足其工作要求和期望	请谈谈你现在的工作情况，包括待遇、工作性质、工作满意度。 你为何希望来本公司工作？ 你在工作中追求什么？个人有什么打算？ 你想怎样实现你的理想和抱负？
工作经验	从事所聘职位的工作经验丰富程度、职位的升迁状况和变化情况，从其所述工作经历中判断其工作责任心、企业领导力、创新意识	你大学毕业后的第一份职业是什么？ 在这家企业里，你担任什么职务？ 你在这家企业里做出了哪些你自己认为值得骄傲的成就？ 你在主管部门中遇到过什么困难？你是怎样处理和应对的？ 请你谈谈职务的升迁和工资变化情况
经营意识	判断应聘者是否具有商品概念、效率观念、竞争意识，以及是否具备基本的商品知识	通过经营小案例来判断其是否具有这方面的观念和意识
知识水平专业特长	应聘者是否具备应聘岗位所需要的专业知识和专业技能	你大学学的是什么专业或接受过哪些特殊培训？ 你在大学对哪些课程最感兴趣？哪些课程学得最好？ 询问专业术语和有关专业领域的问题。 询问一些专业领域的案例，要求其进行分析判断
精力、活力、兴趣、爱好	应聘者是否精力充沛、充满活力，其兴趣和爱好是否符合应聘岗位的要求	你喜欢什么运动？你会跳舞吗？ 你怎样消磨闲暇时间？ 你经常参加体育锻炼吗？
思维力、分析力、语言表达力	对主试所提问题是否能够通过分析判断，抓住事物本质，并且说明透彻，分析全面，条理清晰，是否能顺畅地将自己的思想、观点、意见用语言表达出来	你认为成功和失败有什么区别？ 你认为富和贫、美和丑有什么区别？ 如果让你筹建一个部门，你将从何入手？ 提些小案例，要求其分析、判断

续表

面试项目	评价要点	提问要点
反应力与应变力	头脑的机敏程度，对突发事件的应急处理能力，对主试提出的问题能否迅速、准确地理解，并尽快做出相应的回答	询问一些小案例或提出某些问题要求其回答
工作态度、诚实性、纪律性	工作态度如何，谈吐是否实在、诚实，是否热爱工作、奋发向上	你目前所在单位管得严吗？在工作中看到别人违反制度和规定，你怎么办？ 你经常向领导提合理化建议吗？ 除本职工作以外，你还在其他单位兼职吗？ 你在处理各类问题时经常向领导汇报吗？ 你在领导与被领导之间喜欢哪种关系？
自制力与控制力	应聘者是否能够通过经常性的自我检查发现自己的优缺点，同时在遇到批评、遭受挫折以及工作有压力时，能够克服、忍受、理智地对待	你认为你自己的长处在哪里？ 你觉得你个性上最大的优点是什么？ 领导和同事批评你时，你如何对待？ 你准备如何改正自己的缺点？
一般问题	• 为何要到本公司来？ • 你认为你对本公司会做出什么贡献？ • 你以往做过哪些工作？ • 你认为你有何缺点？ • 你为何要离开原单位？ • 别人评价你时，你一般会如何应付？ • 你认为原单位有哪些缺点？ • 你喜欢和哪些人交往？同学、同事还是邻居？	

3.2.4 新员工入职培训方案示例

某公司新员工入职培训方案

为适应公司发展的需要，提高企业员工的综合素质和企业核心竞争力，现根据企业的实际情况和自身需求，特制定此方案。

一、培训目的

让新员工了解企业历史、政策、企业文化，使新员工的能力、知识和技能得到提升，快速适应岗位的需要，同时坚定自己的职业选择，理解并接受企业的理念和行为规范，消除紧张感并体会到归属感，使员工形成积极的工作态度。

二、培训对象

企业所有新入职员工。

三、培训日期

新员工入职培训，包括集中岗前培训及后期的岗位指导培训，人力资源部根据具体情况确定培训日期。

四、培训方式

1. 岗前培训：准备培训资料，表示对新员工的欢迎，按照企业的有关制度和行为规范解答新员工的问题。

2. 在岗培训：新员工实际工作部门负责，参观工作环境，介绍部门环境与工作内容，讲解岗位要求、工作流程、工作待遇等。

五、培训教材

各部门《岗位职责说明书》等。

六、培训内容及安排

表 3-9 培训内容及安排

培训序号	培训主题	培训时间	培训地点	培训时长	培训师
1	迎新典礼，企业概况（公司历史、背景、使命等）		会议室一	2 小时	企业常务副总
2	企业文化、企业架构、各相关部门工作关系介绍		会议室一	2 小时	行政副总
3	公司管理制度、人事制度		会议室一	2 小时	人事部部长
4	职业生涯设计、工作安全防范		会议室一	3 小时	人事部部长
5	公司产品经营情况介绍		会议室二	2 小时	生产部部长
6	商务礼仪		会议室一	4 小时	外聘
7	公司的财务政策、报销流程等		会议室一	1 小时	财务处处长
8	新员工问题答疑		会议室一	1 小时	各部门负责人
9	在岗培训		各岗位办公室	视岗位情况定	各部门负责人

七、培训费用

本次培训预计产生的费用有：××，总计培训费用 ×× 元。

八、培训考核与评估

建立在职人员培训档案，培训结束后员工撰写个人培训心得（不少于 2 000 字），由人力资源部及各部门负责人按照公平、公正、民主的原则进行评价，同时应结合企业的实际需求和岗位需求对所有员工做出合理、符合实际的评定，并择优录用。人力资源部对所有培训材料（培训项目申请表、培训签到表、培训照片、培训心得体会、培训评价结果、培训师使用的演示文稿、教案等）进行存档。

九、培训保障机制

1. 设立培训专项基金，保障培训的有效实施。

2. 明确培训纪律，规范员工行为。

3. 对培训人员进行严格考核，要求培训人员记录学习心得。

4. 由人力资源部对学员培训出勤和考核成绩进行记录，作为以后企业选拔人才的依据之一。

新员工进入企业最初阶段的成长对于员工自身和企业来说都非常重要。新员工培训的成功离不开每一个细节的精心筹划。成功的新员工培训是人力资源管理的重要环节，它为员工顺利融入企业，进而选择长期发展打下了重要的基础。

3.2.5 员工转正申请表、考核表示例

表 3-10 员工转正申请表

<table>
<tr><td>姓　　名</td><td></td><td>性　　别</td><td></td><td>年　　龄</td><td></td></tr>
<tr><td>入职时间</td><td></td><td>部　　门</td><td></td><td>岗　　位</td><td></td></tr>
<tr><td>试用期工作安排</td><td colspan="5"></td></tr>
<tr><td>试用期工作业绩描述</td><td colspan="5"></td></tr>
<tr><td>个人评定</td><td colspan="5"></td></tr>
</table>

注：此页面不够时可另附纸张。

表 3-11 员工转正考核表

<table>
<tr><td colspan="3">姓　　名</td><td></td><td>性　　别</td><td></td><td colspan="3">岗　　位</td><td colspan="2"></td></tr>
<tr><td colspan="3">试用期期限</td><td></td><td>入职时间</td><td></td><td colspan="3">拟转正时间</td><td colspan="2"></td></tr>
<tr><td colspan="3">原定薪资</td><td></td><td>试用薪资</td><td></td><td colspan="3">转正薪资</td><td colspan="2"></td></tr>
<tr><td rowspan="15">考核（由直接领导填写）</td><td colspan="3">考勤记录</td><td colspan="7">全勤　　病假　　次，事假　　次，迟到 / 早退　　次，旷工　　次</td></tr>
<tr><td colspan="3" rowspan="2">业绩表现
60%</td><td>10 分</td><td>8 分</td><td colspan="3">5 分</td><td colspan="2">2 分</td></tr>
<tr><td></td><td></td><td colspan="3"></td><td colspan="2"></td></tr>
<tr><td rowspan="12">适岗性
40%</td><td colspan="4" rowspan="2">评估事项</td><td colspan="5">评　　价</td></tr>
<tr><td>10 分</td><td>8 分</td><td colspan="2">5 分</td><td>2 分</td></tr>
<tr><td colspan="4">对新工作环境的适应性和融入性</td><td>优秀</td><td>良好</td><td colspan="2">一般</td><td>较差</td></tr>
<tr><td colspan="4">学习能力和掌握岗位技能的能力</td><td>优秀</td><td>良好</td><td colspan="2">一般</td><td>较差</td></tr>
<tr><td colspan="4">工作创新能力和改善工作状况的主动性</td><td>优秀</td><td>良好</td><td colspan="2">一般</td><td>较差</td></tr>
<tr><td colspan="4">对公司制度遵守程度</td><td>优秀</td><td>良好</td><td colspan="2">一般</td><td>较差</td></tr>
<tr><td colspan="4">建立良好工作人际关系的能力</td><td>优秀</td><td>良好</td><td colspan="2">一般</td><td>较差</td></tr>
<tr><td colspan="4">善丁与他人沟通，具有团队合作精神</td><td>优秀</td><td>良好</td><td colspan="2">一般</td><td>较差</td></tr>
<tr><td colspan="4">对工作任务的领悟能力和执行能力</td><td>优秀</td><td>良好</td><td colspan="2">一般</td><td>较差</td></tr>
<tr><td colspan="4">对企业文化的认同度和适应度</td><td>优秀</td><td>良好</td><td colspan="2">一般</td><td>较差</td></tr>
<tr><td colspan="4">学习各项工作的主动性和责任心</td><td>优秀</td><td>良好</td><td colspan="2">一般</td><td>较差</td></tr>
<tr><td colspan="4">个人发展的潜能和可塑性</td><td>优秀</td><td>良好</td><td colspan="2">一般</td><td>较差</td></tr>
<tr><td colspan="2">考核得分</td><td colspan="9"></td></tr>
<tr><td rowspan="3">审核</td><td colspan="3">部门负责人意见</td><td colspan="7">签名：　　　　年　　月　　日</td></tr>
<tr><td colspan="3">人力资源部意见</td><td colspan="7">签名：　　　　年　　月　　日</td></tr>
<tr><td colspan="3">总经理意见</td><td colspan="7">签名：　　　　年　　月　　日</td></tr>
</table>

（备注：中层以上员工的转正，只需人力资源部和总经理填写意见）

3.3 操作演练

【任务背景一】

飞华公司由于业务发展需要，决定招聘以下人员：部门主管 5 名，要求本科及以上学历、35 岁以下；机械工程师 3 名，要求机械设计制造及自动化相关专业本科及以上学历；销售代表 3 名，本科以上学历、相关工作经验 3 年以上；行政文员 1 名，要求女性、本科及以上学历、30 岁以下。预计 3 个月后上岗，由人力资源部经理王伟及人力资源部员工张欣负责招聘。

【任务内容】

假定你是张欣，请拟定一份招聘计划书。

【任务实施指导】

1. 拟定招聘计划书首先要做哪些工作？

____

（提示：首先阅读企业背景，了解招聘的岗位及其基本信息。）

2. 招聘计划书的内容有哪些？

____

（提示：多次阅读招聘书，确保不存在错别字以及语句不通顺、有歧义的句子，不存在违反法律的地方。）

【任务背景二】

腾达公司因业务发展需要，决定招聘以下人员：部门主管 4 名，要求本科及以上学历、40 岁以下、有两年以上工作经验；销售代表 10 名，要求专科及以上学历；行政秘书 1 名，要求女性、本科及以上学历、28 岁以下。预计 2 个月后上岗，由人力资源部招聘主管赵晶负责招聘。

【任务内容】

假定你是赵晶，请设计一份招聘广告。

【任务实施指导】

1. 招聘广告有哪些内容？

____

（提示：阅读任务背景企业的招聘岗位的基本信息和需求人数、岗位要求、上岗时间等信息。）

2. 制作招聘广告首先要做什么？

____

（提示：给招聘广告起一个具有吸引力的标题。）

3. 制作招聘广告的原则是什么？

____

（提示：行文要确保字、句等信息无误、有吸引力，能够引起求职者的兴趣。）

复习题

1. 简述招聘的概念及流程。
2. 招聘的影响因素有哪些？
3. 内部招聘和外部招聘的优缺点是什么？
4. 评价中心技术有哪些？
5. 简述背景调查的概念。

附：

表 3-12　师生互动评价表

序号	评价内容	评价标准	评价结果
1	招聘的概念	能说出招聘的依据	是 / 否
		能说出招聘的目的	是 / 否
		能说出招聘的核心	是 / 否
2	招聘的流程	能掌握招聘的实施流程	是 / 否
		能掌握招聘的渠道	是 / 否

续表

序号	评价内容	评价标准	评价结果
3	招聘筛选的方法	能说出招聘筛选的方法	是 / 否
		能掌握各种筛选方法的操作	是 / 否
		能根据具体岗位选择筛选的方法	是 / 否
4	招聘的影响因素	能说出招聘的企业内容因素	是 / 否
		能说出招聘的外部因素	是 / 否
5	招聘广告的设计	能说出招聘广告的内容	是 / 否
		能掌握招聘广告的设计原则	是 / 否

模块 4 员工培训与开发

随着企业竞争的全球化和全面化发展，企业竞争的焦点除资金和技术等传统资源外，还需要建立在人力资本基础之上的创新能力。因此，增加对人力资源的不断投资，加强对员工的教育培训，提高员工的素质，使人力资本持续增值，从而提升企业业绩并实现战略目标，成为企业界的共识。通过员工培训可以增加人力资本存量、强化人力资本积累，是实现企业管理目标的主要推动力之一。

知识目标

1. 掌握培训与开发的含义；
2. 了解培训的特点、原则、类型及程序；
3. 熟悉培训计划的制订与实施；
4. 了解培训的方法与培训效果的评估。

能力目标

1. 能根据给定的背景资料为企业制订培训计划；
2. 能进行培训需求分析；
3. 能利用培训的相关理论对培训效果进行正确评价。

思政目标

1. 培养学生终身学习的观念；
2. 培养学生的民主法治意识；
3. 培养学生的成本意识。

4.1 操作基础

4.1.1 理论基础

导入案例

华为的培训理念

创立于1987年的华为历经30年的成长，从默默无名成长为行业领头羊。截至2020年年底，华为公司掌握的技术专利数量已在行业内处于领先地位。这是华为坚持组织学习与创新学习的结果。有人说，正是学习型企业的构建，使华为公司成长为有竞争实力的世界级公司。学习的主体是人，华为将“人力资本增值的目标优先于财务资本增值的目标”明确写进了《华为基本法》，这也成为华为培训人才的宗旨和目标。华为公司董事任正非说：“在华为，人力资本的增长要大于财务资本的增长。追求人才更甚于追求资本，有了人才就能创造价值，就能带动资本的迅速增长。”

华为的培训对象很广，不仅包括本公司的员工，还包括客户方的技术维护、安装等人员。培训不仅在国内的培训基地进行，还在海外基地开展，同时还建立了网络培训学院培养后备军。如何才能让新员工主动学习、提高自己呢？华为采取的办法是全面推行任职资格制度，并进行严格的考核，从而形成新员工培训的有效激励机制。

譬如华为的软件工程师可以从一级开始做到九级，九级的待遇相当于副总裁级别的待遇。新员工进来后，如何向更高级别发展、怎么知道个人的差距？华为有明确的规定，比如一级标准是写万行代码，做过什么类型的产品等，有具体的量化标准，新员工可以根据这个标准进行自检。

但人力资本的增值靠的不是炒作，而是有组织的学习。让人力资本增值的途径之一就是培训，华为的培训体系经过多年的积累已经自成一派。任正非对培训有一个精辟的见解，他说：“技术培训主要靠自己努力，而不是天天听别人讲课。其实每个岗位天天都在接受培训，培训无处不在、无时不有。成功者都主要靠自己努力学习，成为有效的学习者，而不是被动的被灌输者，要不断刻苦学习提高自己的水平。”可见，华为培训的本质并不单单是让员工具有某种技能，更是培养他们自我学习的能力。

华为旨在把自己打造成一个学习型企业，因此建立了一套完善的以华为大学为主体的华为培训体系。华为大学集一流教师队伍、一流教学设备和优美的培训环境于一体，拥有千余名专职、兼职教师和能同时容纳 3 000 名学员的培训基地。除任职资格制度外，华为还通过严格的绩效考核，运用薪酬分配这个重要手段，来实现“不让雷锋吃亏”的承诺。即使考核结果仅仅相差一个档次，收入差别就可能是十万元、二十万元，甚至更多，所以在华为不存在“大锅饭”问题。华为就是通过这样的方式，来甄别最优秀的人，给他们更多的资源、机会、薪酬和股票，以此激励员工不停地奋斗。

华为是国内最早实行“导师制”的企业。华为对导师的确定必须符合两个条件：一是绩效必须好，二是充分认可华为文化，这样的人才有资格担任导师。同时规定，导师同时最多只能带两名新员工，目的是确保成效。华为规定，导师除了对新员工进行工作指导、岗位知识传授外，还要给予新员工生活上的全方位指导和帮助，包括帮助解决外地员工的吃住问题，甚至化解情感方面的问题等。

岗位轮换、人才流动。华为员工通常呈“之”字形个人成长，即一个员工如果在研发、财经、人力资源等部门做过管理工作，又在市场一线、代表处做过项目，有着较为丰富的工作经历，那么他在遇到问题时就会更多地从全局考量，能够全流程、端到端地考虑问题。任正非一直强调干部和人才的流动要形成例行的轮岗制度，并要求管理团队不拘一格地从有成功实践经验的人中选拔优秀专家及干部。推动优秀的、有视野的、意志坚强的、品格好的干部走向“之”字形成长的道路，培养大量的将帅团队。

授权与决策。华为强调“让听得见炮声的人来呼唤炮火”，就是要求“班长”在最前线发挥主导作用，让最清楚市场形势的人指挥，提高反应速度，抓住机会，取得成果。这要求上级对战略方向正确把握，平台部门对一线企业提供有效支持，班长们具有调度资源、及时决策的授权。其基础是企业的层级较少（比如 3 层以内），决策方式扁平、运营高效。这样战争的主角——优秀“班长”就会在战争中主动成长，从而成为精英中的精英。

按照“学习型企业”的概念，整体提升企业的“创造未来的能力”就是提升企业未来发展的竞争力，“学习型企业”强调从整体系统的观念上来重新思考企业的学习行为，从而解决传统企业学习无效率的问题。从个体学习到企业学习，必须要做到对学习动力、学习环境、学习资源等方面的全盘考虑，否则就不能称之为“学习型企业”。

【案例思考】华为对员工的培训过程给我们带来哪些思考？

企业要发展就离不开人才，而人才得不到培养很快就会遭到淘汰。为了使企业在竞争中始终立于不败之地，企业必须进行员工培训，开发员工的潜力，将员工打造成优秀的人才。在科技进步、国际竞争激烈和市场变化的大背景下，员工培训应是一个持续不断的过程，不能一劳永逸。当然，培训需要投入一定的时间和经费，但是有效的员工培训会给企业带来更大的产出，甚至能重新改造整个企业。培训是很“贵”的，但是不培训所付出的代价可能更“贵”。

一、员工培训与开发的基本理论

（一）培训与开发的概念

培训（training）是企业向员工提供工作所必需的知识与技能的过程；开发（development）是依据员工需求与企业发展要求，对员工的潜能开发与职业发展进行系统设计与规划的过程。

培训与开发指的是企业从战略目标的角度出发，通过有计划的、系统性的努力，员工获得或改进与工作有关的知识、技能、动机、态度和行为，以提高员工的绩效以及员工对企业目标的贡献，实现企业与员工共同成长的人力资源管理活动。

（二）培训与开发的特点

（1）员工培训是一个完整的组织管理系统，它具有目的性、计划性和针对性，与绩效管理系统等其他子系统之间存在密切的联系。

（2）员工培训是一种企业人力资本的投资行为，可以对它的成本和收益进行衡量。

（3）员工培训是创造智力资本的基本途径，是企业赢得智力资本竞争的重要手段。智力资本由专业知识、基本技能、高级技能和自我激发的创造力等项目组成。

（4）员工培训是持续的学习过程，是构建学习型企业的基础。学习型企业是指员工不断学习新知识、新技术并运用于实践以提高产品和服务质量的企业。

（三）培训与开发的原则

1. 战略性原则

员工培训是企业管理的重要一环，这要求从企业发展战略的角度出发去思考相关问题，企业在组织员工培训时，一定要使员工培训工作成为企业发展战略的重要内容。

2. 长期性原则

员工培训需要企业投入大量的人力、物力和财力，这对企业的运营肯定会有或大或小的影响。有的员工培训项目有立竿见影的效果，有的则需要一段时间后才能反映到员工工作绩效或企业经济效益上来，尤其是管理人员和员工观念的培训更是如此。因此，要正确认识到智力投资和人才开发的长期性和持续性，避免急功近利的员工培训态度，坚持员工培训的长期性。

3. 按需培训原则

普通员工和最高决策者所从事的工作不同，创造的绩效不同，个人能力应当达到的工作标准也不同，因此员工培训工作应当充分考虑培训对象的工作性质、任务和特点，实行按需培训。

4. 实践培训原则

培训不仅是观念的培训、理论的培训，更重要的是实践的培训。因此在培训过程中要创造实践条件，以实际操作来印证、深化培训的具体内容，这样更有利于实践成果的转化。如在课堂教学过程中，要有计划地为受训员工提供实践和操作机会，使他们通过实践提高工作能力。

5. 多样性培训原则

企业中不同员工的能力有偏差，具体的工作分工也不同，因此员工培训要坚持多样性原则。多样性原则包括培训方式的多样性，如岗前培训、在岗培训、脱产培训等；也包括培训方法的多样性，如专家讲授、教师示范、教学实习等。

6. 企业与员工共同发展原则

对企业而言，员工培训是调动员工工作积极性、改变员工观念、提高员工凝聚力的一条重要途径；对员工个人而言，员工培训使员工学习并掌握新知识和技能，提高个人的管理水平，有利于个人职业的发展。有效的员工培训会使员工和企业共同受益，促进员工和企业共同发展。

7. 全员培训与重点培训结合原则

全员培训是指对所有员工进行培训以提高企业全员素质；重点培训是指对企业技术中坚、管理骨干（特别是中高层管理人员）加大培训力度，进行重点培训。

8. 反馈与强化培训效果原则

反馈的作用在于巩固学习技能、及时纠正错误和偏差。反馈的信息越及时、准确，培训的效果就越好。强化是将反馈结果与受训人员的奖励和惩罚相结合，它不仅应在培训结束后马上进行，而且应该体现在培训之后的上岗工作中。

9. 注重投入提高效益原则

员工培训是企业的一种投资行为，和其他投资一样，其也要从投入产出的角度考虑效益大小及效益周期问题。员工培训投资属于智力投资，它的投资收益应高于实物投资收益。但这种投资的投入与产出衡量具有特殊性，培训投资成本不仅包括可以明确计算出来的会计成本，还应将机会成本纳入进去。培训产出不能纯粹以传统的经济核算方式来评估，它包括潜在的或发展的因素，另外还有社会的因素。在投资培训时，投入是较容易评估的，但产出回报较难量化计算，同时，有些培训较难确定是长期收益还是短期收益。即便如此，我们也必须把它当作极其重要的问题来考虑。

（四）培训的分类

根据培训与工作的关系，员工培训可分为岗前培训、在岗培训和脱产培训；根据培训目的，员工培训可分为过渡性教育培训、知识更新培训或转岗培训、提高业务能力培训、专业人才培训和人员晋升培训；根据培训对象在公司中的地位，员工培训可分为公司高层管理人员培训、基层管理人员培训、专业技术人员培训和一般员工培训；根据培训地点，员工培训可分为企业内培训、企业外培训和在岗培训；根据培训范围，员工培训可分为全员培训和单项培训；根据培训组织形式，员工培训可分为正规学校、短训班、非正规大学和自学等形式。目前最常用第一种分类方法。

1. 岗前培训

新员工在进入企业之前，每个人的工作经历、价值观念、文化背景等各不相同，对企业的文化也不完全认同。新员工虽然在招聘阶段对企业的形象、产品、市场及要承担的工作职责、薪酬待遇等有一定的了解，但这些了解大都是比较片面和零碎的。企业招进的新员工对工作环境的期望与他们在企业实际的工作还有相当大的差异。因此，在新员工到企业报到后，必须进行岗前培训教育，帮助员工积极适应新环境。西方称这种岗前培训教育为“引导”，即对新进员工的工作和企业情况进行正式的介绍，让他们了解和熟悉企业的历史、现状、未来发展计划，以及这些员工到企业后的具体工作、企业工作环境、工作要求等。

2. 在岗培训

在岗培训也称在职培训、不脱产培训，是指企业为了使员工具备有效完成工作所需要的知识、技能和态度，在不离开工作岗位的情况下对员工进行的培训。目前在岗培训已经得到了企业的认同，诸多企业都采取在岗培训的方式培训员工。

在岗培训的优点是简单易行、成本较低，不需要额外添加设备、场所，有时也不需要专职的教员，而是利用现有的人力、物力来培训，培训对象不用脱离工作岗位，可以不影响生产或工作。但这种培训往往缺乏良好的组织，较不规范，不易较快地取得效果，因此一般用于涉及面广、不要求很快见效的培训任务。

在岗培训所运用的培训方法有很多种，较为常用的方法有工作指导法、工作轮换法、设立“助理”职位、建立“委员会”或“下级委员会”、特殊任务的委派等。这种工作中的培训，使员工在工作过程中逐步提高对新岗位的适应能力、创新能力和应变能力，也提高了组织运作的灵活性和有效性。

3. 脱产培训

脱产培训是指离开工作或工作现场进行的培训。有的培训是在企业内进行，有的则送到国内外有关的教育部门或专业培训单位进行。这种培训能使受训者在特定时间内集中精力于某一特定专题的学习。如参加研讨会、去国外优秀企业短期考察、到高等院校进修和出国进修等。

脱产培训的费用一般比较高，对工作影响大，因此并不适合于全员培训。脱产培训主要是用来培养企业紧缺人员，或为企业培养高层次技术人才、管理人才，或为了引进新设备、新工艺，由工厂选送员工去国内外对口企业、高等院校、科研机构进修。

脱产培训的方法很多，特别是发达国家设立的培训中心，其培训手段非常丰富，如观看电视录像、分组讨论、角色扮演、案例研究等，具体的培训方法将在以后的模块中进行详细介绍。

二、员工培训与开发的程序

从人力资源的开发与管理角度来看，员工培训通常分为员工培训需求分析、员工培训计划的制订与实施、员工培训效果评估三个阶段。

（一）员工培训需求分析

首先，要界定企业所处的外部环境，再根据相应的企业发展战略，提出对员工素质能力的要求；其次，要对员工现有的实际素质能力进行科学测评，以找出理想状态与现实情况之间的差距；最后，对这些差距进行分析，以确认哪些差距可以通过培训来弥补。在具体操作过程中应重视两点：第一是科学分析本企业员工应具备的素质能力，这需要人事部门负责人根据企业发展战略和企业发展的特殊要求详细地观察；第二是科学测评员工的实际素质或能力，这需要分析人员与部门负责人通力合作。该阶段的任务是通过科学的分析方法，详细地给出对组织员工培训中质的要求和量的需求。

（二）员工培训计划的制订与实施

培训项目设计阶段主要是进行课程设计，包括设计培训目标、培训方法、培训媒体、课程内容简介、案例和各种活动等。在完成上述培训需求分析之后，就可以根据培训要解决的问题制订周密的培训计划，设置培训课程，选择培训方式和确定培训人员（教员和员工），拟定培训时间和地点，并进行成本核算。在实施过程中，培训管理者要注意具体落实计划中的各部分内容，同时也要加强管理和监督，以确保培训工作有序进行。培训管理者还应针对实施中遇到的问题随时调整培训方法，征询培训师与受训者的意见和建议，加强培训控制，在动态管理中使培训达到最佳效果。

（三）员工培训效果评估

主要包括对课程设计、培训方式和授课效果的评估，以及对受训者返回岗位后工作状况的定期跟踪反馈。该阶段应重视以下两点：第一是对培训效果的评估，这可以在培训结束后请人事测评专家和部门负责人对每一个受训人员进行素质能力的测评，并与初次的测评结果相比较，以判断此次培训的效果；第二是建立每个人员的素质档案，对受训者进行定期的训后跟踪反馈，为制订下一批员工的培训计划提供现实依据，也为受训者的下一轮培训做好准备工作。

三、员工培训在人力资源管理中的地位和作用

员工培训是人力资源开发的重要手段。在激烈的市场竞争中，培训已经成为企业生存的必要手段和获胜武器。培训不仅仅是人力资源部门的事情，也是企业各层次和各部门共同关心和共同参与的任务。培训工作贯穿于人力资源管理的各个环节。

（1）培训与员工招聘。一方面，培训的需求分析可以作为员工招聘的基本标准；另一方面，被招聘的各类员工都必须接受不同层次、不同类别的岗前培训，以了解相应的职业观念、职业规范和具备相应的职业技能。招聘的员工是员工培训的第一对象。

（2）人员配备考虑的是在不同的工作岗位上安排与其相适宜的员工。它要求员工素质、工作能力、行为特点等与工作性质相匹配。寻求工作与员工匹配的主要手段就是培训。

（3）员工选拔与任用的目的是使优秀的员工进入更高一层的工作岗位，通过培训可以使这些员工更好地适应新岗位的要求。

（4）工作绩效评价与员工培训的关系是相辅相成的，任何培训都是从评价开始，以评价结束。当绩效评价结果不能满足工作需求时，就需要对员工进行培训，然后再以工作绩效来考核培训的效果。

（5）奖酬实施既包括劳动的正常所得，也包括激励的奖酬部分。培训与奖酬实施的关系是间接的，通过培训可以提高员工的工作绩效，在为企业创造更多效益的同时，员工获得的奖酬也会得到相应的增加。

4.1.2 技能基础

一、员工培训计划与实施

员工培训计划按 PDCA 循环（计划—实施—检查—改进）进行，包括培训需求分析、制订培训计划、组织实施、考核和评估、改进等环节。具体过程包括以下内容：

（一）培训需求分析

1. 员工培训的概念

员工培训的计划与决策，是以员工培训需求分析为基础的。所谓员工培训需求分析，是指在规划和设计每项培训活动之前，由企业培训部门、主管人员、工作人员等，采用合

适的方法和技术对企业战略目标及其内外环境，企业各项工作特性、标准及其所要求的知识技能，对员工的知识、技术、个人特质等进行科学、系统的鉴别与分析，确定是否需要培训和培训内容的过程。它既是确定培训目标、设计培训规划的前提，也是进行培训评估的基础，因而成为员工培训的首要环节。

2. 员工培训需求分析的三层次

员工培训所能满足的需求分析表现在三个层次上：企业分析，着重于确定企业内的培训需求；作业分析，确定培训的内容——员工达到令人满意的工作绩效所必须掌握的信息；个人分析，确定每个员工完成各项工作任务和职业生涯开发所需要的教育培训。

1）企业分析

从总体的角度来看，培训需求的分析不能违背企业的目标和战略，否则，尽管在培训项目上投入了大量的时间和金钱，对企业来说却徒劳无益。比如，人们可能会在培训中重复地训练员工已经掌握的技能；培训计划可能会在“修补漏洞”阶段徘徊，受训员工自己会感到轻松、愉快，但学不到工作急需的技能和知识。

因此，对培训需求的企业分析要围绕企业的目标和战略来进行，从企业发展的角度动态地来衡量。企业的外部环境和内部气氛，如经济技术环境的变化、政府政策的倾向、生产率、事故率、主动离职率、士气以及员工工作行为都能够提供这方面的信息。在收集分析这些信息的过程中，要使培训过程能引起员工行为向有利于实现企业目标的方向转变，把对培训需求的分析与企业要达到的目标联系起来。

2）作业分析

首先要结合工作标准，明确达到工作标准的特征及其对员工的知识、技能、才干及其他一些特性的要求，从而确定培训的需求；其次，结合企业现有技术资源，了解企业外部的技术、知识所达到的新高度，差距越大，培训的需求也就越大。前者可以从分析绩效评价、做出问题分析（质量控制、工时报告、顾客反映）等方面获得分析情报，后者则源于对企业内部技术环境和外部技术环境的信息收集。

3）个人分析

在这一层面上，一方面，员工培训需要可以由下面的简单等式来定义：

$$\text{理想工作绩效}-\text{实际工作绩效}=\text{培训需要}$$

理想工作绩效，可以由作业分析阶段的绩效标准来表示。个人的工作绩效数据、上司给员工的评定、员工工作日志、态度调查、测验等可以提供实际工作绩效的数据。实际绩效与理想绩效之间的差距可以由教育培训来缩小和弥补。

另一方面，根据员工的职业生涯发展设计，员工个人为了将来的发展需要参加相应的培训，如多技能培训、拓展知识范围等。

需要指出的是，为了估计培训的结果以及将来的培训需要，对培训需求的分析必须形成一种制度定期进行。事实上，教育培训部门在需求分析阶段需收集的信息主要包括四个方面：第一是与战略计划有关的企业信息；第二是与培训环境有关的信息；第三是与企业经营运作有关的信息；第四是与员工有关的信息，如现状和发展的情况等。

3. 员工培训需求分析方法

培训需求分析的具体操作方法包括必要性分析方法、全面性分析方法、绩效差距分析方法。

1）必要性分析方法

所谓必要性分析方法，是指通过分析信息或资料，以确定是否通过培训来解决企业存在问题的方法。

一个企业往往存在不少问题，产生问题的原因可能是多方面的，培训不一定是解决问题的最佳方法。因此，需要对本企业进行细致的检查、诊断，以确定哪些问题需要通过培训来解决。例如，日常出现下述情况：不知怎样有效地工作，且实际工作无效率。假设调查资料表明，员工不能有效工作的原因是他们不具备有效工作所必需的知识、技术和能力，那么这些工作人员就需要培训。倘若为另一种情况，员工知道如何有效地工作，但工作无效率。在此情境下，经理人员希望员工做得好些，于是决定培训这些员工，那么他犯了最大的错误。因为如果员工已经知道怎么做，那么他们就已经具备了必需的知识、技能和能力，无须立即接受培训，问题症结在于企业方面，应诊断企业的技术状况（如厂房、地理位置、设备、金融资产等）、企业的机构状况（如行政机构、定期的使命和目标、规章制度、事业发展体制、评估体制等）、企业的管理状况（如管理理念、生产、技术、人力资源等管理制度与方法、激励机制等）等方面是否出现问题，通过相应的管理决策、企业变革等方式解决。

具体的培训必要性分析方法主要有观察法、问卷法、关键人物访谈、文献调查、采访法、小组讨论、测验法、工作样本法等。这些具体方法各有所长，各有其短，可以互相补充，多样采用，以使收集的资料可信、可靠、无误，使培训必要性分析方法更加科学、准确，切实可行。

2）全面性分析方法

教育培训的全面性分析方法，是指通过对企业及其成员进行全面、系统的调查，以确定理想状态与现有状况之间的差距，从而进一步确定是否需要培训及培训内容的一种方法。它是培训需求分析经常采用的一种方法。

如果一个企业从未应用过全面性分析方法，那么企业的工作分析必须详细而谨慎地进行，从而保证对企业进行系统、全面的研究。如果企业过去已被系统而全面地分析过，那么重新全面分析是相对简单的过程。需要特别注意的是，由于企业及其工作在不断地创新、变革，以教育培训为目的而进行的工作分析不是一次性的，而是持续的。

采用全面性分析方法进行培训需求分析，一般需经过以下主要环节：

（1）计划阶段

计划阶段包括两部分内容：一是确定工作分析计划的范围和资源，二是有一个咨询团体。它能够为资料收集设计和后续阶段的反馈提供咨询服务。

（2）研究阶段

研究阶段主要是研究目标计划，进行认真详细的工作分析，对每项工作有总体上的描述。

（3）任务或技能目录阶段

第一是将工作分解为多项任务，形成一个完全详细的任务目录清单；第二是把工作剖析成多项任务，然后形成一个描述任务完成所需技能的目录。

（4）任务或技能分析阶段

前面几个阶段主要集中在全面工作描述方面，尚未分析各个维度的要求，此阶段第一项功能是评估所有工作任务的重要性。此外，规律［一定时间以来工作任务的次数、熟练水平、严重性（何种任务若执行不当、不合理将会产生严重后果）］、责任感的强弱程度等维度，均当在该阶段进行分析。

（5）规划设计阶段

在前面阶段所进行的工作的基础上，评价、选择、规划培训对象及其培训的时机、方式、途径、地点、课程设置等。

（6）执行新的或修正的培训规划

这是全面性分析方法的最后一个环节，可以从局部试验开始。局部试验有利于修正和完善原有培训规划，保证培训规划顺利实施。在培训规划的全面执行过程中，要注意规划的企业、协调、控制和评估等环节。

全面性分析方法既鼓励人们应用已有的诸多资料，又提供了许多新的信息资料，对于企业的人力资源开发与管理的有效进行将产生极大益处。当然，全面性分析方法并非十全十美，这种方法耗资多、耗时多，在工作迅速变革时，不能及时做出反应。

3）绩效差距分析方法

绩效差距分析方法，也称问题分析法，它主要集中于解决问题而不是系统分析，是比全面性分析方法更深刻、更直接的方法。一般来说，应用绩效差距分析方法进行培训需求分析时，要经过如下环节：

（1）发现问题阶段

发现并确认问题，是绩效差距分析方法的起点。理想绩效与实际绩效差距是问题的一个重要指标，包括生产力问题、士气问题、技术问题、变革与创新的需要等问题。

（2）预先分析阶段

通常情况下，这是由培训者进行的直观判断阶段。在这一阶段需做两项决定，第一是关于一般方法问题的。倘若发现了系统、复杂的问题，那么就有可能回到全面性分析方法的任务或技能目录阶段。如果问题相对集中、简单、易解决，那么就可以继续应用绩效差距分析方法。第二是决定应用何种方式收集资料。例如，获得信息资料的方式之一是形成咨询团体、培训委员会和技术委员会。这类团体在清晰地确认问题时很有帮助，在为教育培训需求分析的全过程提供技术咨询和实际建议方面也很有用。

（3）资料收集阶段

收集资料的方法和技术有很多种，可以结合起来运用。经常采用的技术有如下几种：

① 扫描工具。扫描工具是收集目标环境问题的一种技术，主要有命名团体、结构性观察、文献调查三种形式。

② 分析工具。分析工具是一种比扫描工具使用范围更小、更集中的资料收集方式。主要有三种方法和技术：面谈法、问卷法、菜单调查法。

战略资料的收集，主要集中在关于企业变革与改进的关键信息上。随着外部环境的变化，企业总是处于不断变革之中，因此要注意收集反映企业变革趋势的有价值信息，洞察企业发展规律，评价培训需求。

（4）需求分析阶段

这种方法既要考察个体实际绩效同工作说明书之间的差距，也要考察未来的企业需求和工作说明书。因此，需求分析分为工作需求、个人需求及企业需求。

（5）需求分析结果

上述需求分析步骤完成后可能得到三种结论：第一是由于发现的问题是不可能再发生的特殊情况的产物，或者发现的问题具有自我改正机制，或者培训规划已据新情况重新调整，于是企业与个体都不需要任何变化。第二是对于所发现的问题，解决的最有效方式是通过企业干预（如政策变化），而不是通过培训解决问题。第三是必须通过新的或者修正的教育培训规划解决问题。

绩效差距分析方法同全面性分析方法相比，有其明显优点：

① 花费资金少、耗费时间短。

② 该方法具有较强适应性，能适应外部环境的变化。

③ 绩效差距分析方法在解决某些特殊问题时非常有效。

其不足之处在于不能建立一个系统的资料基地。此外，绩效差距分析方法由于没有大规模系统地研究企业及工作的详细内容，不能为培训者提供工作分析的详细资料。

（二）制订培训计划

1. 明确培训内容和目标

培训计划要明确培训内容和目标。培训内容包括思想教育、文化知识教育、业务技能培训、经营管理知识培训等。培训目标在于指出培训对象在接受培训以后，应达到的工作行为标准或应具有的工作表现。目标要力求具体，要能够观察、可以衡量，从而成为人们评估培训效果的依据。

2. 确定培训对象

培训计划要先确定培训对象，然后再确定培训内容、期限、场所、师资和方法等。培训对象有纵向和横向的划分。纵向可以按级别分，如三级岗位、中级技工等；横向可以按岗类、岗群、岗系分，如营销岗系干部、财务岗系干部等。

3. 确定培训时间

培训的时间可根据培训的目的、场所、师资和培训对象的素质水平、上班时间等因素来确定。新员工可实施 7 天至 10 天，甚至一两个月的岗前培训。一般员工则根据培训对象的能力、经验来确定培训期限。培训时间的选定以尽可能不影响工作为宜。

4. 选择培训场所

培训场所要根据培训内容和手段的需要而定。一般可分为本企业内部培训基地与外部培训机构。

5. 建立师资队伍

从事培训工作的师资包括本企业自有的师资和从外部聘请的师资两部分。要提高培训质量，就必须建立一支实力雄厚的师资队伍。教师必须具有精深的专业知识和丰富的经验，还应具有卓越的训练技巧和对教育培训工作的执着、耐心和敬业精神。

6. 选定培训方法和教材

要根据不同的培训内容和培训对象等来选定不同的课程和教材，并根据自身的规模、经费、技术性质、培训对象、人数、目的等实际情况，选定适合的培训方法。

（三）企业实施

1. 通知培训。主办部门通知有关事项，需要参加培训的员工、所在部门应予以配合。

2. 实施培训。按计划进行，如举办培训班，应明确纪律、相应待遇、激励措施等。

（四）考核与评估

由于培训效果有些是有形的，有些是无形的；有些是直接的，有些是间接的；有些是短期的，有些是长期的，因此培训效果的评估较为复杂，必须从不同的视角对培训项目的各个环节进行评估。一般来说，评估培训效果有四个基本的环节：反应、学习、行为迁移和结果，即评估培训项目促进受训员工学习的程度，影响受训员工工作行为的程度，以及影响企业基本绩效的程度。

（五）改进与实施

根据评估结果提出改进措施，并在下次培训计划中落实。

二、人员开发

（一）人员开发与培训的区别

（1）人员开发主要以企业未来（不包括下一步马上要安排的）工作需要为导向，帮助员工个人发展并作为企业的储备资源；而培训往往针对当前工作或下一步马上要安排的工作。

（2）开发的方式以主动的讨论、研究、实践为主，在工作中进行；而培训以课堂教学或手把手操作为主。

（二）开发的方式

1. 正规教育

例如大学、MBA、研修班等。

2. 人员测评

总的原理是通过测试（包括演讲、讨论、推销、文件处理等特定任务）、评价、反馈、认识使能力提高，然后再测试、再评价，不断循环，使能力持续提高。

3. 绩效评估——反馈法

通过实际工作的绩效评估的结果反馈，分析存在的问题，并给予适当的激励促使其自我提高。例如，海尔集团的“三工转换、动态并存”，把优秀员工、合格员工、试用员工作为定期绩效评估的等级，帮助和激励员工实现向上转换。

4. 实践体验

（1）工作轮换（见模块 2“工作设计”）。

（2）工作丰富化（见模块 2“工作设计”）。

（3）工作调动，与工作轮换一样，范围更广，既是动态化入职匹配的手段，又能丰富员工的从业经历并提高能力。

5. 人际互动

（1）导师辅导法。为将要培养的人员指定导师，导师可以是企业外的专家，也可以是企业内的人员，可以是上级，也可以是同级或有经验的副职、顾问。

（2）初级董事会（模拟董事会）。由部分中层干部和培养对象组成一个模拟董事会定期或不定期讨论公司高层次管理问题，提出建议，提交正式的董事会。

（3）研究项目法。组成一个项目小组，针对专门的管理课题进行研究、讨论、调查等，得出结论或建议，提交决策层。业余或全职、本部门或非本部门、定期或不定期都可以。

（4）管理竞赛。通过模拟公司的运作、模拟运作结果（由计算机给出）、模拟决策等培养员工的决策能力，如“大富翁”游戏。

（5）调查反馈。通过设计问卷，由受训者回答问卷，再反馈给决策部门。

（6）敏感性训练。通过问题讨论，鼓励发言，培养受训者的表达和沟通能力，也可以就一些问题提出建议。

（7）团队建设。直接将问题交付受训团队，由团队决策并负责实施。如某部门（团队）缺少专业人员，直接由该部门（团队）负责招聘并决策，人力资源部门只负责备案。

三、培训的方法

（一）讲授法

讲授法属于传统的培训方法，主要是由培训者讲授知识，受训者记忆知识，中间穿插一些提问。其优点是运用起来方便，便于培训者控制整个过程。其缺点是信息传递单向，反馈效果较差，而且效果取决于培训师的演讲水平。

（二）视听技术法

通过现代视听技术（如投影仪、录像机等），对员工进行培训。优点是运用视觉和听觉的感知方式，直观鲜明。但学员的反馈与实践较差，且制作和购买的成本高，内容易过时。它多用于讲解企业概况、传授技能等培训内容。

（三）讨论法

讨论法按照费用与操作的复杂程度又可分成一般小组讨论与研讨会两种方式。研讨会多以专题演讲为主，中途或会后允许学员与演讲者进行交流沟通。优点是信息可以多向传递，与讲授法相比反馈效果较好，但费用较高。小组讨论法的特点是信息为多向传递，学员的参与性高，费用较低。多用于巩固知识，训练学员分析、解决问题的能力及人际交往的能力，但运用时对培训教师的要求较高。

（四）案例研讨法

通过向培训对象提供相关的背景资料，让其寻找合适的解决方法。在对特定案例的分析、辩论中，受训人员集思广益，共享集体的经验与意见，有助于他们将受训的收益在未来实际业务工作中思考与应用。这种方式费用低、反馈效果好。近年的培训研究表明，案例、讨论的方式也可用于知识类的培训，且效果颇佳。

（五）角色扮演法

角色扮演法指在模拟的人际关系情境中，设计一系列尖锐的人际矛盾和人际冲突，要求受训者扮演某一角色并进入角色情境去处理各种问题和矛盾，看受训者是否符合角色的身份和素质要求，使他们真正体验到所扮角色的感受与行为，以发现和改进自己的工作态度和行为表现。由于信息传递多向化，这种培训方式反馈效果好、实践性强、费用低，多用于人际关系能力的训练。

（六）观摩范例法

观摩范例法指通过现场演示方法进行培训。这种方式较适合于操作性知识的学习。由于成人学习具有偏重经验与理解的特性，让具有一定自学能力的学员在观察过程中学习是既经济又实用的方法，但此方法也存在监督性差的缺陷。

（七）互动小组法

互动小组法也称敏感训练法，主要适用于管理人员的人际关系与沟通训练。互动小组法让学员以培训活动中的亲身体验来提高自身处理人际关系的能力。其优点是可明显提高人际关系与沟通的能力，但效果在很大程度上依赖于培训教师的水平。

（八）电脑网络培训法

这是近年来流行的一种新型的计算机网络信息培训方式。这种方式投入较大，但由于使用灵活，符合分散式学习的新趋势，故而也能节省学员集中培训的时间与费用。这种方式信息量大，传递新知识、新观念优势明显。

（九）一对一培训法

一对一培训法即传统的“传、帮、带”，边干边学，费用低，比较灵活。

（十）工作轮换法

工作轮换法指安排受训者到企业内不同部门的不同工作岗位上进行实际工作（实习）的一种系统而正式的培训方法。

（十一）虚拟培训法

虚拟培训法指将培训的时空、内容、角色和设备虚拟化。适宜那些投资成本极高、难度很大、环境危险和操作性较强的技能培训。

（十二）游戏培训法

游戏培训法指由两个以上的受训者在一定的规则约束下，相互竞争着达到某种目标的培训方法。

各种培训方法各有其优缺点，根据不同的培训对象和培训目标，我们可以寻找到一组最佳的组合办法。另外，培训方法的选择也依赖于培训经费的支持。这些方法要有培训场地和器材作保证，需要培训教师准确有效地采用。

4.2 操作示例

4.2.1 企业培训管理制度（方案）示例

某公司员工培训管理制度

（试行）

第一章 总则

1.1 目的

为配合公司实现发展目标，提升人力绩效，提升员工素质，增强员工做本职工作的能力与对企业文化的了解，并有计划地充实其知识技能，发挥其潜在能力，建立良好的人际关系，进而发扬本公司的企业精神，特制定《员工培训管理制度》(以下简称本制度)，作为各级人员培训实施与管理的依据。

1.2 适用范围

公司各层级员工以及各职能部门开展的各类培训及相关活动均适用于本制度，员工参加或组织相关培训的情况，将纳入部门和个人的绩效考核范畴，作为个人薪资及岗位（含职级）调整的依据之一。另人力资源部作为本制度实施的协调、监督及管理部门。

第二章 培训需求与实施管理

2.1 培训需求的确定

2.1.1 公司整体培训需求的确定

由人力资源部根据公司整体经营战略，经较为充分的培训需求调研后，拟定公司年度培训需求分析报告，或将相关内容在年度工作计划中予以体现，报公司审核确认。

2.1.2 部门培训需求的确定

各职能部门在制订年度工作计划时，应根据本部门现状和未来1～2年内的工作及岗位需求，提出本部门的培训需求。另对于阶段性或临时性培训需求，应及时向人力资源部反馈或上报公司负责人。

2.2 拟定培训方案或计划

2.2.1 年度培训计划的拟定

每年1月30日前，人力资源部根据公司整体经营战略，并结合各职能部门的年度工作计划，拟定公司年度培训计划，计划中应包括全年拟计划实施的培训项目、培训形式、预计开展时间、培训经费等相关内容。

2.2.2 季度培训计划实施方案的拟定

人力资源部根据年度培训计划，结合当期各部门工作实际情况，拟定季度培训计划实施方案，在方案中，应体现出本季度拟开展的培训项目、参训对象、项目责任人、开展时间、费用预算、培训目的等相关内容。

2.2.3 月度培训计划的实施

人力资源部不单独拟定公司月度培训计划，但综合部负责人应对本月开展和实施的培训项目进行阐述，并在工作中对相关细节予以落实。

2.3 培训方案或计划的审批

2.3.1 年度培训计划的审批

人力资源部拟定的年度培训计划，须报公司年度经营计划会议审议通过，公司总经理签字确认后执行。其间如实际情况发生变化，需要对计划内容进行调整，则在季度培训计划实施方案中予以体现。

2.3.2 季度培训计划实施方案的审批

人力资源部拟定的季度培训计划实施方案，须报总经理批准后予以实施，如实施过程中需要对有关内容或项目进行调整，须经总经理同意方可执行。

2.4 培训方案的实施

2.4.1 人力资源部负责的培训的实施

对于按季度培训计划开展、人力资源部为实施主体的各类培训，由人力资源部培训主管填写《培训项目审批表》(附件1)，须报总经理审核确认后方可实施。

2.4.2 其他部门负责的培训的实施

对于公司各部门自行组织的业务学习或相关培训活动，由各部门自行安排。如涉及其他部门人员（含兼职讲师），则须报公司人力资源部审核备案。

各部门因工作需要，派本部门人员外出参加相关商业培训，或邀请外部专家到公司开展相关商业培训，须到人力资源部领取《培训项目审批表》，按表格要求填写后提交给总经理，按 2.4.1 规定的程序办理。

2.5 培训时间的安排及管理

由公司组织安排的各类专业技能培训，在时间上，尽可能安排在正常工作时间内，并尽量使培训对日常工作的影响降到最低；对于有公司驻外人员参加的集中式培训，尽可能与公司有关会议相结合，以节省时间和费用。如需利用非工作时间开展的培训，对于参训人员，则不计为加班。

第三章　培训方式及内容管理

3.1 关于培训方式

3.1.1 企业内训

由公司人力资源部负责组织安排的公司内部培训，由公司的内部兼职讲师主持或授课，培训对象也均为公司内部各层级员工。在有相关培训需求时，此类培训为第一选择，如因各方面因素限制，公司不具备开展的条件，则可选择其他方式的培训。

3.1.2 外聘培训师或培训机构开展的企业内训

如果需要外聘培训师或管理咨询机构到公司开展实施培训项目或活动，一般情况由公司人力资源部负责联系和组织。对于专业性较强的培训，则相关业务部门可向公司人力资源部推荐培训师或培训机构。人力资源部根据公司培训需求及与对方联系情况，填写《培训项目审批表》，按 2.4.1 规定的程序办理。

3.1.3 外派人员参加相关培训

对于因公须外派人员参加相关专业培训，则派出人员到人力资源部领取《培训项目审批表》，按要求填写，注明培训时间、内容、费用等，由部门经理签字确认、报总经理审核后，至人力资源部备案，并按 3.2.3 相关要求，与公司签订培训协议后参加相关培训。

3.2 关于培训的分类

3.2.1 新员工入职培训

公司新入职的员工须接受入职培训。培训包括企业文化培训（集中培训）和业务技能培训（各部门分散培训）两部分。培训时间视具体情况而定。培训内容包括公司简介、企业文化、品德素质（责任感、工作态度等）、礼仪知识（服饰、形体、待人接物）、心理素质（心理承受能力、观察力、判断力、解决问题的能力）、规章制度、行为规范、岗位职责等相关内容，以帮助新入职员工增进对公司及工作环境的了解，提升员工个人能力，使员工迅速进入工作状态。新员工培训一般采用内训方式，人力资源部根据当期新员工的数量，不定期开展入职培训。

3.2.2 员工在职培训

公司员工在职期间，每年须接受一定时间的培训和学习。员工在职培训的内容应包括专业技能、通用管理技能、职业发展与心态等方面的内容。采用外训和内训相结合的方式进行。

3.2.3 关于员工外训

公司因工作需要派出员工参加相关培训机构组织的商业培训，属于员工外训，须报公司总经理批准方可执行。参加外训的人员受训完毕返回公司后，须向公司人力资源部提交受训总结和培训教材备案方可到财务部门核销相关费用（培训费、差旅费等）。

公司人力资源部根据培训所涉及的费用及培训内容，在员工参训前确定是否与员工签订《员工培训协议》（附件 2），明确相关责任。

3.2.4 关于委托培养

因公司发展需要，对于部分关键岗位所需的经营管理或技术性人才，可以采用委托相关培训机构或院校培养的方式进行培训（培训时间超过 30 天）。委托培养的人选须经公司董事会认可同意，并与公司签订培训协议，明确委培人员须在公司服务的年限、委培费用的承担等相关事宜，具体情况参见公司《员工培训协议》相关条款。

第四章　内部培训讲师的管理

4.1 内训讲师的选聘与培养

4.1.1 内训讲师选聘流程

内训讲师的工作性质为兼职，即在公司内部开展培训活动，以不影响其自身的正常工作为原则，或尽量将影响降到最低。

人力资源部根据当年培训工作开展计划，确定当年内部讲师的数量、专业方向，并在年度培训计划中予以体现，报经公司核准后，向公司发布内训讲师推荐信息。相关部门负责人推荐适合人选至人力资源部审核后，提交公司总经理确认，发放内训讲师聘书。

4.1.2 内训讲师的选聘标准

内训讲师须具有大专以上文化程度，同时具有三年以上相关工作经验，无重大违规违纪历史，具有较强的语言及文字表达能力，善于沟通。

4.2 内训讲师的级别评定

公司对内训讲师施行等级管理的办法，每年将根据内训讲师的工作能力以及当年培训工作开展情况进行级别评定，分为初级、中级、高级。

4.3 内训讲师课酬管理

公司将根据内训讲师当月经人力资源部认可并备案的授课时间计发课酬。其中初级讲师 60 元 / 课时，中级讲师 80 元 / 课时，高级讲师 100 元 / 课时。对于内部讲师在部门内部开展的属于本职工作范畴的正常培训活动不计发课酬。

第五章 培训档案及记录管理

5.1 关于培训档案

5.1.1 培训档案的建立

公司开展的新员工入职培训、各类员工在职培训、员工外训、委托培训等活动结束后，人力资源部应建立相应培训档案备查。

5.1.2 培训档案的内容

培训档案的内容包括《培训项目审批表》、《培训项目实施情况记录表》(附件 3)、参训人员名单及出勤记录、培训教案（或教材）、课件等相关内容，对于培训项目，应附有《培训效果评估调查表》(附件 4)。

5.1.3 培训档案的用途

建立培训档案，是规范公司培训管理的重要措施，让各类培训均有相对完整详细的记录，避免重复培训造成不必要的资源浪费。同时，培训档案也是公司对于人力资源部组织和开展的各类培训活动进行评价和考核的重要依据，是保证培训效果及质量的重要手段。

5.2 关于个人培训记录

5.2.1 个人培训记录的建立

人力资源部将根据员工参加培训的情况，建立个人培训记录。

5.2.2 个人培训记录的内容

个人培训记录应包括《个人年度培训情况登记表》(附件 5)、《员工培训协议》、结业考试试卷及成绩单、结业证书（复印件）等相关个人培训资料。将个人培训记录与员工档案一并保管备查，并作为绩效考核的内容之一。

第六章 附则

本制度自发布之日起实施。

附件 1《培训项目审批表》

附件 2《员工培训协议》

附件 3《培训项目实施情况记录表》(省略)

附件 4《培训效果评估调查表》(省略)

附件 5《个人年度培训情况登记表》(省略)

附件 1

表 4-1　培训项目审批表

申请日期			
申请培训项目			
培训项目负责人签字			
培训课程名称	培训目的	培训对象	预计培训时间
参加培训人员	培训人数		
	具体名单（可附页）		
培训地点		拟请讲师	
培训单位			
经费预算			
审批意见			
审批人签字		审批日期	

附件 2

员工培训协议

甲方：× × 公司　　　　　　　　乙方：

法人代表：　　　　　　　　　　身份证号码：

联系方式：　　　　　　　　　　联系方式：

为提升乙方的综合素质及职业技能，甲方鼓励并支持乙方参加公司组织、举办的各项培训活动（含公司组织的出国 / 出境学习活动）。同时，为确保乙方圆满完成学习、培训任务，实现甲乙双方的共同发展，经甲乙双方平等协商，同意签订本协议，并共同遵守执行以下条款：

一、培训内容

第一条　甲方根据岗位需求为乙方提供培训学习，培训方式由甲方根据实际需要安排。

第二条 本次活动，甲方拟安排乙方到____________参加公司培训。

二、培训费用

第三条 甲方负责和承担乙方接受此次学习、考察的必要费用，包括：

1. 乙方学习、考察期间的差旅、住宿费；

2. 乙方学习、考察期间的生活补贴费。

以上差旅、补贴费用标准按公司差旅规定执行，须经公司财务核对批准后，根据实际票据进行结算。

第四条 乙方因个人生活需要支出的费用，即非本次学习、考察费用项目支出的，由乙方自行承担。

三、服务期限

第五条 甲方按照本协议约定出资支持乙方参加学习、考察。乙方应保证参加培训后在甲方服务期限不低于两年，自学习、考察结束返岗之日起开始计算。如双方已经签订的劳动合同期限短于本协议约定的服务期限，则劳动合同期限自动延续到本协议约定的服务期限届满之日止。

四、甲方的权利与义务

第六条 甲方有权根据公司的经营状况，自主决定乙方的学习、考察进程。

第七条 甲方有权根据乙方的阶段性培训效果来决定乙方的培训进程，培训效果不良的，甲方有权立即终止本协议。

五、乙方的权利与义务

第八条 乙方保证在学习与培训期间，自觉遵章守纪，努力学习，完成培训任务。学习完成后，学以致用，把学习、考察获取的技术、知识充分应用在实际工作中，完成甲方安排的工作任务。

第九条 乙方保证在培训期内自觉维护自身安全健康和甲方一切利益，维护甲方形象。在培训期结束后，按约定服务时间，继续在甲方工作，服从甲方安排。

六、违约责任

第十条 如乙方在培训期内违反了当地 / 培训机构的管理和规定，被遣返或者要求甲方召回乙方的，全部培训费用由乙方自行承担。

第十一条 如乙方在培训期内违反了甲方的规定或者损坏甲方形象和利益的，全部培训费用由乙方自行承担，给甲方造成损失的，还应赔偿相应损失。

第十二条 如培训期内乙方单方中止培训或者解除培训协议、解除劳动合同的，乙方因个人原因不能履行服务期限协议，或乙方严重失职或违反劳动合同中的条款而被甲方辞退、解除劳动合同的，乙方除应向甲方返还甲方为此实际支出的全部学习、考察、差旅费用，还应赔偿甲方因此造成的损失。

第十三条　乙方接受培训后如未按照甲方服务期限要求执行的，乙方应按服务逐月等份递减的原则向甲方支付培训、差旅等补偿费。计算公式为：

培训、差旅补偿费 = 培训、差旅所花费用 ×（应履行的服务期限–培训结束返岗后的实际服务期限）/ 应履行的服务期限（实际费用以财务结算为准）

七、协议的终止和解除

第十四条　双方经协商一致，可以变更、提前终止或解除本协议。

第十五条　因乙方存在下述行为的，甲方可以单方终止或解除本协议，并要求乙方返还全部培训、差旅费用。

1. 培训期内，乙方因违反当地培训机构的管理规定，受到培训单位的处分、遣返或者培训单位要求甲方召回乙方的；

2. 培训期内，乙方有违法或者非法行为的；

3. 乙方有损害甲方利益行为的。

八、其他

第十六条　本协议一式两份，甲乙双方各执一份，自签字盖章之日起生效。

（以下无正文）

甲方：　　　　　　　　　　　　乙方：

年　　月　　日　　　　　　　　年　　月　　日

4.2.2 培训方案示例

案例背景

多尔博公司是一家大型家庭耐用品制造商。为了提高生产率，不久前公司引进一套现代化的自动控制设备。企业目前的员工队伍当中，能够操作这种新设备的人比较少，因此管理者考虑制订一项培训计划以提高员工技能。然而，如果决定实施培训，那么培训内容和方式如何确定？培训所需的资金又从何而来？

总裁梅肯先生面对人力资源部制定的培训计划书感到左右为难。再三考虑后，他决定先听取一下公司高层领导人的意见。多尔博公司共有三名副总裁：迈尔斯、艾伯特和杰森。梅肯先生又叫来了人事主管丽迪娅和人事副主管乔伊一同参加讨论。

人事主管丽迪娅首先发言说："毫无疑问，我们应该实施培训。如果不培训，那等于是对设备资源的一种浪费。要么使员工拥有操作新设备的技能，要么就不要在新设备与新技术上投资。”艾伯特点了点头说：“你的说法有道理。但也要看到我们的竞争同行们可能从我们的培训支出当中受益，一旦我们付出成本培训了员工，而对手又想方设法把他们挖走了怎么办？我见到过不少类似的情况。革新的企业率先进入新的领域，并投资对员工进行培训，可后来同行业的新企业却把培训最好的员工给挖走了。”“那好办，只要向员工支付较高的工资，他们就会留在这儿了。”杰森说：“况且，如果培训过的员工真的有更高的生产率，为什么不让他们共同分享收益呢？这是任何一家企业保持较高生产率的最好途径了。”

迈尔斯立即表示反对：“杰森总是关心员工的福利，这很好。但是，我们必须保护股东的利益。如果由我们承担了培训费用，为什么还要向员工支付高工资？如果支付了高工资，公司又如何从投资当中受益呢？”杰森沉默了一会儿，说道：“我之所以一直比较关心员工们的福利待遇，是因为如果忽略了这一问题，从长远看有可能要付出更大的代价。想想吧，我们培训了员工，投了资，却因为我们的疏忽，忽视了向员工支付他们应得的报酬，最后导致他们被对手挖走，这无疑是一种短视的行为。无论是培训还是工资，都应以维护公司的利益为先导。”这时，一直沉默的人事副主管乔伊插话了。他反问道：“我们怎么知道我们的对手想要挖走我们的员工呢？实际上，即使他们采用了与我们类似的技术，也不一定会采用与我们一样的自动控制设备。如果他们不采用这种设备，就没有必要挖咱们的员工。”艾伯特点了点头说：“可能是这样。但我不想把宝押在这种可能性上。是否可以找到某种办法，把员工与企业联系在一起呢？在这一点上我们必须很清醒，员工不是我们的奴隶，只有他们愿意留下来工作的时候，他们才会留下来。”

听了各位高管的意见后，丽迪娅想了想，说道：“我不想把水搅得更浑，但我想可能还忽略了另一个问题，那就是我们确实希望有一些员工走掉。首先，采用新的自动控制技术，意味着同样数量的工作现在只需要较少的人手；其次，现有的员工队伍当中，有一部分人不适应我们的新设备。此外，必须考虑到可能有一部分员工不大乐意接受培训的情况。”

“怎么见得？”杰森一边聚精会神地听着，一边询问。

“因为对于有些员工来说，这种培训毕竟有点让人产生重新回到学校的感觉。”丽迪娅解释道，“大部分员工到公司来工作以后，已经对学校没有什么兴趣了，他们很可能不愿意花时间去做家庭作业。”

“这一点很正确。”迈尔斯补充道，“假如我们主动让一部分员工走掉的话，处境可能会更好一些。事实上，在我看来，哪怕多花点钱，我都愿意让不适合公司环境的员工离开。”

梅肯先生听完了五个人的讨论，满意地点了点头，并宣布会议结束。至于培训计划，他在讨论中已经有了想法。

他的想法是什么呢？

根据以上案例，可以提出以下方案：

多尔博公司培训方案

1. 培训目标

使 50% 现有 ×× 设备操作人员掌握 ×× 自动控制设备的操作技能，其他人员另行安排。

2. 培训对象

现有全体 ×× 设备操作人员。

3. 培训内容

×× 自动控制设备操作技能及相关知识。

4. 培训时间

2022 年 5 月 8 日—15 日工作日，工作时间：8：10—11：30，12：30—16：20。

5. 培训地点

×× 车间现场。

6. 主办部门

人力资源部主办，设备处、×× 车间协办。

7. 施教人员

×× 自动控制设备供应商技术人员：×× 高级工程师、×× 高级技师。

8. 培训方式

理论知识培训 + 操作技能培训。理论培训确保员工掌握相关知识，可以用课堂讲解的方式进行。操作技能培训确保员工会操作、会保养、会排除一般故障，主要通过教师演示、学员试操作的方式进行。

9. 教材和内容

由施教人员决定。

10. 纪律

培训按正常上班考勤，因病、因事不能参加培训的，按正常上班办理请假手续，请假人员没有补课机会，考核缺勤没有补考机会。无故不参加培训按旷工处理。

11. 考核方式

考核内容包括理论知识和技能培训，还包括平时到课的情况。考核于 5 月 15 日进行，上午为理论考试，下午为操作技能考试。具体试题和考核方案由设备供应商技术人员决定。

12. 激励措施

以两项成绩总分从高到低录取 50% 作为 ×× 自动控制设备操作人员，增加一档岗位工资。其他人员由人力资源部另行分配工作。不服从分配且协商不成的可解除劳动合同。

13. 培训评估的内容和方式

以录取为 ×× 自动控制设备操作人员的员工第一个月的绩效考评结果（包括质量、产量、设备检查结果等指标）作为这次培训效果的评估依据。90% 的参训人员达到考评要求（由人力资源部会同相关部门制订）表明培训有效。未能达到要求的员工给予试用一个月，连续两个月达不到考评要求的另行安排工作（按前条处理）。

14. 培训资金来源

可要求设备提供方作为售后服务提供一部分，从企业正常的培训预算中扣除一部分。

4.2.3 员工培训效果反馈表

表 4-2　员工培训效果反馈表

课程名称					
课程日期					
课程说明					
1. 您是否知道为什么来参加此次培训?				是	否
2. 本培训对您是否有帮助?				是	否
评估项目	**很差** ⟵⟶ **很好**				
课程内容					
内容的易懂程度	1	2	3	4	5
课程结构安排的合理性	1	2	3	4	5
讲师表现					
专业知识	1	2	3	4	5
教学技巧	1	2	3	4	5
表达清晰度	1	2	3	4	5
学员参与					
本人参与度	1	2	3	4	5
所有学员参与度	1	2	3	4	5

续表

课程会务					
总体安排	1	2	3	4	5
场地设备	1	2	3	4	5
餐饮	1	2	3	4	5
结论：课程总体评价	1	2	3	4	5
对于本次课程的意见和建议					

4.2.4 企业培训效果总结表

表 4-3 企业培训效果总结表

培训主题：	组织部门：
起止时间：	
培训地点：	
培训内容介绍：	
培训对象及培训目的：	
培训讲师：	
培训形式： 讨论 □ 讲座 □ 授课 □ 其他 ________（请填写）	
培训情况总结：	
培训组织情况：	
出勤和纪律情况：	
培训效果评价：	
学员建议和意见：	
组织部门负责人意见：	
签名： 日期： 年 月 日	
备注：	

4.3 操作演练

【任务背景】

培训目标：在 6 个月内将次品率降低到行业平均水平。

培训地点：公司餐厅。

培训时间：8 个工时。分为 4 个单元，每周实施一个单元，具体安排在早餐之后、午餐之前这段时间，这也是洗刷早餐餐具和准备午餐的时间。

培训方式：教师讲课、学员讨论、案例研讨和电影演示。准备课程时，教师把讲义中的内容印发给每个学员，以便学员提前熟悉每一章的内容。在培训过程中，学员花费了相当多的时间来讨论讲义中每章后面的案例。

培训人数：本来应该有大约 50 名员工参加培训，但是每天参加培训的员工只有 30 名左右，大部分一线主管向张主管强调生产的重要性，有些学员告诉张主管，那些真正需要培训的人已经回到车间工作去了。张主管因工作太忙一直没有亲临培训现场。培训结束后，该公司产品的次品率并没有发生明显的变化，公司领导对培训没有能够实现预定的目标感到非常失望。

【任务内容】

请对案例中的培训工作进行诊断。

【任务实施指导】

1. 案例培训出什么问题了？

____

（提示：阅读任务背景企业的培训过程。比对培训的过程，找出缺失的步骤和做得不到位的培训实施过程。）

2. 结合任务背景中的失误点给出培训修改意见，为下一次的培训提供经验。

____

复习题

1. 简述培训与开发的含义。
2. 简述培训的特点、原则、类型及程序。
3. 培训计划包括的内容有哪些?
4. 培训的方法有哪些?

附:

表 4-4 师生互动评价表

序号	评价内容	评价标准	评价结果
1	培训与开发的概念	能说出培训的概念	是 / 否
		能说出培训的特点	是 / 否
		能说出培训的原则	是 / 否
2	培训类型	能掌握各培训的类型的分类原则	是 / 否
		能说出每类培训的定义	是 / 否
3	培训与开发的程序	能说出培训与开发的程序	是 / 否
		能掌握培训需求分析的方法	是 / 否
		能根据具体岗位制订培训方案	是 / 否
4	培训的方法	能说出培训的方法有哪些	是 / 否
		能说出每种培训方法的操作步骤	是 / 否

模块 5 绩效管理

在人力资源管理中，任何环节的正常运转都与绩效管理有着千丝万缕的联系。招聘中录用的员工是否能适应工作要求，需要通过绩效考核来衡量；薪酬的高低需要以员工的绩效好坏和贡献高低为基础；培训要以员工的学习能力、素质和潜力为依据；员工的绩效在一定程度上决定了劳动关系能否得以维系。

知识目标

1. 掌握绩效、绩效管理的含义及特点；
2. 掌握绩效管理的功能；
3. 深刻理解绩效考核和绩效管理的关系；
4. 熟悉绩效考核的程序、步骤；
5. 掌握绩效考核的方法。

能力目标

1. 能为给定企业做绩效管理方案的设计；
2. 能编制绩效管理过程中需要的基本文件和相关表格；
3. 能采用合理的沟通技巧进行绩效沟通和绩效效果的反馈。

思政目标

1. 培养学生的公平和公正意识；
2. 培养学生实事求是的作风；
3. 培养学生的自我管理意识。

5.1 操作基础

5.1.1 理论基础

导入案例

发愁的刘科长

每年发奖金时刘科长都犯愁，科里有十几个人，工作积极性和工作成绩参差不齐，其中小张表现最好。他研究生毕业，聪明能干，工作积极，虽然来科里的时间是所有人中最晚的，但成绩在科里是最突出的。去年给了他最高的奖金，但因为小张资历不足，引起了科里其他人的不满，这使刘科长很犯愁，不知如何是好。恰巧公司办了一个中层干部培训班，请了学校的教授讲课，其中讲到了激励理论中的双因素理论，这对刘科长的启发很大，他逐渐有了主意。

这一天，他找小张谈话，首先肯定了他一年中的贡献，特别表扬了他的成绩，并细致地讨论了明年如何使他的工作更有趣，责任更重，也更有挑战性，最后谈到了奖金的事，告诉他这次的奖金同大伙儿是一样的。

没想到小张听了这话立刻就火了，他说："什么？到头来我就值这么点？你那些好听的话留给别人去听吧，我不稀罕，表扬又不能当饭吃！"

听了这话，刘科长真不知如何是好了。

【案例思考】从刘科长遇到的困境可以看出该公司在绩效管理上存在什么问题？

一、绩效及绩效管理

（一）绩效及特点

1. 绩效的概念

绩效（performance）是指员工在工作过程中所表现出来的与企业目标相关的、并且能够被评价的工作业绩、工作能力和工作态度，其中工作业绩就是指工作的结果，工作能力和工作态度则是指工作的行为。其表现形式主要有以下三个方面：

（1）工作效率；

（2）工作数量与质量；

（3）工作效益。

工作绩效是员工素质与工作对象、工作条件等相关因素相互作用的结果。因此，绩效随着时间、空间、工作任务及工作环境等相关因素的变化而不同，呈现出明显的多因性、多维性与动态性，这决定了对员工的考核必须多角度、多方位、多层次、多时空地进行。

2. 绩效的特点

（1）绩效的多因性

绩效的多因性是指绩效的优劣受主客观等多种因素影响。图 5-1 所示的工作绩效模型列出了影响工作绩效的四种主要因素，即员工的技能、激励机制、外部环境和晋升机会。其中前两种是主观性影响因素，后两种是客观性影响因素。

工作绩效模型说明员工绩效是由技能、激励、环境和机会四个变量组成的函数，因此，考评者难以根据员工的工作结果来精确地考评员工的工作从而导致人力资源中道德风险和逆向选择绩效的出现，它增加了绩效考评的难度，降低了人力资源管理的效率。

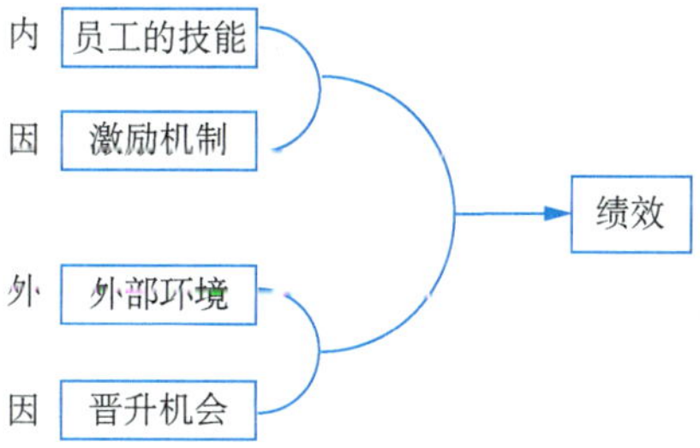

图 5-1　绩效模型

（2）绩效的多维性

绩效的多维性即从多种维度或多个方面去考核与评价员工的绩效，绩效是员工的知识、能力、态度、动机、行为和结果的体现，它既反映员工潜在形态的劳动，也反映员工流动形态和凝结形态的劳动。例如，我国《国家公务员暂行条例》规定："国家行政机关按照管理权限，对国家公务员的德、能、勤、绩进行全面考核，重点考核工作实绩。"

（3）绩效的动态性

绩效的动态性即员工的绩效是变化的，随着时间的推移，绩效差的员工可能进步变好，绩效好的也可能退步变差。员工绩效是多因素共同作用的结果，而员工所处的外部环境和其内心世界是随着时间的推移而不断变化的。因此，员工的绩效也必然是一个动态的变化过程，这在客观上要求管理者不可凭一时印象或主观臆断，以僵化的观点评价员工的绩效。

（二）绩效管理及其功能

1. 绩效管理的含义

绩效管理是制订员工的绩效目标并收集与绩效有关的信息，定期对员工的绩效目标完成情况做出评价和反馈，确保员工的工作活动和工作产出与企业保持一致，进而保证企业目标完成的管理手段与过程。

绩效管理不是孤立的绩效评估，不是一年一次的填表、交表，不是迫使员工更好或更努力工作的棍棒，不是只在绩效低下时使用的工具。

具体地说，绩效管理具有以下几个基本特点：

（1）绩效管理的目标是不断改善企业氛围、优化作业环境、持续激励员工、提高企业效率。它既可按公司、部门或小组的目标定位，也可以按员工的个人目标定位。

（2）绩效管理的范围覆盖企业中所有的人员和所有的活动过程，它是企事业单位全员、全面和全过程的立体动态管理。

（3）绩效管理是企业人力资源管理制度的重要组成部分，也是企业生产经营活动正常运行的重要支持系统，它由一系列具体的工作环节所组成。

（4）绩效管理是一套正式的、结构化的制度，它通过一系列考评指标和标准，衡量、分析和评价与员工工作有关的特质、行为和结果，考查员工的实际绩效，了解员工发展的潜力，以期实现员工与企业的共同发展。

（5）绩效管理是以绩效考评制度为基础的人力资源管理的子系统，它表现为一个有序的、复杂的管理活动过程。首先要明确企业与员工个人的工作目标，并在达成共识的基础上，采用行之有效的管理方法，不但要保证按期按质按量地实现目标，还要考虑如何构建并完善一个能更有效地激励员工、不断提升员工综合素质的运行机制。

绩效管理不仅是一种衡量个人成绩的手段，还是一种管理方式，即把员工的绩效提升到管理层面上，通过对员工绩效的考评保持对员工工作效率的有效反馈，激起员工的工作热情和创新精神；通过分析绩效信息帮助员工提出改进措施，制订有效的培训计划，将员工的职业生涯计划与企业的发展紧密结合起来，形成企业利益与员工责任的共同体，从而推动企业达到既定的战略目标，实现可持续发展。

总之，绩效管理是一个将公司与部门、员工个人目标紧密联系在一起的、科学的考评方法，从目标、程序导向到意愿、行为、效果导向，从事前策划到过程监测，从事后考评到绩效改进的动态过程。绩效管理过程的每一次循环都将使企业和员工迈上一个新的台阶，使其有所提高，有所发展，有所创造，有所前进。

2. 绩效管理的功能

西方国家文官制度的实践证明，考核是提高政府工作效率的中心环节。各级政府机关对国家公务员的考核有利于依法对公务员进行管理，优胜劣汰，有利于人民群众对公务员进行必要的监督。

文官制度的成功实施，使得有些企业开始借鉴这种做法，他们试图通过企业内部的绩效考核对员工的表现和实绩进行实事求是的评价，同时也了解了企业成员的能力和工作适应性等方面的情况，并以此作为奖惩、培训、辞退、职务升降等实施的基础与依据。

1）绩效管理对企业的功能

（1）诊断功能

绩效管理的第一个重要功能就是它的诊断功能，如同医生使用的听诊器，可以对企业进行诊断分析，为企业变革和企业发展提供重要的依据。绩效管理作为企业各个职能和业务部门主管的基本职责，在绩效目标明确的前提下，各级主管不仅需要对企业中每个成员的活动进行追踪，通过调查掌握企业机构的现状，及时沟通、分析和反馈绩效管理信息，而且要及时发现企业中存在的共性问题，采用科学的方法进行问题诊断，并对照工作岗位说明书、企业机构功能图、管理业务流程图等文件，进行企业职能分析、企业关系分析和决策分析，找出企业中现存问题的症结所在，指出有哪些岗位、流程、程序、授权（决策权）和协作关系需要改进和调整，从而为企业变革和发展提供依据。

（2）监测功能

绩效管理的第二个重要功能就是它的监测功能，通过有效的绩效管理体系的运行，可以显示出企业中从高层领导到中层管理人员、再到一线员工从硬件条件如劳动环境、生产条件、技术装备、工作场地、工作条件等，到软环境如企业文化、经营理念、领导方式、工作方法、工时制度等方面的实际运行情况。在企业绩效管理的过程中，各级主管必须对人力、物力和财力等资源的配置及其实际运行情况，进行及时的监督、测定和考量，这样才能形成有效的企业、协调和控制，从而实现预定的绩效目标。

（3）导向功能

绩效管理的第三个重要功能就是它的导向功能，绩效管理的基本目标是非常明确的，即不断改善企业氛围，促进员工与企业共同发展，从而提高整体效率和经济效益。要实现这一基本目标，各级主管在企业绩效管理的活动中就应当充分发挥绩效管理的导向功能，通过积极主动的绩效沟通和面谈，采用科学的方法，从不同需求出发，激励下属朝着一个共同目标努力学习，积极进取。

（4）竞争功能

绩效管理的第四个重要功能就是它的竞争功能，绩效管理总是与企业薪酬奖励、晋升调配等制度密切相关、相伴、相随的。绩效优秀的员工不仅会受到奖励，还可能获得晋升，为全体员工树立了工作“模范”和“榜样”，同时那些落后的、工作绩效不佳的员工也可能受到一定的批评或处罚。无论是受奖还是受罚，对员工都会产生某种触动和鞭策，其结果是优秀的人希望更优秀，落后的人不甘于落后，在企业中形成“你追我赶”的局面。这种员工之间的相互比赛和竞争，有助于企业的发展和目标的实现，从而使企业和员工同时受益获利。

2）绩效管理对员工个人的功能

（1）激励功能

绩效管理可以充分肯定员工的工作业绩，能使员工体验到成功的满足感与成就的自豪感，有利于鼓励先进、鞭策落后、带动中间，从而实现对每个员工的劳动行为的有效激励。

（2）规范功能

绩效管理为各项人事管理提供了一个客观而有效的标准和行为规范，并依据这个考核的结果进行岗位升降、奖惩、调配等，通过不断考核，按照标准进行奖励与晋升，会使企业形成按标准办事的风气，使企业的人力资源管理标准化。

（3）发展功能

绩效管理的发展功能，主要表现在两方面：一方面，企业可以根据考核结果制订正确的培训计划，达到提高全体员工素质的目标；另一方面，可以发现员工的特点，根据特点决定培养方向，充分发挥个人长处，将个人与企业的发展目标有效地结合起来。

（4）控制功能

通过绩效管理，不仅可以把员工工作的数量和质量控制在合理的范围内，还可以控制工作进度和协作关系，使员工明确自己的工作职责，按照既有制度和规定做事，提高工作的自觉性和合规性。

（5）沟通功能

考核结果出来以后，管理者将与员工谈话，说明考核结果，听取员工的申诉和看法。这样就为上下级提供了一个良好的沟通机会，使上级与下级之间相互了解，并增进相互间的理解。

3）绩效管理的其他功能

绩效管理除了具有上述功能之外，其所获得的数据资料还具有其他一些功能。首先，在编制人力资源规划评价一个单位人力资源的总体素质时，必须掌握全部员工，包括高层管理者智力素质、心理素质、知识素质、品德素质、技能素质、经验素质方面的数据，特别是重要人员提升的可能和潜力的数据。一个完善的绩效管理系统可以得到完备的绩效考核评价数据和资料，从而为剖析现有人力资源在数量和质量上的优势和劣势，建立各类人力资源的接替模型提供准确的依据。其次，绩效管理数据在评价一个员工的优缺点和确定其潜能方面具有重要的意义。主管可以依据这些信息来评价其下属，并且帮助他们制订行之有效的职业生涯发展规划，使他们按照既定的方向和目标努力工作。此外，通过绩效管理所取得的数据资料还可以为调整劳动关系提供技术支持，例如在产生劳动争议时，员工的绩效记录往往成为争议双方的重要旁证，它比一纸诉状更有说服力。绩效管理所提供的数据资料还可以揭示企业中存在的问题，为企业生产经营管理诊断活动提供重要的依据。

3. 绩效考核的概念

绩效考核通常也称为业绩考评或“考绩”，是针对企业中每个职工所承担的工作，应用各种科学的定性和定量的方法，对职工行为的实际效果及其对企业的贡献或价值进行考核和评价。它是企业人事管理的重要内容，更是企业管理强有力的手段之一。业绩考评的目的是通过考核提高每个个体的效率，最终实现企业的目标。在企业中进行业绩考评工作，需要做大量的相关工作。首先，必须对业绩考评的含义做出科学的解释，使得企业内部形成一个统一的认识。

绩效考核是现代企业不可或缺的管理工具。它是一种周期性检讨与评估员工工作表现的管理系统，是指主管或相关人员对员工的工作做系统的评价。有效的绩效考核，不仅能确定每位员工对企业的贡献或不足，更可以在整体上为人力资源的管理提供决定性的评估资料，从而改善企业的反馈机能，提高员工的工作绩效，更可以激励士气，也可以作为公平合理地酬赏员工的依据。

4. 绩效考核的分类

1）按时间划分

（1）定期考核。企业考核的时间可以是一个月、一个季度、半年、一年。考核时间要根据企业文化和岗位特点进行选择。

（2）不定期考核。不定期考核有两方面的含义，一方面是指企业中对人员的提升所进行的考评，另一方面是指主管对下属的日常行为表现进行记录，发现问题及时解决，同时也可以为定期考核提供依据。

2）按内容划分

（1）品质导向型。考核的重点是员工的个人特质，如诚实度、合作性、沟通能力等，即考量员工是一个怎样的人。

（2）行为导向型。考核的重点是员工的工作方式和工作行为，如服务员的微笑和态度、待人接物的方法等，即对工作过程的考量。

（3）结果导向型。考核的重点是工作内容和工作质量，如产品的产量和质量、劳动效率等，侧重点是员工完成的工作任务和生产的产品。

3）按主观和客观划分

（1）客观考核方法。客观考核方法是对可以直接量化的指标体系所进行的考核，如生产指标和个人工作指标。

（2）主观考核方法。主观考核方法是由考核者根据一定的标准设计的考核指标体系对被考核者进行主观评价，如工作行为和工作结果。

4）按考评对象划分

（1）上级考评。管理人员（上级）是被考评者的上级主管，他对被考评者承担着直接的领导、管理与监督责任，对下属人员是否完成了工作任务、是否达到了预定的绩效目标等实际情况比较熟悉了解，而且在思想上也没有更多的顾忌，能较客观地进行考评。所以在绩效管理中，一般以上级主管的考评为主，其考评分数对被考评者的结果影响很大，约占 60%～70% 权重。

（2）同级考评。同事通常与被考评者共同处事、密切联系、相互协作、相互配合，被考评者的同事比上级更清楚地了解被考评者，对其潜质、工作能力、工作态度和工作业绩了解更深，但他们在参与考核评价时，常受人际关系状况的影响，所以在绩效管理中，同级的考评占有一定的份额，但不会过大，权重在 10% 左右。

（3）下级考评。被考评者的下级与上述考评者不同，他作为被考评者的下属，对其工作作风、行为方式、实际成果有比较深入的了解，对其一言一行有切身的感受，而且有其独特的观察视角，但他们对被考评者又容易心存顾虑，致使考评的结果缺乏客观公正性，所以其评定结果在总体评价中的权重一般控制在 10% 左右。

（4）自我考评。被考评者对自己的绩效进行考评，能充分调动被考评者的积极性，特别是对那些以“实现自我”为目标的人来说，自我考评更显重要。但在绩效管理中，由于自我考评容易受到个人多种因素的影响，有一定的局限性，所以其评定在总体评价中的权重一般控制在 10% 左右。

（5）外人考评。外部人员，即被考评者所在部门或小组以外的人员，如直接服务的客户，虽能较客观公正地参与绩效考评，但他们很可能不太了解被考评者及其能力、行为和实际工作的情况，使考评结果的准确性和可靠性大打折扣。在实际考评中，采用外人考评的形式时，应当慎重考虑其评价结果及权重。

5. 绩效考核的原则

（1）公平原则

公平是确立和推行人员绩效考核制度的前提。不公平，就不可能发挥考绩应有的作用。

（2）严格原则

考绩不严格，就会流于形式，形同虚设，不仅不能全面地反映工作人员的真实情况，还会产生消极的后果。考绩的严格性包括：要有明确的考核标准，严肃认真的考核态度，严格的考核制度与科学而严格的程序及方法等。

（3）单头考核原则

对各级职工的考核，都必须由被考核者的“直接上级”进行。直接上级相对来说最了解被考核者的实际工作表现（成绩、能力、适应性），也最有可能反映真实情况。间接上级（即上级的上级）不应当擅自修改直接上级做出的考评评语，这并不排除间接上级对考核结果的调整修正作用。单头考核明确了考核责任所在，并且使考核系统与企业指挥系统达到一致，更有利于加强企业的指挥机能。

（4）结果公开原则

考核的结论应对本人公开，这样做，一方面可以使被考核者了解自己的优点和缺点、长处和短处，从而使考核成绩好的人再接再厉，继续保持先进；也可以使考核成绩不好的人心悦诚服，奋起上进。另一方面有助于防止绩效考核中可能出现的偏见以及种种误差，以保证考核的公平与合理。

（5）奖惩结合原则

依据考核的结果，应根据工作成绩的大小、好坏，有赏有罚，有升有降。这种赏罚、升降不仅与精神激励相联系，还必须通过工资、奖金等方式同物质利益相联系，这样才能达到考核的真正目的。

（6）客观考核原则

人事考核应当根据明确规定的考核标准，针对客观考核资料进行评价，尽量避免具有主观性和个人感情色彩。

（7）差别原则

考核的等级之间应当有鲜明的差别界线，不同的考核评语带来的结果应在工资、晋升、任用等方面体现明显差别，使考核带有刺激性，鼓励职工的上进心。

（三）绩效管理与绩效考核的关系

在企业管理的实践中，人们普遍存在一个误区，认为绩效管理就是绩效考核。事实上二者并不相同：绩效管理是外延比较完整的概念，它是指“绩效目标确定—考评标准制订—考核评价实施—信息反馈—总结和改进”的过程；绩效考核仅仅是绩效管理活动中的一个重要环节，是绩效管理系统运行的重要支撑点。

表 5-1 绩效管理和绩效考核的区别

区别点	过程的完整性	侧重点	关注的核心	包含的内容	出现的阶段
绩效管理	一个完整的管理过程	侧重于信息沟通与绩效提高，强调事先沟通与承诺	关注未来绩效	绩效计划的制订、绩效实施与管理、绩效考核、绩效反馈、绩效考核结果的运用	伴随着管理活动的全过程
绩效考核	管理过程中的局部手段	侧重于判断和考核，强调事后评价	关注过去绩效	考核的原则、方法、步骤、主体、维度、周期和评分	只出现在特定的时期

二、绩效管理的流程

（一）绩效计划

绩效管理的第一个环节是绩效计划。各级管理者和员工要将企业的总体目标分解为部门目标、岗位目标，并根据之前进行的岗位工作分析，确定该岗位的职责。然后，各级管理者和员工就员工在绩效期内的工作内容与职责、工作目的与意义、工作结果、工作时间、工作权利等进行讨论，在双向沟通的基础上共同制订出绩效目标，作为日后绩效计划实施和绩效评估的依据。

（二）绩效实施

制订了绩效计划，接下来就进入绩效实施阶段。在这个阶段，员工要根据先前制订的绩效目标开展工作，管理者要对员工的工作进行指导和监督，发现问题及时协助解决，必要时根据实际工作进展情况对绩效计划进行适当的调整。

（三）绩效评估

在绩效周期结束时，主管人员要依据绩效目标和员工在绩效周期内的表现，对员工的绩效目标完成情况进行评估、检查，判断员工是否达到了绩效计划中制订的绩效目标。

（四）绩效反馈

主管通过面谈的方式将绩效评估的相关信息反馈给员工，听取员工对考核结果的看法，与员工探讨取得如此成绩的原因，制订改进培训计划；表明企业对员工的期望和要求，了解员工在下一个绩效周期的计划，并提供可能的帮助和建议。

（五）绩效评估结果的运用

合理利用绩效评估结果，一方面，可以激励那些绩效好的员工，促使他们做出更好的绩效；另一方面，也可以帮助那些绩效差的员工，为他们指明改进的方向，使他们获得培训和提高的机会，进而达到提高绩效的目的。

三、绩效考核的基本程序和步骤

（一）绩效考核的基本程序

在企业绩效管理的全部活动中，绩效考核作为绩效管理的一个重要的中心环节，其考核顺序一般是从基层员工开始，然后对中层人员考核，最后对企业高层领导考核，是一个自下而上的过程。

1. 以基层为起点，由基层部门的领导对其直属下级进行考核。考核分析的单元包括：员工个人的工作行为，如员工是否按规定的工艺和操作规程进行工作，各级主管采取哪些措施来计划、组织、协调、监督和指导下属等；员工个人的工作效果，如产品产量、废品率、原材料消耗率、出勤率、工时利用率、能源消耗率等；影响员工行为的个人特征、心理品质和能力素质，如价值观、信念、态度、知识、技能、期望与需要等。

2. 在基层考核的基础上，对各个中层部门进行考核。其考核范围和内容不仅包括各个中层部门主管的个人行为与工作业绩，还包括该部门总体的工作绩效，如计划任务完成率、员工劳动生产率、产品合格率、成本收益率等主要生产经济技术指标。

3. 最后，完成逐级考核之后，由企业的上级机构或董事会对企业高层领导进行考核，其内容主要是经营效果相关指标的完成情况，如总产值、总收益、市场占有率、成本利润率等。

（二）绩效考核的基本步骤

绩效考核是一项非常细致的工作，必须有计划、有步骤地逐步推进。

1. 确定考核基础

（1）确定工作要项。工作要项是指工作结果对企业有重大影响的活动或大量的重复性活动。一项工作往往由许多活动构成，但考核不可能针对每一个工作活动进行。一个岗位的工作要项，一般为 4～8 个，抓住了工作要项就等于抓住了关键环节，也就能够有效地组织考核。

（2）确定绩效标准。绩效应以完成工作所达到的可接受的条件为标准，不宜定得过高。由于绩效标准是考核评判的基础，因此，必须客观化、定量化，具体做法是将考核要项逐一分解，形成考核的评判标准。

2. 评价实施

具体做法是将工作的实际情况与考核标准逐一对照，评判绩效的等级。

3. 绩效面谈

面谈是绩效考核极为重要的环节，但常常被忽略。通过面谈能使员工知道成绩，纠正错误，以积极的态度对待过去，满怀信心地面对未来，努力工作。

4. 制订绩效改进计划

绩效改进计划应当切实可行、由易到难，要有明确的时间性，计划要具体，要得到上下级的认同，改进计划是绩效考核的最终落脚点。

5. 指导绩效改进

如何切实保证本岗位工作的有效性，应当是考核者与被考核者讨论的核心问题。上级主管应经常对下属工作绩效的改进做出正确的指导，并在精神上、物质上予以必要的支持。

5.1.2 技能基础

一、绩效计划的制订

绩效计划是整个绩效管理过程的起点，是企业主管和员工双向沟通，根据企业目标、本工作单元的业务重点与工作职责，制订绩效目标、发展目标及行动计划时需要管理者和被管理者对每项工作目标进行讨论并达成一致。

绩效计划制订的过程包括绩效计划的准备、绩效计划的沟通和绩效计划的审核与确认三个阶段。

（一）绩效计划的准备

本阶段的主要工作内容是为编制不同职位绩效计划收集相关信息，并为绩效计划的沟通做好基础工作。

1. 收集相关信息。绩效计划的主要目的是上下级之间通过双向沟通，就本绩效周期内被管理者的工作目标和标准与管理者达成一致，并形成契约形式。因此，为确保下属的工作目标与部门工作目标及企业发展战略目标一致，应该准备三种类型的信息：关于企业的信息、关于部门的信息和关于个人的信息。

2. 准备沟通环境和方式。首先，明确沟通原则。在绩效计划开始制订之前，管理者和被管理者应就沟通原则达成共识，为后续环节奠定良好的基础。其基本原则包括管理者与被管理者关系平等，管理者应充分尊重被管理者的意见和建议；提高被管理者在绩效计划中的参与程度；鼓励被管理者说出自己的顾虑。其次，制订沟通方式。一般来说，采取什么样的方式，需要考虑不同的环境因素、员工特点以及达成工作目标的特点。如果希望借助制订绩效计划的机会向员工做一次动员，不妨召开员工大会；如果只与部门或者团队成员有关，可以开一个部门或者小组会议，对绩效目标和计划进行讨论，明确分工、达成共识，增强协调和配合；如果主要是员工个体性的工作目标，则可以采取单独交谈的方式。最后，准备沟通环境和时机。为了确保沟通的效果，管理者与被管理者应选择双方都有空闲的时间用于绩效沟通，尽量避免被打扰，并营造宽松的沟通气氛，消除被管理者的心理压力。

（二）绩效计划的沟通

绩效计划的沟通是管理者与被管理者经过充分交流，明确被管理者在下一个绩效周期所需要达到的绩效目标的过程。因此，正确地实施绩效计划沟通是企业绩效管理的关键步骤。绩效计划沟通的内容主要包括以下六部分：

1. 回顾企业的企业目标和部门的工作内容。
2. 开发目标草案。
3. 评估支持环境和工作资源。
4. 明确绩效指标。
5. 明确绩效指标的权重。
6. 确定绩效追踪的方式。

（三）绩效计划的审核与确认

在绩效计划初步形成后，仍然需要审定一下绩效计划的工作能否成功完成。最后形成双方确认的文件，明确计划期内员工将做什么、需要做到什么程度、为什么要做、何时应该做完、员工拥有的权力大小和决策权限、员工完成工作所需的培训、员工完成工作可能遇到的困难以及管理人员应该提供的支持、衡量工作结果的指标和标准、各项工作所占的权重等，管理者和员工都要在绩效计划书上签字认可。计划书一式两份，管理者和员工各自保留一份，作为被管理者在未来绩效周期内的工作指南及管理者开展绩效管理的重要依据。

二、绩效计划的实施与管理

绩效实施是指员工根据已经制订好的绩效计划开展工作，管理者对员工的工作进行指导和监督，对发现的问题及时协助解决，并根据实际工作进展情况对绩效计划进行适当调整的过程。绩效的实施与管理是连接绩效计划和绩效评估的中间环节，是绩效管理中耗时最长和最为关键的一个阶段。

为了实现绩效管理的作用，绩效实施阶段的主要内容有两个方面：一是持续沟通式的绩效辅导，二是绩效信息的收集和记录。虽然在绩效计划阶段也有沟通和信息的收集，但是绩效实施的沟通和信息收集的内容与绩效计划完全不同。

三、绩效考核的方法和手段

企业在绩效考核时采用的方法和手段主要有以下几种：

（一）相对比较法

其也称主观评价法或排序法。比较法是指对评估对象进行相互比较，从而判断其工作绩效的相对水平。换句话说，就是使用排序，而不是评分的方法来比较员工的绩效水平。比较法有多种形式，如排序法、配对比较法、强制分布法。

1. 排序法

排序法是一种相对比较的方法，主要是将员工在某个评估因素上的表现从绩效最好者到绩效最差者进行排序。其可分为简单排序法与交替排序法。

（1）简单排序法，是指管理者把本部门的所有员工从绩效最高者到绩效最低者（或从最好者到最差者）进行排序。

（2）交替排序法，是指评估者经过通盘考虑后，先从所有评价对象中选出最好和最差的两名人员，然后在余下的人员中再选出最好和最差的人员各一名，以此类推，直至全部人员的顺序排定。其操作步骤如下：

① 列举需要进行评估的所有员工的名单，将不是很熟悉因而无法对其进行评估的员工名字划去；

② 运用表 5-2，来确定在评估的某些绩效要素上哪位员工表现是最好的，将他排在第一个位置上，哪位员工表现是最差的，将他排在最后一个位置上；

③ 在剩下的员工中再挑出最好和最差的，将他们分别排在第二个位置与倒数第二个位置上，以此类推，直到所有必须被评估的员工都排列到表格中为止。然后以同样的方法就第二个评估因素进行评估。

表 5-2　交替排序法

评估因素一：				评估因素二：			
序号	姓名	序号	姓名	序号	姓名	序号	姓名
1		7		1		7	
2		8		2		8	
3		9		3		9	
4		10		4		10	
5		11		5		11	
6		12		6		12	

2. 配对比较法

配对比较法是根据某一标准把每一评估对象与其他员工逐一配对比较，并将每一次比较中的优胜者选出，按照配对比较中被评为较优的总次数来确定等级名次。

表 5-3 配对比较法

对比人姓名	A	B	C	D	E	“+”的个数	排名
A		–	–	+	+	2	3
B	+		+	+	+	4	1
C	+	–		+	+	3	2
D	–	–	–		–	0	5
E	–	–	–	+		1	4

3. 强制分布法

强制分布法又称“强迫分配法”“强制正态分布法”“硬性分配法”，该方法是根据正态分布原理，即俗称的“中间大、两头小”的分布规律，预先确定评价等级以及各等级在总数中所占的百分比，然后按照被评估者绩效的优劣程度将其列入其中的某一等级。例如，要求评估者将 10% 的人评定为最高分的一级，20% 的人评定为次高分的一级，40% 的人评为居中的一级，再将 20% 的人评为次低分的一级，最后将 10% 的人评为最低分的一级，如图 5-2 所示。

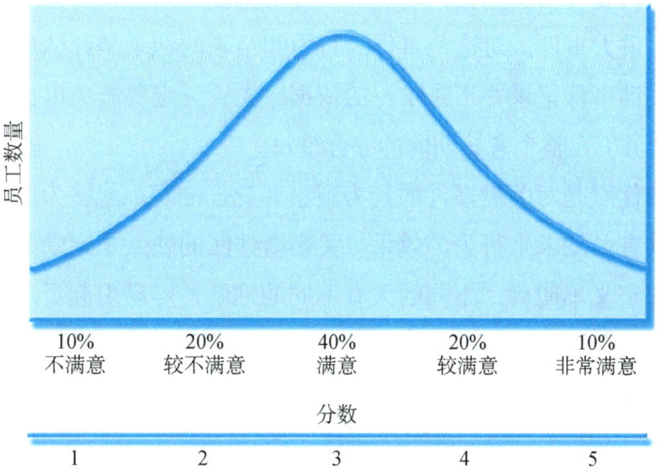

图 5-2 强制分布法

强制分布法的比例规定只是对总体比例的控制，具体到各个部门，可以有一定的上下浮动。例如，有的部门可能只有几个人，很难要求其严格地按照比例分布来进行评定。另外，很多公司会将部门整体业绩完成情况与部门内部员工绩效等级比例联系起来。当部门整体业绩完成情况较好时，部门内部员工被评定为较高绩效等级的比例相对比较高；相反，如果部门整体业绩完成情况不好，那么部门内部员工被评定为较高绩效等级的比例就相对比较低。

强制分布法的优点是有利于管理控制，特别是在具备员工淘汰机制的公司中，它能明确筛选出淘汰对象，由于员工担心因多次落入绩效最低区间而遭解雇，因而强制分布法具有强制激励和鞭策功能。当然，它的缺点也同样明显：如果一个部门的员工都十分优秀还要强制进行正态分布划分等级，可能会引起优秀员工的不满。

（二）关键事件法

关键事件法是客观评价体系中最简单的一种形式，是指通过对员工在工作中极为成功或极为失败的事件的观察和分析，判定该员工在类似事件中或在介入关键事件时可能的行为和表现。这种方法要求主管人员将每一位下属在工作活动中所表现出来的非同寻常的良好行为或非同寻常的不良行为（或事故）记录下来，然后在资料评价时根据所记录的特殊事件来评价员工的工作绩效。

关键事件的记录可以确保主管在对下属人员的绩效进行考核时所依据的是员工在整个考核期内的表现，而不仅仅是员工在最近一段时间的表现。所以，关键事件法经常被用来甄别干部的绩效高度和可能获取的晋升机会。

关键事件法以书面记录作为考核基础，被记录的关键事件既是考核的主要依据，也是向员工反馈的重要内容和向员工提供培训和指导的基础。人们在工作中常会遇到一些偶发事件、典型事件、重大事件，对这些事件的行为和结果的记录是评估员工很有价值的资料和依据，要注意关键事件记录并不是唯一的依据，主管一定要避免以员工在某单一事件中的表现好坏来决定员工在整个考核期内的综合绩效。

关键事件法的优点是对关键事件的行为观察客观、准确；能够为更深层的能力判断提供客观的依据；具有预测未来行为的效果。关键事件法的缺点是记录关键事件工作耗时耗力；对关键事件的定义不明确，不同的人有不同的理解；容易引起员工与管理者（或记录事件人）之间的摩擦。

（三）360 度评估法

360 度评估法（360-degree performance appraisal）又称多方评估者评估法，是对一般和中层管理人员评估考核使用最多的一种方法。它包括直接上级、间接上级、同事、下属、客户和自己的评估，评估的指标可以从三个方面来设计，即努力程度、工作态度和行为结果。每个大的指标可以下设几个小指标，如工作态度可以包括任务完成的速度、工作质量、对下属的亲和力、同事的认可度等，这样就构成一个指标体系。

在 360 度评估法中，不同评估者都从各自的工作角度考查和评定被评估者，因而评估的结果反映了员工在不同场景、不同方面的行为特征和业绩，综合这些评估结果能够对员工进行较全面、客观的评价。同时，不同角度的评估结果也在一定程度上反映了评估者的利益取向和性格特征。

在 360 度评估法中，应对自我评估给予较高的重视，自我评估的结果高于或低于总评估结果，高于或低于其他角度的评估结果，对企业均有重要参考价值。如果自我评估的结果高于总评估结果，说明该员工是一个自信心强或比较自满的人；如果自我评估的结果低于总评估结果，说明该员工是一个自信心较弱或比较谦虚的人。

（四）关键绩效指标

关键绩效指标（key performance indicator，KPI）是对传统的绩效评估理念的创新，关键绩效指标将企业宏观战略目标层层分解，变成具有可操作性的战术目标，这是一套衡量、反映、评估企业业务状况的可量化的关键性指标。KPI 的牵引，使员工个人工作目标、职能工作目标与公司战略发展目标之间达到同步。

关键绩效指标是目前国际通行的企业经营绩效成果测量和战略目标管理的工具，很多大公司都在使用该方法进行绩效评估，如 IBM 公司。IBM 在运用 KPI 时秉承以下理念：

1. KPI 是对部门和个人工作起导向作用的引导性指标，要层层分解、层层支持。

2. 绩效是团队的绩效，部门主管与下属绩效捆绑，上下流程绩效捆绑。

3. 定量与定性指标相结合，不同时期有不同的 KPI，实行动态管理。

4. KPI 包含四个方面：财务方面（收益、成本、利润）、客户方面（内外部客户满意度、忠诚度、投诉率、市场份额）、流程（指标覆盖全流程）和学习与成长（员工技能、素质提高、企业氛围）。

四、绩效反馈的实施

（一）绩效反馈的含义

所谓绩效反馈，是指通过正式面谈的方式，上级主管向被评估者告知绩效评估结果，根据绩效评估结果的信息所进行的检视和讨论。绩效反馈本质上是信息沟通的一种方式，而绩效反馈最重要的实现手段是评估者和被评估者双方的有效沟通。

绩效反馈是绩效管理过程中的一个重要环节。它主要通过评估者与被评估者之间的沟通，就被评估者在评估周期内的绩效情况进行面谈，在肯定成绩的同时，找出工作中的不足并加以改进。被评估者可以在绩效反馈过程中，对评估者的考评结果予以认同，如有异议，可向公司高层提出申诉，最终使绩效评估结果得到认可。由于绩效反馈在绩效评估结束后实施，而且是评估者和被评估者之间的直接对话，因此有效的绩效反馈对绩效管理起着至关重要的作用。

（二）绩效反馈面谈的实施

1. 面谈与反馈的内容

（1）告知员工当期绩效评估结果。

（2）分析员工绩效差距，确定改进措施。

（3）沟通协商下一个绩效评估周期的工作任务与目标。

（4）确定与任务目标相匹配的资源配置。

2. 面谈策略的选择

绩效反馈面谈具有指导性与批评性，又与随后的奖惩措施有关联，所以极为敏感，但是必不可少的。因此，选择恰当的面谈策略至关重要。绩效面谈中应注意以下几点：

（1）对绩效结果进行描述而不是判断。在对员工进行绩效面谈时，不是对结果进行判断，而是要对绩效结果进行描述。例如，应客观描述甲某件工作有没有完成、完成了多少、有多少差错、与工作目标有多大的距离，而不是使用“甲这个人工作做得很差”“工作能力很差”之类的判断性词语。

（2）在正面评价的同时要指出不足。领导和员工朝夕相处，一般很难抹开情面去说员工的不足，因此绝大多数经理人员都是只说正面评价，不说或少说不足之处，这样不利于员工改进工作，也不利于企业绩效的提升。正面评价要真诚、具体、有建设性，以帮助员工获得更大提高和改进。反面反馈具体描述员工存在的不足，对事而不对人，描述而不做判断。不能因为员工的某点不足就做出“员工如何如何不行”之类的感性判断。这里应该把“对事而不对人”“描述而不判断”作为重要的原则加以特别注意。客观、准确、不指责地描述员工的行为所带来的后果，这样员工自然就会意识到问题的所在，所以在这个时候不要对员工多加指责，指责只能僵化主管与员工之间的关系，对面谈结果毫无益处。在反面评价时要善于给员工台阶下，当主管说出了员工失误给公司带来的影响和后果时，员工已经明白了自己的错误，但碍于面子，不好当面承认错误。这时，主管不要一味地追问，而是可以说“你以前做得很好，这次可能是失误，我想你下次不会出现同样的错误”。这时，员工既有台阶下，也会非常感激主管。

（3）不仅要找出缺陷，更要找出原因。找原因本身可以变成解决问题的过程。借此可以找出应采取的措施。

（4）要注意聆听员工的声音。从员工的角度，以聆听的态度听取员工本人的看法，听员工怎么看待问题，而不是一直喋喋不休地教导。多提出开放性问题，引导员工多参与面谈。

（5）避免使用极端化字眼。在与员工面谈时，切忌使用极端化评价字眼，如“你不行”“你这个项目做得非常差”等等。

（6）通过问题解决方式建立未来绩效目标。主管应与员工探讨下一步的改进措施，与员工共同商定未来工作中如何加以改进，并形成书面内容。

对待不同类型被评估者面谈时的处理技巧有以下几种：

（1）优秀的被评估者。这种情况最顺利，但评估者要注意两点：一是要鼓励被评估者的上进心，为其制订好个人发展计划；二是不要着急许诺，如答应何时提拔或给予何种特殊物质奖励之类。

（2）与前几次相比未显著进步的被评估者。评估者应当开诚布公，与被评估者讨论是不是现职不太适合他，要不要换个岗位，要让其意识到自己有哪些不足。

（3）绩效差的被评估者。造成绩效差的原因有多种，如工作态度不良、积极性不足、缺乏训练、工作条件恶劣等。必须具体分析，找出真正原因并采取相应措施。切不可不分青红皂白就认定是被评估者的过错。

（4）年龄大的、工龄长的被评估者。对待这种被评估者一定要特别慎重。他们看到比自己年纪轻、资历浅的人后来居上自尊心会受到伤害，或者是对他们未来的出路或退休感到焦虑。对此类被评估者要尊重，要肯定他们过去的贡献，耐心而关切地为他们出主意。

（5）过分雄心勃勃的被评估者。有雄心是优良品质，但过分了则不好。他们会迫切期望得到提升和奖励，虽然他们此时还没进步到这种程度。对他们要耐心开导，说明规则是论功行赏，用事实说明他们还有一定差距，但不能只泼冷水。可以跟他们讨论未来进展的可能性和计划；不过不要让他们产生错觉，以为达到某一目标就一定马上能获奖或晋升；要说明努力进步，待机会到来自然水到渠成的道理。

（6）沉默内向的被评估者。这种人不爱发言，对他们只有耐心启发，用提出非训导性的问题或征询意见的方式，促使其做出反应。

（7）激进的被评估者。对这种人首先要耐心地听他讲完，尽量不要马上跟他争辩和反驳。从他发泄出的话中可以听出他气愤的原因，然后与他共同分析，冷静地、建设性地找出解决问题的办法。

在面谈的过程中要注意观察员工的情绪，适时进行有针对性的调整，使面谈按计划稳步进行。在面谈结束之后，一定要与员工形成双方认可的备忘录，就面谈结果达成共识。对于暂时还有异议、没有形成共识的问题，可以和员工约好下次面谈的时间，就专门的问题进行二次面谈。总结时以鼓励的话语结束面谈，无论反馈面谈在什么时间、场所，以何种方式进行，过去的行为已不能改变，而未来的业绩与发展则是努力的目标。面谈反馈应尽量传递给员工鼓励、振奋的信息，使员工摆脱信息劣势，与主管一同以平等、受尊重的心态制订下一个绩效期的发展目标与可行方案，实现企业目标并得到员工个人发展，这才是绩效反馈面谈的最大成功。

5.2 操作示例

5.2.1 某公司绩效管理制度示例

某公司年度绩效考核制度

为规范员工绩效管理，最大限度激发员工的工作积极性、主动性和创造性，实现员工与公司的共同发展，为员工薪酬决策、职务调整、能力开发及人员留用等方面提供科学、合理的依据，结合公司实际情况，特制定公司年度绩效考核制度，具体内容如下：

一、考核原则

（一）定性与定量结合的原则：以岗位职责为主要依据，坚持定量与定性指标相结合；

（二）业绩导向的原则：对员工工作完成情况进行业绩考核，同时关注达成结果过程中表现出的行为是否符合公司标准；

（三）公平、公正、公开的原则：考核规则公开透明，业绩衡量的标准客观公正，业绩考核的尺度统一公平；

（四）关注绩效沟通、持续改进的原则：从工作计划制订到执行，各环节保持良好的绩效沟通，通过持续监督、反馈，帮助员工持续提升绩效。

二、考核周期

考核周期为每年 1 月 1 日至 12 月 31 日。

三、考核对象

公司所有部门、全体在职员工（除总经理、劳务派遣、周工作总额不足 20 小时的劳务人员外）。

四、考核内容

评价维度	工作业绩	领导力	核心能力	备注
部门负责人	√	√	√	核心能力和领导力评价采用 360 度评价方法
行政管理人员	√		√	
专业技术、项目人员	√		√	

（一）工作业绩：以公司、部门和个人年度绩效目标完成情况和岗位职责作为考核的依据，评价结果采用上级评价；

（二）领导力 / 核心能力：管理人员核心能力评价采用 360 度评估，员工核心能力评价结果采用上级评价。

五、考核层级及考核权限

绩效考核采取逐级考核的方式，以调整者调整后的结果为最终结果。

层级	被考核人	考核人	调整者
1	部门负责人、项目负责人	总经理	总经理
2	行政管理人员、项目技术人员	部门负责人	总经理

考核人负责绩效考核结果的评定及过程沟通，调整者负责职责范围内考核结果调整，总经理负责公司全员考核结果最终调整。

六、绩效考核结果分布

（一）部门负责人年度绩效结果须进行正态分布（各等级人数计算结果均四舍五入）。

考核结果	S	A	B	C	D
人员占比	≤ 10%	≤ 10%	50%	20%	10%

（二）其他人员考核结果由部门根据考核人员总数进行正态分布，部门负责人业绩等级结果直接影响员工考核结果的分布（各等级人数计算结果均四舍五入）。

员工等级分布	S	A	B	C	D
A	≤ 10%	≤ 20%	60%	10%	10%
B	≤ 5%	≤ 15%	60%	15%	5%
C	≤ 5%	≤ 10%	50%	25%	10%

（三）各部门依据部门第一负责人业绩评价等级对各人员层级分别进行正态分布，具体层级划分见上文。

七、绩效工资分配

（一）年度绩效奖金分配系数

绩效结果	S	A	B	C	D
分配系数	1.5	1.2	0.9	0.6	0

（二）绩效工资计算方式

1. 个人年度绩效工资 = 年度员工工资基数 × 各员工绩效分配系数；

2. 总经理对公司全体员工绩效工资分配具有最终调整权。

八、年度绩效考核时间安排

序号	项　　目	时间进度	备　　注
1	人力资源部发布考核通知	12 月上旬	/
2	人力资源部组织宣贯	12 月中旬	输入：人力资源部在每年组织述职前提供相关的绩效考核数据
3	人力资源部组织员工述职和实施考核	12 月下旬	/
4	汇总和提报考评结果	次年 1 月初	输出：《员工年度绩效考核表》（见附件 1） 《人事异议申诉处理表》（见附件 2）
5	公司领导二次调整	次年 1 月初	/
6	人力资源部汇总	次年 1 月中旬之前	输出：《______年度绩效考核汇总表》（见附件 3）

九、绩效考核结果应用

（一）绩效考核结果将作为被考核者参与评优、涨薪、升职、培训、轮岗等的重要依据；

（二）年度绩效结果为 C 级及以下人员不参与年度评优，不参与次年度涨薪、升职等，并进行绩效改进、调岗、降级或辞退。

十、职责分工

（一）人力资源部：制订员工绩效考核政策并组织实施，负责员工绩效考核结果的运用，负责人事异议申诉的处理及劳动纠纷处理，反馈公司绩效、部门绩效结果；

（二）各部门：协助部门内员工的绩效考核评定及反馈员工个人绩效结果，配合人力资源部进行劳动纠纷处理。

十一、附则

（一）各部门须在规定的时间节点完成绩效考核评定；

（二）各部门在组织实施考核时，考核者务必与被考核者进行绩效面谈，指出其优缺点，并提出改进建议，确认下一周期工作目标，且进行书面记录，最终由面谈者双方共同签字确认；考核结束后，各部门须将考核结果逐个告知员工，以便员工知晓其最终考核等级情况。

（三）若员工对考核结果有异议，可以通过书面形式在确认年终绩效结果后的 2 个工作日内向人力资源部提出申诉，人力资源部组织调查小组核实情况后提出建议报总经理裁决，并反馈给员工本人。

附件 1

表 5-4　员工年度绩效考核表

员工年度绩效考核表（员工考核表）							
被考核对象		部门		职务			
考核时间				填表时间			
考核项目	细分指标	权重（分）	指标具体内容及定义	个人评价得分	部门主管评价得分	总经理评价得分	备注
专业知识与技能（20 分）	专业知识	10	掌握从事本职岗位的专业知识（基础知识、业务知识、关联知识）				可以打一个最终得分，也可以先每项打分，再算出最后得分
	专业技能	10	掌握从事本职岗位的专业技能				
核心技能（25 分）	分析判断与应变能力	4	能对复杂的问题进行正确判断，处理工作事务机敏灵活，在自己职权范围内能迅速而准确地对多种备选行动方案进行评价，并做出最终决定				
	问题解决能力	4	根据现场的突发事件，能从多方面进行分析，找出故障原因，从而解决问题				
	执行能力	5	对上级的命令、下达的计划、布置的工作能及时贯彻执行，并及时复命				
	创新能力	4	在处理工作事务时，运用新思维、新方法提高工作效率和效益				
	表达及沟通能力	4	能清楚、完整地向对方充分说明及表达自己的想法，并能聆听及尊重对方的意见				
	协调及人际关系能力	4	作为企业的一员，能够自觉地与企业内其他成员保持良好合作关系，热情配合他人的工作，积极参加公司及部门内部的各种活动，维护良好的同事关系				

续表

考核项目	细分指标	权重（分）	指标具体内容及定义	个人评价得分	部门主管评价得分	总经理评价得分	备注
工作绩效（35分）	目标达成度	15	工作目标达成情况				可以打一个最终得分，也可以先每项打分，再算出最后得分
	工作量	10	如期完成工作任务量				
	工作质量	10	工作效率高且完成质量高				
品质与态度（20分）	道德品质	4	诚实正直、以身作则、克己奉公、乐于助人				
	忠诚度	2	对企业忠诚的程度及爱护企业的行为				
	责任感	2	充分理解自己的责任和义务，不回避责任，在期限之内完成上级交付的工作，主动地以主人翁的态度去完成工作				
	进取心	2	学习努力，时刻积极向上，不断提高和完善自己				
	纪律性	2	理解和遵守公司的各项规章制度，服从上级的指示和命令，出勤率高				
	自信心	2	对工作目标以及自己的决定充满信心				
	工作热情	2	工作积极主动，经常愿意挑战艰难的工作				
	吃苦耐劳	2	在工作中不怕苦、不怕累				
	合作精神	2	在本部门内和关联部门间与同事相互配合及协作的态度				
合计							
员工自评	签名：　　日期：						
部门负责人评语	签名：　　日期：						
总经理评语	签名：　　日期：						

附件2：《人事异议申诉处理表》（省略）

附件3：《________年度绩效考核汇总表》（省略）

附件4：《绩效面谈表》（省略）

5.2.2 部门经理绩效考核指标和标准考核量表示例

表 5-5 部门经理绩效考核指标和标准考核量表

项目	要素	标度	
态度30 分	主动性（10分）	A	深刻理解上级意图，能不断更新观念，改进工作方法，提高本部门工作水平
		B	正确理解上级意图，能按照上级指示要求圆满地完成本岗位工作任务
		C	经常错误理解上级意图，工作方式死板、被动，有意回避困难
	责任感（10分）	A	工作中积极主动地承担领导责任，能充分发挥骨干带头作用，对可能出现的问题有较强的防范意识，对工作中的失误勇于承担全部责任
		B	工作中能承担领导责任，能发挥一定带头作用，对可能出现的问题有一定防范意识，对工作中的失误勇于承担责任
		C	工作中能承担部分领导责任，不能发挥带头作用，对可能出现的问题缺乏防范意识，对工作中的失误不敢承担责任
	团队精神（10分）	A	能求同存异，广泛接受不同意见；不惜牺牲个人与小集体的利益；能积极主动地配合领导与同事工作
		B	能求同存异，较好地接受不同意见；牺牲个人与小集体的暂时利益，服从公司总体利益；较好地配合领导与同事工作
		C	不能接受不同意见，工作以个人与小集体的暂时利益为导向，不能配合相关人员的工作
能力40 分	专业知识技能（10分）	A	具有很强的认知力，具有广泛的相关知识，能够掌握工作发展所需要的新知识、新技术，能够独立地完成工作
		B	具有完成工作任务所需要的专业技术和知识，能够找到解决问题的正确方法，能较好地完成工作
		C	具有的技术和专业知识不充分，只能从事日常的工作并需要密切监督来检查其工作数量和质量
	判断决策能力（10分）	A	具有出色的逻辑思维能力，需要做出决策时毫不犹豫并具有很高的正确性
		B	经过仔细思考能够对事物进行全面、正确分析，能承担需做出决策的工作，并具有一定的正确性
		C	决策犹豫不决，在决策前不能迅速分析各种因素，决策常常失误，或拒绝承担具有决策要求的工作
	计划协调能力（10分）	A	能够进行中远期预测，具有很高的可靠性，制订的计划具有很高的准确性和周全性；能最有效地协调复杂关系，解决常人难以处理的问题
		B	能够按照公司总体目标的要求制订可行的计划；能及时妥善解决实际工作中遇到的问题，并准时完成计划
		C	不能提前做出计划，缺乏明确的计划目标；计划完成时间与预定的时间常常不一致，差距很大

续表

项目	要素	标	度
能力 40 分	资源利用能力 （10分）	A	能够合理地调配使用物力（材料、设备）、财力（资金）和人力资源，能用最少的资源获取较好的工作效果，能够不断地提出节省资源的建议（计划、方案、决策），能够熟练地掌握降低成本、提高效率的方式方法和技术技巧
		B	能用较小的成本出色地完成具体工作任务，能合理地控制资源的使用和消耗，具有一定的合理利用资源的方式方法和技巧技术
		C	缺乏经济头脑；缺乏有效利用资源的意识；不能很好地运用现有资源，在工作中不注意成本核算，造成资源的一定程度上的损失和浪费
业绩 30 分	计划完成情况 （30分）	A	超额完成
		B	完成计划
		C	未完成
注：表中 A 代表超过标准，B 代表达到标准，C 代表低于标准			

5.2.3 部门经理绩效考核指标和标准得分表示例

表 5-6 部门经理绩效考核指标和标准得分表

被考核者								岗位名称							
所属部门								岗位编码							
主动性		责任感		团队精神		专业知识技能		判断决策能力		计划协调能力		资源利用能力		计划完成情况	
态度					能力					业绩					
绩效考核总分															

5.2.4 绩效反馈面谈示例

以下是几个常见的绩效反馈面谈情境：

失败情境 1 老板：“王强，你可真懒，你这是什么工作态度呀？”

成功情境 1 老板：“王强，最近三天，你连续迟到三次，能解释一下原因吗？”

失败情境 2　老板："小李，你的工作真棒。"

成功情境 2　老板："小李，我对你昨天的安排非常满意，这样一来给我们节省了半天的运输时间。"

失败情境 3

老板："喂，你最近的表现可不太好啊！"

员工："可是我已尽最大努力了。"

老板："努力？我怎么看不出来你在努力！"

员工："我难道不是在工作吗？"

老板："你怎么能用这种态度说话？"

员工："那你要我怎么说呢？"

老板："你太自以为是了，这就是你的问题所在。"

成功情境 3

老板："喂，你最近的表现可不太好啊，这可不是你的作风。"

员工："我已经尽力了……"

老板："是不是有什么心事？"

员工："实际上，我的妻子住院了。"

老板："是吗？你怎么不早说，家里出了事应多照顾，要不就先请几天假，好好在家照顾一下病人。"

员工："好在已经没什么大问题了。"

老板："噢，那就好。如果有什么困难尽管来找我。"

5.3　操作演练

【任务背景一】

某大型汽车销售公司计划明年年底前在全国增设 10 个营销分部，拟从现有的销售分公司中选拔一批后备人才。经过业绩考核和主管领导推荐，公司人力资源部选出了 20 名候选人。为了切实保证人才选拔质量，公司领导要求，对初选出来的候选人进行一次全面的素质测评，测评包括战略管理能力、团队建设能力、自我意识、市场意识、领导技能等多项指标。

【任务内容】

请为领导技能指标设计一份含 A、B、C、D 四个等级的评分标准表。

【任务实施指导】

1. 绩效考核评分表以什么形式（表格、Word）展现最合适？

____

2. 如何设计领导技能的指标及相关说明？

____

【任务背景二】

兴安公司对销售部门的员工采用 360 度绩效考评方法，每项打分最高 6 分，最低 1 分。表 5-7 是该公司对销售部门员工小张进行考评的结果。

表 5-7　销售部门小张的 360 度绩效考核结果

考核尺度与分数：杰出 6 分，优秀 5 分，良好 4 分，一般 3 分，较差 2 分，极差 1 分								
考核项目		权重(%)	考评得分					
			上级考评 65%	同事考评 10%	下级考评 10%	自我考评 10%	客户考评 5%	本栏得分
个人特征	事业心	15	4	5	4	5	5	
	主动性	15	3	4	4	5	4	
工作行为	合作能力	20	4	5	4	4	5	
	服务水平	20	4	4	4	5	4	
工作成果	合同维持	10	3	3	4	4	4	
	业务开拓	20	4	4	5	5	4	

【任务内容】

请根据上述任务情境，运用 360 度评估方法对小张进行评价，并将结果填到表中。

【任务实施指导】

1. 任务背景中的考核属于什么考核方法？

____

2. 如何实行 360 度评估法？

（提示：对每一项考核项目，先结合每个主体的权重及打分进行计算，最后计算总分。）

复习题

1. 简述绩效、绩效管理的概念及特点。
2. 简述绩效管理的功能。
3. 简述绩效考核和绩效管理的关系。
4. 简述绩效考核的程序、步骤。
5. 简述绩效考核的方法。

附：

表 5-8　师生互动评价表

序号	评价内容	评价标准	评价结果
1	绩效管理的概念	能说出绩效的概念及影响因素	是 / 否
		能说出绩效管理的概念	是 / 否
		能说出绩效管理的特点	是 / 否
2	绩效管理的功能	能说出绩效管理对企业的功能	是 / 否
		能说出绩效管理对个人的功能	是 / 否
3	绩效考核和绩效管理的区别与联系	能说出绩效考核的概念	是 / 否
		能说出绩效考核和绩效管理的区别	是 / 否
		能说出绩效考核和绩效管理的联系	是 / 否
4	绩效考核的基本程序和步骤	能说出绩效考核的程序	是 / 否
		能说出绩效考核的步骤	是 / 否
5	绩效考核的方法	能说出绩效考核的方法	是 / 否
		能掌握绩效考核方法的实施	是 / 否

模块6 薪酬管理

薪酬是影响和决定员工的劳动态度和工作行为的重要因素之一。对于企业来讲，薪酬是一把“双刃剑”，一方面，它是激励员工、达成企业目标的主要手段；另一方面，它又是企业运作的主要成本之一，如果运用不当，就会给企业带来较大的损失。因此，人力资源管理部门的一项重要任务就是确定科学合理的薪酬发放标准和薪酬分配标准，优劳优酬，将员工的劳动报酬和劳动结果相联系，充分调动员工工作的积极性。

知识目标

1. 掌握薪酬及构成、薪酬管理的含义；
2. 了解薪酬管理的内容；
3. 理解和掌握薪酬的功能；
4. 熟悉薪酬调查的操作；
5. 掌握福利含义及其分类；
6. 了解五险一金。

能力目标

1. 能根据给定的背景资料为企业设计合理的薪酬制度；
2. 能编制相关薪酬表格并计算企业的员工工资和社会保险；
3. 能利用薪酬的相关理论分析企业薪酬管理中存在的问题。

思政目标

1. 培养学生遵守国家法律、法规的意识；
2. 培养学生树立正确的金钱观。

6.1 操作基础

6.1.1 理论基础

导入案例

悠然公司是一家生产五金配件，集研发、生产、销售于一体的民营企业，现有员工500多人，主要面向广东及国际市场销售五金产品，其产品规格、型号不多，采用大批量生产模式。该公司在广东一直处于行业领导者地位，但近几年随着行业内竞争的加剧，其地位降为追随者。悠然公司员工工资由基本工资和绩效工资构成。基本工资占工资总额的85%，以固定工资形式发放；绩效工资占15%，实际是固定工资的一部分。悠然公司的薪酬结构没有体现不同岗位的业务特征以及相应的风险特征，过分强调薪酬结构简单、易操作，所有岗位的薪酬构成相同，各部分比例设置也“一刀切”，与岗位特征不一致，员工抱怨多，激励作用不明显。

【案例思考】请根据悠然公司现存的问题，提出解决的方案。

一、薪酬及薪酬管理

（一）薪酬

1. 薪酬的含义

薪酬（compensation）是员工因向其所在的单位提供劳动或者劳务而得到的各种形式的补偿，是单位支付给员工的劳动性报酬。

薪——柴火，引申为购买生活必需品的货币类回报；酬——报酬，报是报答，酬是酬谢。报答是指用实际行动表示感谢，酬谢是指用金钱、礼物等表示谢意，不仅包含货币因素，还包含非货币因素。

广义的薪酬包括两个方面：一是直接货币报酬，如工资、奖金、津贴等；二是以其他间接货币形式支付给员工的奖励，包括福利、保险和带薪休假等。

狭义的薪酬主要指工资，工资是劳动者的工作所得，是劳动者根据劳动合同付出劳动后从企业中获得的相应报酬。它是劳动者收入的主要来源，也是劳动者维持和改善生活的主要经济来源。

企业中的工资往往包括基础工资、奖金与福利，具体组成如图 6-1 所示。

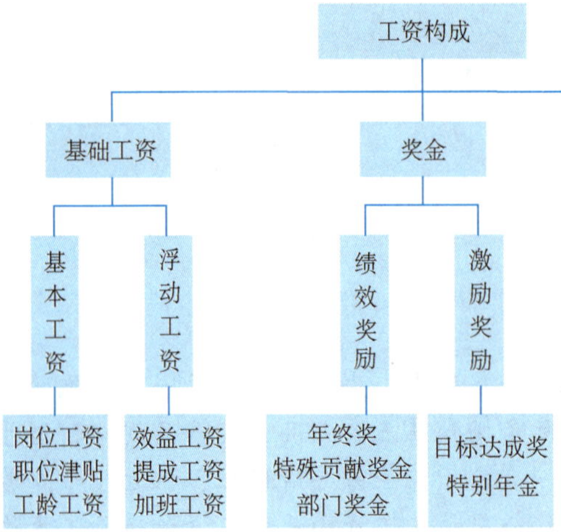

图 6-1 工资构成

基础工资包括基本工资与津贴，基本工资必须高于国家最低生活保障线，并且国家对津贴与福利也有相关的规定。企业能够掌握与控制的是奖金部分，奖金与劳动者付出的劳动直接相关，包括绩效奖酬和激励奖酬，它体现了多劳多得的原则。福利可分为基本福利和特殊福利。

（1）基本工资，是指企业等用人单位为员工所承担或完成的工作定期支付的固定数额的基本现金薪酬。基本工资是劳动者在一定企业中只要就业就能定期拿到的固定数额的劳动报酬，它的常见形式为时薪、月薪和年薪等。

（2）绩效工资，也称为成就工资，是企业等用人单位出于对员工已经取得的成就和过去工作行为的认可，在其原有基本工资之外另行增加的定期支付的固定数额的现金薪酬。绩效工资实际上是员工的基本工资随着其业绩的变化而调整或增加的部分，所以也有人把它归入基本工资范畴。绩效工资与员工在企业中的长期表现和努力的成果相挂钩，是一种增加员工稳定收入、不会带来收入风险的薪酬形式。

（3）岗位工资，是指以岗位劳动责任、劳动强度、劳动条件等评价要素确定的岗位系数为支付工资报酬的根据，工资多少以岗位为转移，岗位成为发放工资的唯一或主要标准。它主要的特点是对岗不对人。岗位工资制有多种形式，主要有岗位效益工资制、岗位薪点工资制和岗位等级工资制。

（4）奖金，是对员工超过工作标准做出贡献的一种奖励，也是员工薪酬的一个重要组成部分。常见的奖金形式有超额奖、节能奖和全勤奖等。

（5）津贴，是对特殊工作条件的补偿性价值，通常与基本工资一起计发。常见的津贴有岗位津贴、地区津贴、高温津贴和野外作业津贴等。

（6）福利，是间接的报酬形式，是单位为员工提供的除工资收入之外的各种精神和物质待遇，以及员工因与单位雇佣关系的存在应享有的服务，也是社会保障的内容之一。

2. 薪酬的实质

企业因为员工的劳动而向员工支付报酬，员工因付出劳动而获得报酬，所以员工获得薪酬和企业支付报酬之间属于一场交易或者交换，这场交易和交换要符合市场交换的规律，即等价交换。员工付出的劳动需要企业等价值地支付报酬，包括货币类的报酬和非货币类的报酬。当员工的付出超过企业给付的报酬，员工会主动要求加薪或者离职；同样，当员工的付出少于企业给付的报酬时，企业会降低该员工的薪酬甚至辞退该员工。

3. 薪酬的构成

薪酬包括了外部回报和内部回报。外部回报指员工因为雇佣关系从自身以外获得的各种形式的回报，也称外部薪酬。它包括直接薪酬和间接薪酬。直接薪酬是员工薪酬的主体组成部分，它包括员工的基本薪酬和浮动薪酬（又称激励薪酬、可变薪酬）、间接薪酬（即福利和服务）。内部回报指员工从自身心理上感受到的回报，主要体现为一些社会和心理方面的回报，一般包括参与企业决策、获得更大的工作空间或权限、更大的责任、更有趣的工作、个人成长的机会和活动的多样化等。

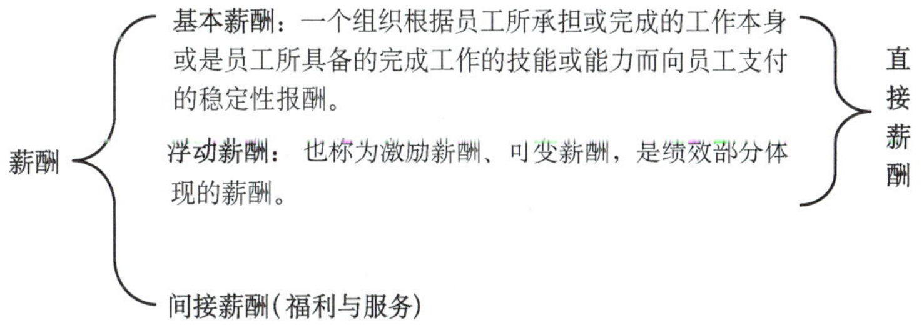

图6-2　薪酬构成

（1）基本薪酬

基本薪酬是指一个企业根据员工所承担或完成的工作本身或者员工所具备的完成工作的技能或能力而向员工支付的稳定性报酬。在大多数情况下，企业根据员工所承担工作本身的重要性、难度或者对企业的价值来确定其基本薪酬，一些企业还根据员工所拥有的工作技能或能力高低来确定其基本薪酬。

基本薪酬是员工从企业那里获得的较为稳定的经济报酬，这部分薪酬对员工来说是至关重要的，它不仅为员工提供了基本的生活保障和稳定的收入来源，而且是确定可变薪酬的依据之一。基本薪酬的变动主要取决于三个方面的因素：一是总体生活费用的变化或通货膨胀的程度，二是其他雇主支付给同类劳动者的基本薪酬的变化，三是员工本人所拥有的知识、经验、技能的变化以及由此而导致的员工绩效变化。

基本薪酬的特点包括：①常规性。基本薪酬是劳动者在法定工作时间内和正常条件下所完成的定额劳动的报酬。②固定性。员工的基本薪酬数额以企业所确定的基本薪酬等级标准为依据，等级标准在一定时期内相对稳定，员工的基本薪酬数额也相对固定。③基准性。所谓基准性包括两层含义，第一，基本薪酬是其他薪酬形式的计算基准，其他薪酬形式的数额、比例及其变动均以基本薪酬为基准，基本薪酬有总体薪酬的“平台”支撑；第二，为保证员工的基本生活需要，政府对员工基本薪酬的下限做了强制性规定，推行最低工资保障制度，即基本薪酬的数额不能低于法定的最低工资标准，因此基本薪酬也被称为标准薪酬。基本薪酬通常由基本工资、工龄工资、职位工资、职能工资中的一种或几种构成。一般情况下，企业使用较多的基本薪酬制度是职位工资制、职能工资制以及薪点工资制，或者将上述几种基本薪酬的组成部分加以组合成为复合工资制。

（2）可变薪酬

可变薪酬是薪酬系统中与绩效直接挂钩的部分，有时也被称为浮动薪酬或奖金。可变薪酬的目的是在绩效和薪酬间建立起一种直接的联系，因此可变薪酬对员工有很强的激励性，对企业绩效目标的达成有非常重要的作用。

在通常情况下，我们将可变薪酬分为短期可变薪酬和长期可变薪酬两种：短期可变薪酬（短期奖金）一般都是建立在非常具体的绩效目标基础之上的，如月超产奖、节约奖等；长期可变薪酬（长期奖金）的目的则在于鼓励员工努力实现跨年度或多年度的绩效目标，如期权等。可变薪酬的特点包括：①补充性。基本薪酬具有相对稳定和固定的特点，不能及时反映员工实际工作绩效和企业需要的变化，而可变薪酬可以作为其补充形式反映相关情况。②激励性。可变薪酬在企业目标的指导下，通过支付方式、支付标准、支付时间的变化，员工利益和企业的发展联系在一起，能起到激励员工实现企业目标的作用。

（3）间接薪酬

间接薪酬主要是指员工的福利，因此也称福利薪酬，是薪酬结构中不可或缺的组成部分。间接薪酬主要是指企业为员工提供的各种物质补偿和附加服务，包括法定福利和企业提供的各种补充福利。传统的员工福利以非货币的形式支付，但随着企业部分福利管理职能的社会化，一些福利也以货币形式支付。员工福利不以员工向企业所做的工作为单位来计算薪酬。

间接薪酬一般包括非工作时间付薪、向员工个人及其家庭提供服务（如儿童看护、家庭理财咨询、工作期间的餐饮服务等）、健康及医疗保健、人寿保险以及法定养老金等。作为一种不同于基本薪酬的薪酬支付手段，福利这种薪酬支付方式有其独特的价值：第一，由于减少了以现金方式支付给员工的薪酬，并且很多国家对部分福利项目有免税的规定，因此企业可以通过这种方式达到适当避税的目的；第二，间接薪酬为员工将来的退休生活和一些可能发生的不测事件提供了保障；第三，间接薪酬具有灵活多样的支付形式，比如员工可以以较低的成本购买自己所需要的产品（如眼镜、健康保险、人寿保险等），满足员工多种工作和生活的需要，具有直接薪酬不可比拟的功能。

在实际操作中，许多企业的薪酬组成中还包括津贴和补贴。所谓津贴，是指为了补偿员工特殊和额外的劳动消耗以及因其他原因支付给员工的劳动报酬。一般把属于生产性质的称为津贴，属于生活性质的称为补贴。津贴的部分可以归于基本薪酬范畴，如矿山井下津贴；补贴的部分可归于福利范畴，如上下班交通补贴等。

4. 薪酬的功能

薪酬是企业为员工提供的收入，同时也是企业的成本支出，它代表了企业和员工之间的一种利益交换关系。因此，对于薪酬的功能需要从员工和企业两个方面来理解。

（1）薪酬对员工的功能

① 经济保障功能

从经济学角度讲，薪酬就是劳动力的价格，是劳动者以自己的劳动力与企业进行交换的回报。在市场经济条件下，薪酬收入是绝大多数劳动者的主要收入来源，它对劳动者及其家庭生活所起到的保障作用是其他收入保障手段无法替代的，员工薪酬水平的高低在很大程度上影响了员工及其家庭的生存状态和生活方式。

② 心理激励功能

从心理学角度讲，薪酬是个人与企业之间的一种心理契约，这种契约通过员工对薪酬状况的感知而影响员工的工作行为、工作态度和工作绩效。当员工对薪酬状况满意时，员工就会受到激励；反之，如果员工对薪酬的需求不能得到满足，则有可能产生消极怠工、工作效率下降、人际关系紧张等不良后果。

③ 社会信号功能

在现代社会中，薪酬作为一种传递员工社会地位和成功程度的信号，对于员工来说也显得非常重要。员工所获得的薪酬水平高低往往代表了员工在企业内部的地位和层次，从而成为识别员工个人价值和成功程度的一种信号。人们可以根据这种信号来判断特定员工的家庭条件、职业、受教育程度、生活状况和社会地位等。员工对这种信号的关注实际上反映了员工对于自身在社会及企业内部价值的关注，因此薪酬的社会信号功能是不可忽视的。

（2）薪酬在企业方面的功能

① 控制经营成本

由于企业所支付的薪酬高低直接影响到企业在劳动力市场上的竞争能力，因此企业保持较高的薪酬水平对于企业吸引和保留员工无疑是有利的。但是，较高的薪酬也会造成企业较高的成本支出，从而影响企业在产品市场上的竞争能力。因此，有效地控制薪酬成本支出对大多数企业的成功经营来说都具有非常重要的意义。

② 改善经营绩效

由于薪酬不仅决定了企业可以招聘到的员工数量和质量，同时还决定了现有员工受到激励的状况，影响到员工的工作行为、工作态度和工作业绩，从而影响到企业的生产能力和生产效率。薪酬实际上是让员工了解什么样的行为、态度和业绩是受到鼓励的，引导员工向企业期望的方向发展。通过薪酬来改善企业经营绩效是薪酬的重要功能。

③ 强化企业文化

由于薪酬对员工的工作行为和态度具有引导作用，因此合理的和富有激励性的薪酬制度会帮助企业形成良好的企业文化，或者对已经存在的企业文化起到积极的强化作用。但是，如果薪酬政策与企业文化存在冲突，那么它对企业文化将产生严重的消极影响，甚至导致企业文化土崩瓦解。事实上，许多公司的文化变革往往都伴随着薪酬制度和薪酬政策的变革，甚至是以薪酬制度和薪酬政策的变革为先导。

④ 支持企业变革

随着经济全球化趋势的愈演愈烈，变革已成为企业经营过程中的一种常态。为了适应这种状况，企业一方面要重新设计战略再造流程、重建企业结构；另一方面，还需要变革企业文化，建设团队，以便更好地满足客户的需求，使企业变得更加灵活，对市场和客户的反应更为迅速。而这一切都离不开薪酬，因为薪酬可以通过作用于个人、工作团队和企业整体来创造与变革相适应的内部和外部氛围，从而有效推动企业变革。首先，企业的薪酬制度和薪酬政策与重大企业变革之间存在着内在联系。据统计，在企业流程再造的过程中，50%～70% 的计划都未能达到预期的目的，其中一个重要原因就是再造后的流程与企业的薪酬体系之间缺乏一致性。其次，作为一种强有力的激励工具和沟通手段，薪酬能够起到沟通和强化新的价值观和行为以及支持对结果负责的精神作用，同时直接为新绩效目标的实现提供报酬的支持，有利于强化员工对变革的接受和认可程度。从这个意义上说，薪酬更多的是对目前以及将来的一种投资，而不仅仅是一种成本。

（二）薪酬管理

1. 薪酬管理的含义

薪酬管理是指一个企业根据员工所提供的服务来确定他们应当得到的报酬总额、报酬结构和报酬形式的过程。

在这一过程中，企业需要就薪酬形式、薪酬体系和薪酬结构、薪酬水平及特殊员工群体的薪酬等做出决策。同时，作为一种持续的组织过程，企业还要持续不断地制订薪酬计划、拟定薪酬预算，就薪酬管理问题与员工进行沟通，同时对薪酬系统本身的有效性做出评价，而后不断予以完善。

2. 薪酬管理需遵守的原则

薪酬管理对于企业来说是一个比较棘手的问题，因为企业的薪酬要想实现对员工的激励功能，达到实现企业目标的最终目的，就必须保证薪酬管理体系的公平性、有效性和合法性。具体可以从以下几个方面来看：

（1）对外具有竞争性原则——与谁相比？

“对外”，指与同行业内其他企业，特别是带有竞争性质的企业相比，企业所提供的薪酬水平是否具有竞争力。员工常常将本人的薪酬与在其他企业中从事相同工作的员工所获得的薪酬进行比较，如果薪酬不够具有吸引力，那么企业就不能在劳动力市场上招聘到优秀员工，还常常会导致企业中现有的员工做出跳槽的决定。

（2）对内具有公正性原则——怎样保证？

员工们也常常将自己的薪酬与企业内不同职位上的人获得的薪酬进行比较，并以此来判断企业对其从事的工作所支付的薪酬是否公平合理。

案例分析

制样师杨军在深圳市某运动鞋企业工作，月工资固定 3 500 元。他技术好，工作努力，深得领导重用。考虑到领导对自己不错，几次工资 5 000 元的跳槽机会他都放弃了。但年初，他得知一位新来的同事月工资居然高达 5 800 元，杨军再也待不下去了，马上向公司领导递交了辞呈，他很快在另外一家运动鞋企业找到了同样的工作，月薪 6 000 元，还有月终和年终奖。杨军走后两个月内，该企业又有一批骨干辞职，其中好几个人都到了杨军目前所在的企业。

请回答：以上案例中的企业在薪酬管理方面存在哪些问题？你觉得应如何解决这个问题？

（3）对员工具有激励性原则——按贡献付酬

薪酬管理系统在很大程度上能够帮助企业实现预定的经营目标。这种经营目标不仅包括利润率、销售额、股票价格等方面的财务指标，还包括客户服务水平、产品或服务质量、团队建设以及企业和员工的创新和学习能力等方面定性指标的达成情况。通过薪酬管理来实现按照员工的贡献大小付酬。

（4）对成本具有控制性原则——保证产品竞争力

薪酬是企业人工成本的主要组成部分，所以企业要在市场上有竞争力，就需要给员工提供合理的薪酬。

（5）对国家和社会具有遵守法律原则

企业的薪酬管理体系和管理过程需要符合国家的相关法律规定，从国际通行情况来看，与薪酬管理有关的法律主要包括最低工资法、同工同酬法和反歧视法等。

3. 薪酬管理的内容

企业薪酬管理的过程包括了薪酬体系、薪酬水平、薪酬结构、薪酬形式等内容。

（1）薪酬体系

薪酬体系决策的主要任务是确定企业的基本薪酬的设置依据。目前，国际上通行的薪酬体系有三种，即职位（或岗位）薪酬体系、技能薪酬体系和能力薪酬体系，其中职位薪酬体系的运用最为广泛。职位薪酬体系、技能薪酬体系和能力薪酬体系的区别在于企业在确定员工的基本薪酬水平时依据的是员工从事工作的自身价值、员工自身的技能水平还是员工所具备的能力水平。职位薪酬体系是以工作和职位为基础的薪酬体系，而技能和能力薪酬体系则是以人为基础的薪酬体系。

（2）薪酬水平

薪酬水平是指企业中各职位、各部门以及整个企业的平均薪酬水平，它决定了企业薪酬的外部竞争能力。这里需要指出的是，在传统的薪酬水平概念中，我们更多地关注企业整体薪酬水平，而在当前全球经济一体化以及竞争日趋激烈的市场环境中，人们开始越来越多地关注职位之间或者不同企业中同类工作之间的薪酬水平对比，而不是笼统的企业平均水平之间的对比。

（3）薪酬结构

薪酬结构指的是同一企业内部的不同职位所得到的薪酬之间的相互关系，它涉及的是薪酬的内部公平性的问题。在企业总体薪酬水平一定的情况下，员工对于企业内部的薪酬结构是极为关注的，这是因为企业内部的薪酬结构实际上反映了企业对于职位重要性以及职位价值的看法。如果说企业的薪酬水平会对员工的吸引和去留产生重大影响，那么薪酬结构的合理与否往往会对员工的流动率和工作积极性产生重大影响。一般而言，企业往往会通过正式或非正式的职位评价来确定薪酬结构的公平性和合理性。

（4）薪酬形式

所谓薪酬形式，是指员工所得到的总薪酬的组成成分以及各部分之间的比例关系。通常情况下，薪酬形式分为直接薪酬和间接薪酬，前者主要是指直接以货币形式支付给员工并且与员工所提供的工作时间有关的薪酬；而后者则包括福利、有形服务等一些具有经济价值但是以非货币形式提供给员工的报酬。

（5）薪酬管理政策

薪酬管理政策主要涉及企业的薪酬成本与预算控制方式以及企业的薪酬制度、薪酬水平是否保密的问题。薪酬管理政策必须确保员工认同薪酬系统的公平性，以及薪酬系统有助于企业以及员工个人目标的实现。薪酬管理的目的是让员工了解薪酬分配的原则和依据，使员工理解企业对什么样的行为和绩效感兴趣。因此，薪酬制度和薪酬水平是否保密还取决于是否能够化解员工对薪酬的不满情绪，以及能否保证薪酬的激励功能。

（6）薪酬系统的运行管理

薪酬体系设计完成后，还涉及对其运行过程中出现问题的管理，包括薪酬的预算、成本控制、薪酬诊断与薪酬调整等问题。有效的运行管理可以更好地保证薪酬系统的实施效果。

案例分析

薪酬，涨还是不涨?

某食品企业的老总一贯奉行业绩导向的薪酬管理策略，其观点是：业绩好了，收入可以大涨特涨；业绩差了，有些人可能会降薪，甚至是下岗。企业首要的目标是生存和发展，如果企业难以维持，涨薪则无任何意义。在前几年的成长期，该食品企业的这种薪酬管理理念确实提高了员工的积极性，对企业的发展做出了突出的贡献。该企业一个业务代表曾经可以拿到比经理还高的绩效奖金。业务部门的人员都拼了命地跑市场、拉订单，公司的业务突飞猛进，不到两年就走在了竞争对手的前列。近两年来，食品市场下行，去年业绩较前年只有略微的增长，今年半年下来，业绩较去年同期还略有下降。公司的高业绩和奖励的激励政策成了摆设，失去了其应有的辉煌。因为大家都知道，按照公司的经营目标很难拿到绩效奖金，而大家固定收入的部分一直都很低，近三年来都没有进行过调整。看着物价在飞涨，而钱包却渐渐地瘪下去，该企业的军心有点动摇了。

4. 薪酬管理的作用

（1）激发员工的工作积极性。有效的薪酬管理能够在不同程度上满足员工的需要，从而实现对员工的激励。

（2）吸引和保留优秀的员工。有效的薪酬管理能够更有效地满足员工在生理和心理方面的需求，使他们留下来为企业服务。这是薪酬管理最基本的作用。

（3）塑造良好的企业文化。良好的企业文化对于企业的正常运转具有重要的作用，合理的薪酬制度可以作为构建企业文化的基础性制度，对企业文化的发展方向具有重要的引导作用。

（4）改善企业的绩效。有效的薪酬管理能够激励员工、提高他们的工作绩效，进而使整个企业的绩效得以提升。此外，有效的薪酬控制可以降低企业总成本。

二、福利

（一）福利的含义及特点

1. 福利的含义

员工福利（employee benefit），又称员工福利制度，有广义和狭义之分。

广义的员工福利是指用人单位、政府或社会为了满足员工的生活需要，在工资收入之外向员工本人及其家属提供各种形式的支付与补偿的制度。员工福利可以是货币形式，也可以是非货币形式，如实物、服务等。

通常，员工福利主要由以下部分组成：国家规定实施的各类基本社会保障、企业年金（补充养老金计划）及其他商业团体保险计划、股权期权计划、其他福利计划等。

狭义的员工福利是指除工资收入以外，由用人单位、政府或社会，有组织、有计划地对遭遇死亡、意外事故、疾病、退休或者失业等风险的员工提供经济支持和安全保障的制度。通常是指社会保险和商业保险提供的保障。

2. 福利的特点

（1）补偿性

员工福利是对劳动者为企业提供劳动的一种物质性补偿，也是员工工资收入的一种补充形式。

（2）均等性

企业内履行了劳动义务的员工，都可以平等地享受企业的各种福利。

（3）集体性

企业兴办各种集体福利事业，员工集体消费或使用共同物品等是员工福利的主要形式，也是员工福利的一个重要特征。

（4）多样性

员工福利的给付形式多种多样，包括现金、实物、带薪休假以及各种服务，也可以采用多种组合方式，比其他形式的报酬更为复杂，更加难以计算和衡量，并且具有延期支付的特点，这与基本薪酬差异较大。最常用的方式是实物给付形式。

（5）稳定性

员工福利一般是稳定存在的，一旦制定相关福利制度，就不能轻易取消。

（6）保障性

福利是保障性的存在，比如社会保险，能在员工面对相应的风险时起到保障作用。

（二）福利的分类

福利一般从以下几个角度进行分类：

1. 依法律强制性划分

（1）法定员工福利

也称强制性福利，是指根据国家法律、法规的要求，企业必须向员工提供的福利，如社会保险、法定假期、住房公积金。法定福利的特点是国家相关法律强制实施，强调公平，为员工提供基本保障。

（2）企业自定员工福利

是指企业根据自身特点自主决定的、有目的、有针对性地向员工提供的一些符合实际需求的福利项目，如企业退休金计划、企业补充医疗保险、期权股权、企业年金、带薪的请假或固定假日福利、住房、购买商品折扣等。自定员工福利的特点是企业自愿实施，强调效率，注重与员工的工作绩效挂钩，注重对员工的激励，提供较高水平的保障，是对法定员工福利的补充。

2. 依员工福利的功能划分

（1）安全和健康性福利

旨在防范员工人身安全风险和健康风险的福利，也称安全保障性福利，是员工福利的主要方面，包括各项社会保险、企业年金、团体寿险、团体健康保险、住房援助计划（包括住房公积金、住房贷款利息给付、住房补贴等）。

（2）设施性福利

是指从员工的日常需要出发，向员工提供设施性硬件服务的福利项目，如员工宿舍、餐厅、阅览室、健身房、浴室、交通车（班车）、托儿所等。

（3）娱乐性福利

是企业为了丰富员工的精神和文化生活、增进员工的社会交往、促进员工身心健康和合作意识，提供的娱乐性福利项目，如举办健康讲座、组织旅行、购买体育设施、举办比赛、观看演出和免费电影等。

（4）服务性福利

企业为员工或员工家庭提供的、旨在帮助员工克服生活困难和支持员工事业发展的直接服务的福利形式，如雇员援助计划、雇员咨询计划、家庭援助计划（员工弹性工作时间和请假制度）、员工家庭生活安排计划等。

（5）培训性福利

分为内部培训和外部培训。前者主要是在企业内部进行培训，如聘请专家来企业讲课；

后者多为到社会上的培训机构接受培训，并给予适当学费补偿的福利。

（6）其他福利项目

如提供工作服装、以企业员工名义向大学捐助专用奖学金等荣誉性福利等。

3. 依员工福利的支付时间划分

（1）当期支付的员工福利

通常指当前承诺，当前兑现，常以周、月、年为周期支付的福利，如免费午餐、降温费、交通补助等。此类福利的特点是当期兑现，等价交易，直接补偿。

（2）延期支付的员工福利

是按照预期承诺的时间或者条件支付的福利待遇，如期权股权、企业年金等。此类福利的特点是延期支付、兑现是有条件的。只有当法定的、劳动合同约定的、员工福利计划规定的条件出现时，当初承诺的福利待遇才能兑现。如员工在职攻读硕士学位，获得学位后方能报销学费。此福利是对员工及其家属未来面临的风险的补偿，主要满足员工未来的保障需求和福利需求。

4. 弹性福利计划

弹性福利计划又称“自助餐福利计划”，其基本思想是让员工对自己的福利组合计划进行选择，但这种选择会受两个方面的制约：一是企业必须制订总成本约束线；二是每一种福利组合中都必须包括一些非选择项目，例如社会保险、住房公积金等法定福利计划。

案例分析

员工福利该不该取消?

东源化肥厂是A市的重点企业，小王是该厂的人力资源部主管。十年前，他被从学校分配到该厂。当时，化肥厂效益不错，福利也多，不用掏钱就可以分到吃不完的粮油，上下班有班车免费接送，有的职工甚至还可以公派外出旅游度假。能在这样的企业工作，他觉得荣耀和自豪，并产生一种内在的归属感。而近几年，他发现单位一些技术骨干不断被调走，流入一家工资比本厂高出三倍的县合资化肥企业。小王对员工满意度进行调查后发现，近七成的职工对本单位的福利不再感兴趣，而是倾向拥有较高工资。小王意识到，要单位拿出同样高的工资留住人才是不现实的，而福利对员工的激励功能明显减弱，有无福利、福利多少对他们来说是一样的。作为人力资源部主管，该不该向领导提出建议取消一部分没用的福利呢？小王很是困惑。

上述案例中，小王作为人力资源部主管，不应当考虑是不是去掉某项具体的、没用的福利，而应当首先审视自己单位的福利在管理上是不是出了问题。

6.1.2 技能基础

一、薪酬管理的流程

企业的薪酬管理立足于企业的经营战略和人力资源战略，企业薪酬管理系统能否正常运行和发挥正常功能，在一定程度上取决于企业薪酬管理的流程是否科学、有效。一般来说，薪酬管理系统的形成要以劳动力市场为依据，在充分考虑员工所担任的职位本身的价值及其任职资格条件要求的基础上，同时考虑对团队和个人的绩效考核与评价。简而言之，薪酬管理的系统包括三方面：外部劳动力市场的分析、本身岗位的情况、绩效的要求。如图 6-3 所示。

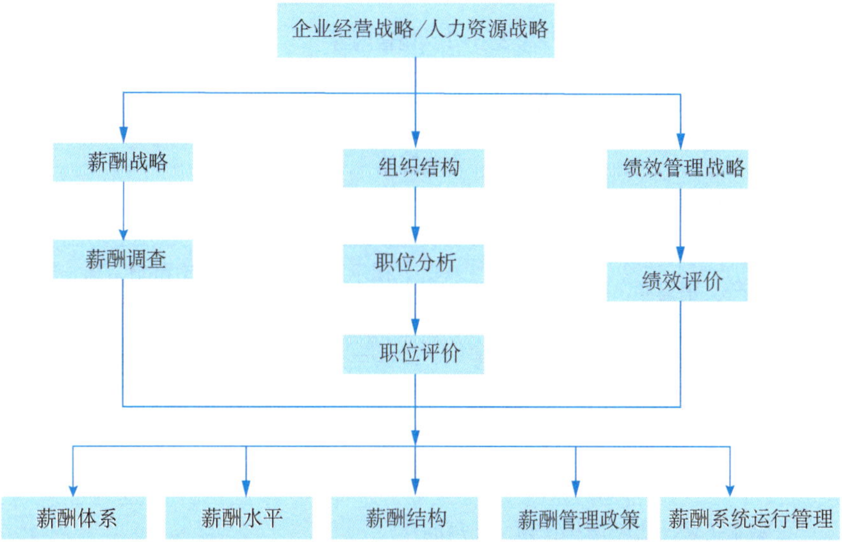

图 6-3 薪酬管理的流程

二、薪酬调查

薪酬调查（compensation survey）是一个搜集和判断其他雇主支付给员工的薪酬信息的系统性过程。为了确定企业分配制度的可行性，企业还必须对其他周边、工作性质相似或人力资源相同的企业对同样职务员工支付薪酬的情况进行调查。薪酬调查的目的是搜集行业薪酬水平的详细资料，为本企业制订工资表提供参考，以确保企业在市场上的竞争力。

企业进行薪酬调查的途径是多种多样的，可以直接自己进行市场调查、委托中介机构调查，或者从其他企业或顾问公司等机构公开的有关调查资料中获得所需材料。薪酬调查是调查相同或相近行业中企业的薪酬待遇情况的过程，其基本步骤如下：

（一）选择调查对象

薪酬调查对象最好是选择与自己有竞争关系的公司或同行业的类似公司，重点考虑员工的流失去向和招聘来源。薪酬调查的数据要包括上一年度的薪资增长状况、不同薪酬结构对比、不同职位和不同级别的薪酬数据、奖金和福利状况、长期激励措施以及未来薪酬走势分析等。

（二）确定调查内容

选出20～30种典型的工作岗位，所选岗位的工作性质明确、固定，分布在企业各类部门，具有一定的代表性。被列入调查范围的有关公司的资料一般包括公司的名称、地址、员工人数、规模、营业额、公司财产等，有关薪酬的资料包括基本工资、福利、调薪措施、薪酬结构、工作时长、假期等，有关职位与员工类别的资料包括工作类别、员工类别、员工的实际薪酬数、总收入、最近一次的加薪、奖金及津贴等。

表6-1　调查内容

<table>
<tr><th>基本要素</th><th>举　　例</th><th>理　　由</th></tr>
<tr><td colspan="3">企业性质</td></tr>
<tr><td>1. 基本情况</td><td>公司、名称、地址、联系人</td><td>进一步联系</td></tr>
<tr><td>2. 财务绩效</td><td>资产、销售额、利润、现金流</td><td>揭示产品（服务）市场的性质、支付能力、规模及财务管理状况</td></tr>
<tr><td>3. 规模</td><td>利润中心、生产线、员工总数</td><td>揭示特定职位的重要性，对劳动力市场的影响</td></tr>
<tr><td>4. 结构</td><td>企业结构图、每个层级的员工比例</td><td>揭示业务的企业形式，解释员工配置模式</td></tr>
<tr><td colspan="3">总体薪酬体系</td></tr>
<tr><td>5. 现金薪酬形式</td><td>基本工资、工资增长计划、长短期激励、奖金、生活成本调整、加班与轮班的工资差异</td><td rowspan="2">揭示所提供的薪酬形式，用于建立比较的基础</td></tr>
<tr><td>6. 非现金薪酬形式</td><td>福利和服务，尤其是医疗保险与养老保险的覆盖范围和缴纳额</td></tr>
<tr><td colspan="3">任职者和职位</td></tr>
<tr><td>7. 日期</td><td>调查数据的有效期</td><td>获取最新的数据</td></tr>
<tr><td>8. 职位</td><td>岗位说明书、任职要求</td><td>揭示岗位与被调查者的技能匹配度，职责范围</td></tr>
<tr><td>9. 个人</td><td>受教育年限、教育背景、受雇日期</td><td>揭示培训期限</td></tr>
<tr><td>10. 工资</td><td>支付给每个人的实际工资、总收入、最近增长额、奖金、激励</td><td></td></tr>
</table>

续表

基本要素	举　　例	理　　由
人力资源结果		
11. 生产率	收入 / 员工，收入 / 劳动力成本	反映企业绩效和效率
12. 劳动力总成本	员工数量 ×（平均工资 + 福利）	主要费用
13. 吸引员工	入职率：聘用协议的签订数 / 发出的聘用协议总数	揭示招聘的成功率
14. 留住员工	流失率：离职员工中高（低）绩效员工的数量 / 员工总数	揭示员工的外流情况，与某种薪酬管理目标相关
15. 员工看法	总的薪酬满意度	揭示员工对自己的薪酬看法

（三）设计调查表

调查表可以分为综合性调查表和典型性调查表两种。综合性调查表除了基本工资之外还包括红利、加班费、通信费、交通费、奖励等辅助工资，以及养老金、员工股息、假期规定、医疗补助等各种福利和保险待遇。典型性调查表包括基本工资、实际收入、工作时间等项目。

薪酬调查表示例

此次调查主要为公司制订有竞争力的薪酬与福利政策而提供依据，绝对不会泄露您的个人隐私。我们衷心地感谢您付出宝贵的时间和提供真实的信息。

表 6-2　调查内容

<table>
<tr><td colspan="8">一、员工基本情况</td></tr>
<tr><td>姓名</td><td></td><td>年龄</td><td></td><td>性别</td><td></td><td>工龄</td><td></td></tr>
<tr><td>所在部门</td><td></td><td>职务</td><td></td><td>学历</td><td></td><td>参与调查日期</td><td></td></tr>
<tr><td colspan="8">二、企业资料</td></tr>
<tr><td colspan="2">简述贵公司的主要产品和服务</td><td colspan="6"></td></tr>
<tr><td colspan="2">企业成立时间</td><td></td><td>企业所属行业</td><td colspan="2"></td><td>企业员工人数</td><td></td></tr>
<tr><td colspan="8">三、薪酬状况</td></tr>
<tr><td colspan="8">1. 您目前的年薪：1 万～2 万元　　2 万～3 万元　　3 万～5 万元　　5 万～10 万元　　10 万元以上</td></tr>
<tr><td colspan="8">2. 您的薪资构成</td></tr>
</table>

续表

薪资构成项目	所占总薪资比重			
基本工资	%			
岗位工资	%			
绩效工资	%			
奖金	%			
津贴	%			
其他	%			
3. 您认为薪酬授予中浮动部分占总收入的比例为______% 最为合适				
4. 薪酬增长与结构调整 （1）在过去一年中，企业给员工平均加薪幅度达______%； （2）在过去一年中，薪酬结构是否有所调整，若是，调整后的薪酬结构为：				
5. 薪酬待遇				
（1）体检				
新员工入职时企业是否提供健康检查	是		否	
企业每年是否定期为员工提供健康检查	是		否	
（2）五险一金				
养老保险	每月缴纳（　　）元			
医疗保险	每月缴纳（　　）元			
失业保险	每月缴纳（　　）元			
工伤保险	每月缴纳（　　）元			
生育保险	每月缴纳（　　）元			
住房公积金	每月缴纳（　　）元			
意外伤害保险	有（　　）　　无（　　）			
重大疾病保险	有（　　）　　无（　　）			
（3）假期				
年假	每年享有年假（　　）天			
国家法定节假日	按照法定节假日放假且假期有薪（　　）　按照法定节假日放假但假期无薪（　　） 不按照国家法定节假日放假（　　）			
除了国家法定的节假日外，公司是否还提供其他节假日？如有请注明				
6. 您觉得您所在企业的薪酬水平在同行业中处于何种地位	较低（　　）　中等（　　）　偏高（　　）			

（四）数据分析

对调查表中的资料进行核实、整理、分类和分析。

（五）编写调查报告

调查结果要以调查报告形式提供，报告内容包括资料概述、个别职位薪酬资料统计，包括所调查单位的编号、员工规模、基本薪酬及范围、平均薪酬额；全部调查职位的薪酬总表与各单位薪酬总额统计。

三、薪酬体系

案例分析

人才价格到底谁说了算？

引进外国设备花了 2 000 万元，而能够维修此设备的唯一一名技术人才的全年月平均工资仅和普通工人工资相当。当地媒体将此事引发的现象称为“周国灿现象”。事情的经过到底怎样，人才的价值该如何判断？为此，记者将电话打到了绍兴市上虞区劳动局的劳动争议仲裁部门，该部门负责人朱文龙向记者介绍了事情的前后经过。

据介绍，该企业是上虞区的一家大企业，为了加快企业技术改造，该企业从美国进口了一条约价值人民币 2 000 万元的生产流水线，又特地从美国公司驻上海办事处请来了 3 位专家调试。该企业仅调试和培训费就花去了 70 多万元。但是负责这么高价值流水线的技术人员周国灿的工资仅和普通工人工资相当。

周国灿对此深表不满，他认为作为一个既有理论知识又有实践经验的技术人才，这样的薪酬不能体现自身的价值。故而，周国灿与单位进行协商，希望能够提高工资水平，但未果，在此情况下，周国灿向上虞区劳动争议仲裁部门提请了劳动仲裁，要求解除与自己单位的劳动合同。

据上虞区劳动争议仲裁部门负责人朱文龙介绍，周国灿的工资水平确实没有能够体现出人才的价值。而周国灿所在的企业则认为，只要不低于当地的最低工资标准，维修岗位上的职工能拿到这样的工资已经算是不错了。

（一）职位薪酬体系

1. 职位薪酬体系的含义

所谓职位薪酬体系，是指企业根据每个职位的相对价值确定薪酬等级，通过市场薪酬水平调查确定每个等级的薪酬幅度的一种报酬制度。

这种薪酬体系是以职位或工作为基础，根据职位或工作的性质及其对企业的价值来决定某种职位或工作的薪资水平。它的理论依据是职位价值在一定程度上等同于任职者的价值，职位价值越大，任职者的价值越大，薪酬水平也就越高。

职位薪酬体系是一种传统的确定员工基本薪酬的制度。其最大的特点是员工担任什么样的职位就得到什么样的报酬，在确定基本薪酬时基本上只考虑职位本身的因素，很少考虑人的因素。在这种薪酬制度下，即使员工能力大大超过其所担任的职位本身所要求的技术水平，也只能得到与当前工作内容相对等的薪酬。因此，这种薪酬制度不鼓励员工拥有跨职位的其他技能。

2. 职位薪酬体系的优缺点

表 6-3　职位薪酬体系的优点和缺点

优　　点	缺　　点
• 实现了真正意义上的同工同酬，因此可以说是一种真正的按劳分配体制 • 减轻了企业在固定成本开支方面的一些压力 • 晋升和基本薪酬增加之间的连带性加大了员工提高自身技能和能力的动力	• 由于薪资与职位直接挂钩，当员工晋升无望时，也就没有机会获得较大幅度的加薪，其工作积极性必然会受影响，甚至会出现消极怠工或者离职的现象 • 由于职位相对稳定，与职位联系在一起的员工薪资也就相对稳定，这不利于企业对多变的外部经营环境做出迅速的反应，也不利于及时地激励员工

3. 职位薪酬体系实施的前提条件

（1）职位的内容是否已经明确化、规范化和标准化。

（2）职位的内容是否基本稳定，在短期内不会有大的变动。

（3）是否具有按个人能力安排职位或工作岗位的机制 。

（4）企业中是否存在相对较多的职级。

（5）企业的平均薪酬水平是否足够高。

（二）技能薪酬体系

1. 技能薪酬体系的含义

技能薪酬体系是指企业根据一个人所掌握的与工作有关的技能、能力以及知识的深度和广度支付基本薪酬的一种报酬制度。这种薪资制度通常适用于所从事的工作比较具体而且能够被界定出来的操作人员、技术人员以及办公室工作人员。技能薪资计划通常可划分为深度技能薪资计划和广度技能薪资计划两种。

（1）深度技能薪资计划，即依据通过在一个范围较为明确的具有一定专业性的技术或专业领域中不断积累而形成的专业知识、技能和经验进行薪资等级划分。在这种情况下，员工要想达到良好的工作绩效，一开始可能需要胜任一些相对比较简单的工作内容，然后逐渐从事一些需要运用较为复杂技能的活动。这种深度技能的培养往往是沿着某一专业化的职业发展通道不断上行的一个过程。事实上，典型的大学老师的技能和职业发展就是一种深度技能积累过程。

（2）广度技能薪资计划与深度技能不同，广度技能往往要求员工在从事工作时需要运用其上游、下游或者是同级职位上所要求的多种一般性技能。它往往要求任职者不仅学会在自己的职责范围内需要完成的各种任务，还要掌握本职位之外的其他职位所需要完成的那些一般性工作任务。

2. 技能薪酬体系的优缺点

表 6-4 技能薪酬体系的优点和缺点

优点	缺点
• 向员工传递的是关注自身发展和不断提高技能的信息 • 有助于达到较高技能水平的员工实现对企业更为全面的理解 • 一定程度上有利于鼓励优秀专业人才安心从事本职工作 • 在员工配置方面为企业提供了更大的灵活性 • 有助于高度参与型管理风格的形成	• 由于企业往往要在培训以及工作重组方面进行投资，结果很有可能会出现薪酬在短期内上涨的状况 • 要求企业在培训方面付出更多的投资，如果企业不能通过管理使得这种人力资本投资转化为实际的生产力，则企业可能会因此而无法获得必要的利润 • 比职位薪资的设计和管理更为复杂，要求企业有一个更为复杂的管理结构 • 对于处于中间状态的员工的技能水平，在评定时有可能会出现一些争议

（三）能力薪酬体系

1. 能力的含义

能力（competency）又被译为胜任能力，是指一个人身上所具有的、能够被表现出来且能够强化绩效的那些特征，其中包括知识、技能、能力、行为等。能力在组合得当并且环境合适的情况下，对个人、群体、管理层次、特定职位以及整个企业的优良绩效有一种预测作用。

2. 能力薪资计划设计的前提

（1）实行能力薪资的必要性。企业必须从经营的角度认真考虑，自己是否真的需要从原来的薪酬系统变更为能力薪资体系。如果企业现有的薪酬体系运转良好，能够满足企业和员工两个方面的需要，那么，企业可能就没有必要大张旗鼓地去实行能力薪资。

（2）必须将能力薪资作为整体人力资源管理领域的重大变革的一部分来实施，也就是说，整个人力资源管理体系必须同时向以能力为中心转移，而不能仅仅是薪酬方案单兵突进，然后直接把它嫁接在原有的人力资源管理系统之上了事。

3. 能力模型的类型

（1）核心能力模型。这种能力模型实际上是适用于整个企业的能力模型，它常常与一个企业的使命、愿景和价值观保持高度一致。

（2）职能能力模型。是一种围绕关键业务职能，比如财务管理、市场营销、信息技术、生产制造等建立起来的能力模型。

（3）角色能力模型。这种能力模型适用于在一个企业中的某些人所扮演的特定角色，比如技师、经理等，而不是这些人所在的职能领域。

（4）职位能力模型。这是一种适用范围最狭窄的能力模型，因为它只适用于单一类型的职位。

四、常见的几种薪酬支付形式

（一）计时工资

计时工资是一种按照单位时间工资标准和实际工作时间计算并支付工资的形式。它是最基本的工资形式，是一切工资形式的基础。计时工资主要由工资的时间计量单位、单位时间的工资标准和实际有效劳动时间构成。其中，工资的时间计量单位是指在特定的劳动数量和劳动质量条件下工资的时间计量单位，如小时、日、周、月、年等；单位时间的工资标准是指时间计量单位内的工资水平高低；实际有效劳动时间是指包括一定劳动成果（数量和质量）的有效劳动时间。其计算公式为：计时工资额 = 特定岗位单位时间工资标准 ×（制度工时内）实际有效劳动时间。

按照计算的时间单位不同，计时工资制有小时工资制、日工资制、周工资制、月工资制和年薪制等几种形式。

（二）计件工资

计件工资是按照员工生产的合格产品的数量或完成的作业量，根据预先规定的计件单价计算工资的一种工资形式。其计算公式为：计件工资额 = 计件单价 × 合格产品数量。

与计时工资相比，计件工资的特点在于它与计时工资计量劳动的方式不同。计件工资制下，员工的工资额取决于计件单价和完成合格产品的数量；而实行计时工资时，员工所获工资的多少主要取决于按照能力评定的工资等级和有效劳动时间的长短。在实行计时工资的情况下，劳动由直接的持续时间来计量；在实行计件工资的情况下，则由在一定时间内劳动所凝结成的产品数量来计量。因此，计件工资制是计时工资的转化形式，两者之间只是计量方式不同，没有本质区别。

（三）绩效工资

绩效工资制的前身是计件工资制，但它不是简单意义上的工资与产品数量挂钩的工资形式，而是建立在科学的工资标准和管理程序基础上的工资体系。

绩效工资制的基本特征是将员工的薪酬收入与个人业绩相挂钩。业绩是一个综合的概念，比产品的数量和质量内涵更为宽泛，它不仅包括产品数量和质量，还包括员工对企业所做的其他贡献。销售提成工资和效益工资都属于绩效工资制。该工资制度适用于劳动成果容易计量的企业或部门。目前，越来越多的企业开始实行绩效工资制。

（四）职务工资制

职务工资制是首先对职务本身的价值做出客观的评估，然后根据评估的结果赋予担任这一职务的从业人员与其职务价值相当的工资的一种工资制度。这种工资体系建立在职务评估基础上，员工所执行职务的差别是决定基本工资差别的主要因素。职务工资制依据职务这一不含任何个人特征的因素来决定工资的主体部分，因而被称为“属职工资”。

（五）年薪制

年薪又称年工资收入，是指以企业会计年度为时间单位计发的工资收入，主要用于公司经理、企业高级职员的工资收入发放，所以又称为经营者年薪制。

五、五险一金

（一）五险

我国现行的社会保障体系包括社会保险、社会救济、社会福利、社会优抚安置和国有企业下岗职工基本生活保障和再就业等方面，其中社会保险包括养老保险、医疗保险、失业保险、工伤保险和生育保险五个项目。

1. 养老保险是社会保障制度的重要组成部分，是社会保险五大险种中最重要的险种之一。所谓养老保险（或养老保险制度），是国家和社会根据一定的法律和法规，为解决劳动者在达到国家规定的解除劳动义务的劳动年龄界限，或因年老丧失劳动能力退出劳动岗位后的基本生活而建立的一种社会保险制度。这一概念主要包含以下三层含义：

（1）养老保险是在法定范围内的老年人完全或基本退出社会劳动岗位后才自动产生作用的。这里所谓的“完全”，是以劳动者与生产资料的脱离为特征的；所谓的“基本”，是指参加生产活动已不成为主要社会生活内容。需强调说明的是，法定的年龄界限（各国有不同的标准）才是切实可行的衡量标准。

（2）养老保险的目的是保障老年人的基本生活需求，为其提供稳定可靠的生活来源。

（3）养老保险是以社会保险为手段来达到保障的目的。养老保险是世界各国较普遍实行的一种社会保障制度。

2. 医疗保险是当人们生病或受到伤害后，由国家或社会给予的一种物质帮助，即提供医疗服务或经济补偿的一种社会保障制度。医疗保险制度通常由国家立法，强制实施建立基金制度，费用由用人单位和个人共同缴纳，医疗保险费由医疗保险机构支付，以解决劳动者因患病或受伤害带来的医疗风险。

3. 失业保险是指国家通过立法强制实行的，由社会集中建立基金，对因失业而暂时中断生活来源的劳动者提供物质帮助的制度。费用由用人单位和个人共同缴纳。它是社会保障体系的重要组成部分，是社会保险的主要项目之一。

4. 工伤保险是国家为了保障劳动者在工作中遭受事故伤害和患职业病后获得医疗救治、经济补偿和职业康复的权利，分散工伤风险，促进工伤预防的一种社会保障手段。工伤保险要与事故预防、职业病防治相结合。工伤保险实行社会统筹，设立工伤保险基金对工伤员工提供经济补偿和实行社会化管理服务。工伤保险费由企业按照员工工资总额的一定比例缴纳，员工个人不缴纳工伤保险费。工伤保险费根据各行业的伤亡事故风险和职业危害程度的类别实行差别费率。

5. 生育保险是国家通过立法，对怀孕、分娩女员工给予生活保障和物质帮助的一项社会政策。生育保险的宗旨在于通过向职业妇女提供生育津贴、医疗服务和产假，帮助她们恢复劳动能力，重返工作岗位。员工个人不缴纳生育保险费。

（二）一金

住房公积金，是指国家机关和事业单位、国有企业、城镇集体企业、外商投资企业、城镇私营企业及其他城镇企业和事业单位、民办非企业单位、社会团体及其在职职工对等缴存的长期住房储蓄。

6.2 操作示例

6.2.1 某企业薪酬管理制度示例

A 公司薪酬管理制度

第一章　总则

第一条　目的

为充分发挥薪酬的作用，激发员工活力，共同分享公司发展所带来的收益，把薪酬与岗位价值、员工个人业绩、团队业绩和公司的发展有效结合起来，促进员工价值观念向其靠拢，形成吸引人才和留住人才的机制，从而推进本公司总体发展战略的实现，特制订本方案。

第二条 适用范围

凡本公司的所有从业人员，除人力资源部另行的专案方式处理的人员外均依本方案实施，其他下属公司、事业部（项目团队）可参照执行。

第三条 特点

为适应公司发展的需要，按照市场化运作的要求制订公司薪酬体系，在参照行业薪酬水平的同时，使员工的薪酬与岗位价值、能力、工作业绩紧密结合。

第四条 原则

薪酬作为分配价值形式之一，遵循按劳分配、效率优先、兼顾公平及可持续发展的原则。

公平性原则：薪酬以体现工资的外部公平、内部公平和个人公平为导向。

竞争性原则：薪酬以提高市场竞争力和对人才的吸引力为导向。

激励性原则：薪酬以增强工资的激励性为导向，通过绩效奖金等激励性工资单元的设计激发员工工作积极性。

经济性原则：薪酬水平须与公司的经济效益和承受能力保持一致。

第五条 薪酬差距

薪酬的水平适当拉开差距，并向关键职位、核心人才倾斜。

第二章 薪酬结构

第六条 薪酬组合

（一）公司的专职员工（包括项目团队成员）实施如下工资计算方式：应发工资 = 基本工资 + 岗位工资 + 绩效工资（月度绩效、年度绩效）+ 福利 + 工龄工资。

（二）外部特聘兼职人员的酬劳按照协议工资进行。协议工资以市场价格为基础，由双方谈判确定，每月固定发放，实行协议工资制的员工与公司之间签订书面《劳务合同》，明确规定薪酬总额、发放方式、工作内容和考核方法。

（三）工勤人员实行市场工资制，具体参照《附件 3 工勤人员薪酬基数表》（省略）。

（四）特殊人才引进员工发放入职前的谈判工资。超出本职位薪酬等级的员工，需要填写《特殊人才薪酬申请表》（省略）。

（五）薪酬等级的确定另见《附件 2 岗位与薪档对应表》（省略）。

第七条 各薪酬部分释义

（一）基本工资、岗位工资，在保障员工的基本生活需要外，还要考虑员工的岗位价值。

（二）绩效工资，主要为年终奖金，依据员工的工作业绩、工作态度和工作能力等确定。

（三）福利，使员工的隐性收入显性化。

1. 国家法定福利，包括五险和住房公积金，缴纳基数的确定按国家相关规定执行；

2. 带薪年休假，视员工在本公司工作年限的不同享受不同级别的带薪休假，按照国家相关规定执行。

（四）工龄工资，每满一年增加 100 元，上限为 1 000 元。

第八条　岗位工资的晋升通道

为给不同岗位员工提供合理的晋升空间，根据岗位性质将岗位划分为管理序列、专业技术序列、支持服务序列和工勤序列，每个序列员工可以在本序列内提升职位等级。详见《附件 1 职级职档系统》(省略)。

第三章　薪酬调整

第九条　公司薪酬调整采取整体调整与个别调整相结合的原则。

第十条　整体调整

根据公司年度内实现的经济效益和经营业绩，同时考虑行业市场的薪酬水平变化，通过调整岗位薪酬基数和各项可调比例，实现对公司基本工资、岗位工资及绩效工资水平的统一调整。

第十一条　调薪原则

（一）员工的整体调薪原则上每年调整一次，具体幅度标准按照当年企业经营状况，根据董事会讨论决定。

（二）如有特殊员工遇到薪酬晋级情况，则由部门领导和人力资源部门综合审核，确认员工在达到晋级资格的同时也具备新职级（岗位、专业）任职资格和能力时，提出晋级建议，经总经理批准后晋级。

（三）员工职务晋升或平调，岗位工资依据就近就高原则调整，即若原岗位工资已高于新职务所在职系职级对应的最低职档的岗位工资，则按照新职级中岗位工资与之最接近的较高职档调整薪酬；若低于新职务所在职级对应的最低职档的岗位工资，则按新职务所在的职级对应的最低职档的岗位工资调整薪酬。

（四）员工降职，岗位工资依据就近就低原则调整，即若原岗位工资已高于新职务所在职系职级对应的最高职档的岗位工资，则按新职务所在的职级对应的最高职档的岗位工资调整薪酬；若低于新职务所在职系职级对应的最高职档的岗位工资，则按照新职级中岗位工资与之最接近的较低职档调整薪酬。员工达到降级降职标准，由人力资源管理部门提出降级降职建议，报总经理审批执行。

（五）职系间的岗位变动，按新的任职资格确定其在新职系中的职级和薪酬水平，今后在新职系中晋升。

第四章　其他

第十二条　新员工薪酬办法

（一）设立试用期制度，试用期间工资按照岗位工资的 80% 发放，试用期满后经考核合格，转为正式员工；如果不能胜任，则下调岗位等级使用或不录用。

（二）试用期满后，按照岗位工资等级的 100% 发放。

（三）工作满半年、不满一年的新员工参加工作当年的年度考核，不满半年的员工不参加当年的年度考核。

第十三条　病事假、探亲假、年假、婚丧假、产假、公假等的工资处理

（一）本条款所列示的各种假别，都须经直接负责人批准。

（二）因为请假而对工资的影响，根据现行请假管理制度执行。

第十四条　薪资发放

工资计算期间从每月的 1 日起至当月最后日历月日止并于次月 5 日前发放工资，工资发放日当天若适逢休息日、节假日，则顺延至休息日、节假日后第一个工作日发放。

第十五条　下列规定的扣除额，须从工资中直接扣除：

（一）个人工资所得税；

（二）缺勤扣除额；

（三）社保基金、住房公积金个人负担部分等其他法定事项。

第十六条　薪酬管理

（一）因严重过失被公司解除合同的人员，离职后取消所有剩余工资、福利和年终效益奖。

（二）自动辞职的员工，不享有年终效益奖。

（三）员工岗位发生调整的（降职、升职、平调等），年终效益奖分时间段计算（以月为单位）。

（四）股权分配收益问题，按照相应分配方案处理。

第十七条　薪酬保密

公司所有员工对薪酬负有保密职责，不得打听其他员工或者散布个人有关薪资方面的消息，非因工作需要不得将企业薪酬信息透露给任何第三方或者公司以外的任何人员。违反薪酬保密相关规定的，一律视为严重违反公司劳动纪律的情形。

第五章　附则

第十八条　本方案自 20×× 年 8 月起颁布实施，试运行时间暂定 6 个月。

第十九条　本方案由人力资源部负责解释、修改和调整，由董事会审批。

6.2.2 企业薪酬调研报告示例

A 公司员工福利管理制度（试行）

为规范公司员工福利管理，增强员工归属感和责任感，体现公司对员工的人文关怀，

提高员工的工作积极性，特制定本制度。

一、福利

1. 定义

公司提供给员工的除基本工资、浮动工资、特殊奖励之外的利益和服务，是公司整体薪酬的有机组成部分。

2. 适用范围

本制度适用于所有在职员工。

二、职责

1. 人力资源部负责员工福利政策的确定、定期回顾与调整，负责确定福利项目及预算，对所有福利进行实施。

2. 财务管理部根据人力资源部确定的预算发放资金。

三、福利构成

公司福利由法定福利、普惠福利组成。

1. 法定福利

国家和地方政府法律法规规定提供给员工的基本保障性福利，包括社会保险、住房公积金、法定休假、高温补贴、年休假等。

2. 普惠福利

公司提供给全体员工的保障性利益和服务，包括工作午餐补贴、健康体检、节日补贴、生日补贴、团体意外险等，以实物形式发放为主（见附件表 6-5）。

四、福利执行的补充说明

1. 借入 / 调入各项目员工福利

在公司工作期间享受公司福利，特殊约定的除外。

2. 社会保险和住房公积金办理

（1）社会保险和住房公积金办理根据当地政策法规，由公司和个人各自承担应交的社会保险和住房公积金费用。

（2）一般情况下，员工的社会保险和住房公积金关系应在公司所在地办理相关手续，如遇特殊情况经总经理批准后进行特殊处理。

（3）公司按照当地政策为员工购买社会保险和住房公积金。

（4）新员工于入职 30 天之内开始办理缴纳其社会保险和住房公积金。

五、解释与执行

1. 本制度解释权属于公司人力资源部。

2. 本制度从二〇二二年十月起执行。

附件

表 6-5 福利

福利类别	构成项目	标准及参照项目	享受对象	实施部门
法定福利	社会保险	按国家及济南法律法规执行	在职员工	人力资源部
	住房公积金	按国家及济南法律法规执行		
	法定休假	按国家及济南法律法规、公司考勤制度执行		
	高温补贴	按济南法律法规执行		
普惠福利	午餐补贴	在公司用餐享受此福利，费用标准为 10 元 / 人 / 天，以充卡形式发放		
	健康体检	内科、外科、耳鼻喉科、眼底、血常规、血沉、尿常规、肾功能 3 项、肝功能 10 项、血脂 4 项、血糖、乙肝 6 项、甲胎蛋白、癌胚抗原、EB 病毒抗体、前列腺抗原（男）、糖尿病 4 项（40 岁以上）、B 超（肝胆脾胰肾）、B 超（前列腺膀胱）、胸部正位片、心电图、乳腺彩超（女）、宫颈液基细胞学检查 LCT（已婚女性）		
	各类补贴	春节、中秋节等中国传统重大节假日发放实物福利；员工生日发放生日金（券）200 元 / 人 / 年		
	团体意外险	商业交通意外险（含飞机、轮船、机动车等合法营运交通工具）		
	办公室劳保用品	消毒液、口罩、纸巾、办公用品、桶装水等以部门为单位领取和使用		

6.2.3 企业薪酬管理操作工具示例

表 6-6 工资明细表（样表）

计薪周期： 年 月 日　　　　打印日期： 年 月 日

序号	部门	姓名	基本工资	绩效工资	其他补贴	加班费	工龄工资	应发工资	社保扣除	住房公积金	考勤扣除	其他扣款	个人所得税	实发工资	备注
合计															

制表人：　　　　审核人：　　　　审批人：

日期：　　　　日期：　　　　日期：

6.3 操作演练

【任务背景】

假设你是大东公司人力资源部员工，现在公司打算做一份员工薪酬发放明细表，包括基本工资、奖金、加班工资、津贴、福利等，另外，还要包括五险一金、个人所得税等。

【任务内容】

请依据给定信息为大东公司设计一份员工薪资发放明细表。

【任务实施指导】

1. 分析案例中员工薪资发放明细表的各项属性有哪些。

____

2. 如何根据给定的属性，设计薪资发放明细表格？

____

复习题

1. 简述薪酬的含义及构成。
2. 简述薪酬管理的含义及流程。
3. 简述福利的含义及分类。
4. “五险”都有哪些？

附:

表 6-7 师生互动评价表

序号	评价内容	评价标准	评价结果
1	薪酬的概念	能说出薪酬的基本概念	是 / 否
		能说出薪酬的构成	是 / 否
		能说出薪酬的本质	是 / 否
		能说出薪酬的广义概念	是 / 否
		能说出薪酬的狭义概念	是 / 否
2	薪酬管理的概念	能掌握薪酬管理的概念	是 / 否
		能说出薪酬管理的内容	是 / 否
		能说出薪酬管理的原则	是 / 否
3	职位薪酬体系	能说出职位薪酬体系的概念	是 / 否
		能掌握职位薪酬体系适合的岗位	是 / 否
		能说出职位薪酬体系的优缺点	是 / 否
4	技能薪酬体系	能说出技能薪酬体系的概念	是 / 否
		能掌握技能薪酬体系适合的岗位	是 / 否
		能说山技能薪酬体系的优缺点	是 / 否
5	五险一金	能说出五险一金分别是什么	是 / 否
		能说出五险一金的缴纳情况	是 / 否

模块 7 劳动关系管理

劳动关系是现代社会最基本的社会关系之一，没有劳动关系的和谐就没有社会的和谐。劳动合同是劳动者和用人单位确立劳动关系、明确双方权利和义务的协议。依法建立劳动关系，积极预防和及时处理劳动争议，不断改善和巩固劳动关系，才能促进企业的发展及企业人力资源管理目标的实现。

知识目标

1. 了解劳动关系的内涵及劳动的主体；
2. 掌握劳动合同的订立、履行、变更、解除和终止的相关法律规定与业务技能；
3. 了解集体合同的含义及与劳动合同的区别；
4. 掌握劳动争议的处理程序及制作劳动争议法律文书的技能。

能力目标

1. 能具备订立劳动合同的基本能力；
2. 能编制劳动合同；
3. 能处理简单的劳动争议案件。

思政目标

1. 培养学生诚实守信的意识；
2. 培养学生公正守法的意识；
3. 培养学生遵守职业规范的意识。

7.1 操作基础

7.1.1 理论基础

导入案例

李某入职A公司，但由于项目时间紧，入职当天部门经理将李某马上派往客户项目所在地，李某没来得及办入职手续就出差了。李某进入项目组后工作非常紧张，由于连续多天劳累，一天下午，他晕倒在项目现场，送往医院检查后得知是李某的慢性病复发了，医院开出假条，要求李某卧床休息两个月。部门经理认为公司没有与李某签订劳动合同，而且李某的病是在来公司前就有的，认为只要给李某发了在项目工作期间的工资即可，不需要承担其他责任。但李某却认为没有签订劳动合同是A公司的责任，除了补偿他双倍的工资外，还要求A公司补签劳动合同。此外，他是公司的员工，有权享有医疗期。

【案例思考】如果你是人力资源部经理，以上案例中所反映的问题该如何处理？

一、劳动关系

（一）劳动关系的概念

劳动关系，又叫劳资关系，是就业企业中最基础的关系。劳动关系是管理方与员工个人及员工团体之间的权利与义务安排，以及由利益引起的合作与冲突的总和。劳动关系产生的基本法律事实是用工，而不是订立劳动合同。根据劳动法调整的劳动关系概括起来主要有以下几个法律特征：

（1）劳动关系是在实现劳动过程中发生的关系，与劳动有着直接的联系；

（2）劳动关系的双方当事人一方是劳动者，另一方是提供生产资料的劳动者的所在单位；

（3）劳动关系的一方劳动者要成为另一方所在单位的成员，并遵守单位的内部劳动规则。

（二）劳动关系的内容

劳动关系的内容是指劳动关系双方依法享有的权利和需要承担的义务。

1. 劳动者享有的主要权利

①平等就业；②选择职业；③取得劳动报酬；④休息休假；⑤获得劳动安全卫生保护；⑥接受职业技能培训；⑦享受社会保险和福利；⑧ 提请劳动争议处理等。

2. 劳动者承担的主要义务

①完成劳动任务；②提高职业技能；③执行劳动安全卫生规程；④遵守劳动纪律和职业道德等。

3. 用人单位的主要权利

依法自主确定本单位的工资方式和工资水平等。

4. 用人单位的主要义务

①依法建立和完善规章制度；②建立、健全劳动安全卫生制度；③为劳动者提供必要防护品；④建立职业培训制度等。

（三）劳动关系的主体和客体

1. 劳动关系的主体

劳动关系的主体是在劳动关系中享有权利承担义务的当事人。在我国当前的市场经济条件下，劳动关系的主体由劳动者、用人单位和工会三方构成。

劳动者是指具有劳动能力、以从事劳动获取合法劳动报酬的自然人。用人单位是指依法使用和管理劳动者并付给其劳动报酬的单位，包括企业单位、事业单位、社会团体、行政单位，也可以是个体经济组织。工会是代表劳动者的组织，《中华人民共和国劳动法》规定劳动者有权依法参加和组织工会，工会代表应维护劳动者的合法权益，依法独立自主地开展活动。

2. 劳动关系的客体

关于劳动关系的客体一直存在不同的观点，目前关于劳动法律关系客体的认识至少有三种观点：第一种观点是劳动关系的客体是劳动行为；第二种观点是劳动关系的客体有主客体和从客体之分，主客体是劳动行为，从客体是劳动待遇和劳动条件；第三种观点是劳动关系的客体是劳动力。

劳动关系是基于劳动者有偿让渡劳动力使用权而产生的法律关系，劳动者向用人单位提供有偿的劳动力，用人单位通过支配、使用劳动力来创造社会财富。双方权利义务共同指向的对象就是劳动力，因此，本书采用第三种观点，即劳动关系的客体是劳动力。

（四）劳动关系与劳务关系

1. 劳动关系与劳务关系在法律上的主要区别

劳动关系由《中华人民共和国劳动法》规范和调整，而且建立劳动关系必须签订书面劳动合同。劳务关系由《中华人民共和国民法通则》和《中华人民共和国合同法》进行规范与调整，建立和存在劳务关系的当事人之间是否签订书面劳务合同，由当事人双方协商确定。

2. 劳动关系主体与劳务关系主体的区别

劳动关系中的一方应是符合法定条件的用人单位，另一方只能是符合劳动年龄条件，且具有与履行劳动合同义务相适应的能力的自然人。劳务关系的主体类型较多，可以是两个用人单位，也可以是两个自然人。法律法规对劳务关系主体的要求不像对劳动关系主体要求得那么严格。

3. 当事人之间在隶属关系方面的区别

处于劳动关系中的用人单位与当事人之间存在隶属关系是劳动关系的主要特征。隶属关系是指劳动者成为用人单位中的一员，即当事人成为该用人单位的职工或员工（以下统称职工）。因为用人单位的职工与用人单位之间存在劳动关系这是不争的事实。而劳务关系中不存在一方当事人是另一方当事人的职工这种隶属关系。如某一居民雇佣一位按小时计酬的家政服务员，家政服务员不是该户居民家的职工，与该居民也不存在劳动关系。

4. 当事人之间在承担义务方面的区别

劳动关系中的用人单位必须按照法律法规和地方规章等为职工承担社会保险义务，且用人单位为职工交社会保险的义务是法律的确定性规范；而劳务关系中的一方当事人不存在必须承担另一方当事人社会保险的义务。如居民不必为其雇用的家政服务员承担缴纳社会保险的义务。

5. 用人单位对当事人在管理方面的区别

用人单位具有对劳动者违章违纪行为进行处理的管理权。如对职工严重违反用人单位劳动纪律和规章制度、严重失职、营私舞弊等行为进行处理，有权依据其依法制定的规章制度解除当事人的劳动合同，或者对当事人给予警告、记过、降职等处分；劳务关系中的一方对另一方的处理虽然也有不再雇佣的权利，或者要求当事人承担一定的经济责任，但不含当事人一方取消另一方本单位职工“身份”这一形式，即不包括对其解除劳动合同或给予其他纪律处分形式。

在支付报酬方面的区别。劳动关系中的用人单位对劳动者具有行使工资、奖金等方面的分配权利。分配关系通常表现为劳动报酬范畴的工资和奖金，以及由此派生的社会保险关系等。用人单位向劳动者支付的工资应遵循按劳分配、同工同酬的原则，必须遵守当地有关最低工资标准的规定；而在劳务关系中的一方当事人向另一方支付的报酬完全由双方协商确定，当事人得到的是根据权利义务平等、公平等原则事先约定的报酬。

二、劳动合同

（一）劳动合同的概念

劳动合同也可以称为劳动协议、劳动契约或劳动合约，是用人单位和劳动者之间确定劳动关系，明确相互权利和义务的协议。劳动合同是确定劳动关系的法律依据，建立劳动关系都要签订劳动合同。

劳动合同作为合同的一种，具有合同的一般特征。

（1）劳动合同是法律行为；

（2）劳动合同以在当事人之间产生权利义务为目的；

（3）劳动合同是当事人双方或多方相互的意思表示一致，是当事人之间的协议。

（二）劳动合同的内容

根据《中华人民共和国劳动合同法》的规定，劳动者与用人单位建立劳动关系，应当订立书面劳动合同，劳动合同的内容具体表现为劳动合同的条款，可以分为法定条款、约定条款和禁止条款。

1. 劳动合同的法定条款

劳动合同的法定条款又称必备条款，是指根据法律规定，双方当事人签订的劳动合同都必须具备的内容。根据《中华人民共和国劳动合同法》的规定，劳动合同应当具备的法定条款有以下几个方面。

（1）劳动合同期限

劳动合同期限是劳动合同规定的双方当事人履行权利义务的有效时间。劳动合同期限分为三种：①有固定期限的劳动合同。此种劳动合同是当事人订立劳动合同时明确约定合同生效和终止的时间，也称定期劳动合同。②无固定期限的劳动合同。此种合同是没有明确约定合同终止日期的劳动合同。在正常履行劳动合同的情况下，劳动者可以一直工作到退休。③以完成一定工作为期限的劳动合同。此种合同是一种特殊的定期劳动合同，双方当事人把完成某项工作或工程作为劳动合同的存续期限，约定工作或工程完成后合同就可以终止。

（2）工作内容

工作内容是指劳动法律关系所指向的对象，即劳动者具体从事什么种类或者内容的劳动，也就是劳动者的工作岗位和工作任务或职责。这一条款是劳动合同的核心条款之一，是建立劳动关系时极为重要的因素。它是用人单位使用劳动者的目的，也是劳动者通过自己的劳动取得劳动报酬的缘由。劳动合同中的工作内容条款应当规定得明确具体，便于遵照执行。一般情况下，劳动者的工作内容在合同的有效期内是不会发生变动的。如果遇到需要调整工作岗位的情况，应该通过合同的变更程序，即通过与劳动者协商，征得劳动者的同意后才可以对劳动合同的工作内容条款进行变更。

（3）劳动报酬

劳动报酬是指劳动者与用人单位确定劳动关系后，按照提供劳动的数量和质量而取得的报酬。劳动报酬是满足劳动者及其家庭成员物质文化生活需要的主要来源，也是劳动者付出劳动后应该得到的回报。因此，劳动报酬是劳动合同中必不可少的内容。劳动报酬不限于工资，还应当包括奖金、津贴等。劳动报酬在劳动合同中由当事人协商确定，但是双方商定的标准必须合乎法律、法规的规定，如工作必须按月以法定货币支付，劳动报酬不得低于当地规定的最低工资标准，等等。

（4）劳动保护和劳动条件

劳动保护是指用人单位为了保障劳动者的生命安全和健康，防止劳动过程中事故的发生，减少职业危害而采取各种措施。用人单位为劳动者提供的工作环境、劳动场所、安全卫生设施、劳动保护用品等必须符合法律的规定，制订相应的劳动保护规则，劳动合同应该体现这方面的内容，以保证劳动者的身体健康和生命安全。劳动条件主要是指用人单位为使劳动者顺利完成劳动合同约定的工作任务，为劳动者提供必要的物质和技术条件，如必要的劳动工具、机械设备、工作场地、劳动经费、辅助人员、技术资料、工具书，以及其他一些必不可少的物质、技术条件和其他工作条件。

（5）法律、法规规定应当纳入劳动合同的其他事项

本项规定是一个弹性条款，即上述条款以外的法律、法规规定的应当纳入劳动合同的其他事项。这里的“法律”是指由全国人民代表大会及其常务委员会依照立法程序制定的各种规范性文件；“法规”是指国务院根据宪法、法律，在其职权范围内颁布的规范性文件。

2. 劳动合同的约定条款

劳动合同的约定条款是指法律不做强制规定，由双方当事人经过协商取得一致意 见并纳入劳动合同的内容。《中华人民共和国劳动合同法》第十七条规定：“劳动合同除前款规定的必备条款外，用人单位与劳动者可以约定试用期、培训、保守秘密、补充保险和福利待遇等其他事项。”这里所规定的“试用期、培训、保守秘密、补充保险和福利待遇”都属于约定条款。

（1）试用期

试用期是指对新录用的劳动者进行试用的期限。用人单位与劳动者可以在劳动合同中就试用期的期限和试用期期间的工资等事项做出约定，但不得违反《中华人民共和国劳动合同法》有关试用期的规定。《中华人民共和国劳动合同法》第十九条对如何确定试用期做

出了明确规定，劳动合同期限长短、劳动合同类型不同，试用期的长短也有所不同，最长不超过6个月。同时规定：“同一用人单位与同一劳动者只能约定一次试用期。试用期包含在劳动合同期限之内。劳动合同仅约定试用期的，试用期不成立，该期限为劳动合同期限。”《中华人民共和国劳动合同法》第二十条对试用期的工资做出了明确规定，即劳动者在试用期的工资不得低于本单位同岗位最低档工资或者劳动合同约定工资的80%，并不得低于用人单位所在地的最低工资标准。在试用期内，用人单位与劳动者之间的劳动关系尚处于不完全确定的状态。《中华人民共和国劳动合同法》第二十一条规定：“在试用期中，除劳动者有本法第三十九条和第四十条第一项、第二项规定的情形外，用人单位不得解除劳动合同。用人单位在试用期解除劳动合同的，应当向劳动者说明理由。”

（2）培训

培训是按照职业或者工作岗位对劳动者提出的要求，以开发和提高劳动者的职业技能为目的的教育和训练过程。企业应建立健全职工培训的规章制度，根据本单位的实际情况对职工进行在岗、转岗、晋升、转业培训，对新录用人员进行上岗前的培训，并保证培训经费和其他培训条件。职工应按照国家规定和企业安排参加培训，自觉遵守培训的各项规章制度，并履行培训合同规定的各项义务，服从单位工作安排，做好本职工作。针对实践过程中劳动者在用人单位出资培训后违约现象比较严重的情况，用人单位可以在劳动合同中约定培训余款或签订培训协议，就用人单位为劳动者支付的培训费用、培训后的服务期，以及劳动者违约解除劳动合同时赔偿培训费的计算方法等事项进行约定。

（3）保守秘密

秘密包括商业秘密和与知识产权相关的事项。商业秘密是不为大众所知悉、能为权利人带来经济利益、具有实用性并经权利人采取保密措施的技术信息和经营信息。在激烈的市场竞争中，任何一个企业在生产经营方面的商业秘密都是十分重要的。在市场经济条件下，企业用人和劳动者选择职业都有自主权。有的劳动者因工作需要，了解或掌握了本企业的技术信息或经营信息等资料，如果企业事先不向劳动者提出保守秘密、承担保密义务的要求，有的劳动者就有可能带着企业的商业秘密另谋出路，通过泄露或使用原企业的商业秘密谋取更高的个人利益。由于没有事先约定，企业往往难以通过法律讨回公道，从而遭受重大经济损失。因此，用人单位可以在合同中与劳动者约定竞业禁止条款，就保守商业秘密的具体内容、方式、时间、竞业禁止期间用人单位给予劳动者的经济补偿金、劳动者违反竞业禁止条款向用人单位支付的违约金等进行约定，防止自己的商业秘密被侵占或泄露。

（4）补充保险

补充保险是指除了国家基本保险以外，用人单位根据自己的实际情况为劳动者建立的一种保险，用来满足劳动者高于基本保险的需求，包括补充医疗保险、补充养老保险等。

补充保险的建立依用人单位的经济承受能力而定，由用人单位自愿实行，国家不做强制的统一规定，只要求用人单位内部统一。用人单位必须在参加基本保险并按时足额缴纳基本保险费的前提下才能实行补充保险。因此，补充保险的事项不作为合同的必备条款，由用人单位与劳动者自行约定。

（5）福利待遇

随着市场经济的发展，用人单位给予劳动者的福利待遇也成为劳动者收入的重要指标之一。福利待遇包括住房补贴、通信补贴、交通补贴、子女教育补贴等。不同的用人单位福利待遇也有所不同，福利待遇已成为劳动者就业选择的一个重要因素。社会生活千变万化，劳动合同种类和当事人的情况也非常复杂，法律只能对劳动合同的条款进行概括，无法规定劳动合同的所有内容，当事人可以根据需要在法律规定的条款之外对有关条款做新的补充性约定。

3. 劳动合同的禁止条款

根据《中华人民共和国劳动合同法》的规定，劳动合同中的禁止条款主要包括担保条款、违约金条款和合同终止约定条款等。《中华人民共和国劳动合同法》第九条规定，用人单位招用劳动者，不得扣押劳动者的居民身份证和其他证件，不得要求劳动者提供担保或者以其他名义向劳动者收取财物；对违约金的问题，按照《中华人民共和国劳动合同法》第二十二和二十三条的规定，用人单位只能在专业技术培训、保密事项中与劳动者约定违约金，其他方面一律不准约定违约金；对合同终止条件，《中华人民共和国劳动合同法》第四十四条将合同终止明确规定为法定条件。

（三）劳动合同的种类

按照签订的主体，可分为单个劳动合同和集体劳动合同。单个劳动合同是指用人单位和劳动者个人之间就双方的权利义务关系签订的书面协议。集体劳动合同是指职工一方与用人单位就劳动报酬、工作时间、休息休假、劳动安全卫生、职业培训、保险福利等事项，通过集体协商签订的书面协议。

按照劳动合同的表现是否为常态，可分为一般的劳动合同和特殊的劳动合同。一般的劳动合同是指用人单位和劳动者个人之间在正常情况下，按照一般的劳动时间和劳动条件所达成的约定双方权利义务关系的协议。特殊的劳动合同是指在非正常情况下，依照劳动合同法的特别规定而订立的劳动合同，包括劳务派遣合同、非全日制劳动合同和专项合同协议。

（1）劳务派遣合同是指劳务派遣单位（用人单位）和劳动者签订劳动合同后，将劳动者派遣至劳务派遣接收单位（用工单位）。在劳务派遣关系中，劳动者和劳务派遣单位签订劳动合同，劳务派遣单位和实际用工单位签订劳务派遣协议。

（2）非全日制劳动合同是指劳动者和用人单位签订的，以小时计酬的劳动合同。非全日制用工双方当事人也可以订立口头协议。

（3）专项合同协议是指劳动关系双方当事人为明确劳动关系中特定权利义务，在平等自愿、合法公平、协商一致的基础上所达成的契约。一般包括服务期协议、培训协议、保守企业商业秘密协议、竞业禁止协议、补充保险协议等。

（四）劳动合同的订立

1. 劳动合同订立的原则

《中华人民共和国劳动合同法》第七条规定，用人单位自用工之日起即与劳动者建立劳动关系。该法第十条规定，建立劳动关系，应当订立书面劳动合同。已经建立劳动关系，未同时订立书面劳动合同的，应该自用工之日起一个月内订立书面劳动合同。用人单位与劳动者在用工之前订立劳动合同的，劳动关系自用工之日起建立。

（1）平等原则

平等原则是指劳动者和用人单位在法律上处于平等的地位，平等地决定是否缔约、平等地决定合同的内容，这不仅是民法的基本原则，还是指导劳动合同的基本原则。在计划经济时代，劳动者只能接受用人单位安排的工作，因为用人单位具有行政职能；在市场经济体制下，劳动者与用人单位享有同样的权利，任何一方都可以拒绝与对方签订合同，同时，任何一方都不得强迫对方与自己签订合同。

（2）自愿原则

自愿原则是从平等原则中引申的。当事人地位的平等性要求双方对劳动合同的订立不享有任何特权，当事人签订合同只能出自其内心意愿，用人单位与其他任何机关、团体和个人都无权强迫劳动者签订劳动合同；同理，用人单位也有权拒绝任何单位和个人在超出法律规定的情况下订立劳动合同的要求。

（3）协商一致原则

协商一致原则要求双方当事人就劳动合同的条款达成一致意见，唯有双方达成一致，劳动合同才能成立。如对具体条款意见不一致，则劳动合同不能成立。由于实际中常见的情况是用人单位备有事先拟就印制的“定式合同”，又不允许劳动者对内容做改变，这时，其中违反平等互惠原则的条款、与劳动立法宗旨相矛盾的条款，以及限制劳动者主要权利或义务以至合同目的难以达成的条款，应该不为法律所认定。

（4）合法原则

合法原则是指劳动合同的订立不得违反国家的法律法规。这里的法律法规既包括现行的法律和行政法规，也包括今后可能颁布的法律和行政法规；既包括劳动方面的法律和法规，也包括民事和经济方面的法律法规。

2. 劳动合同订立的流程

劳动合同的签订是劳动合同管理的起点。一般来说，劳动合同的签订遵循以下流程，如图 7-1 所示。

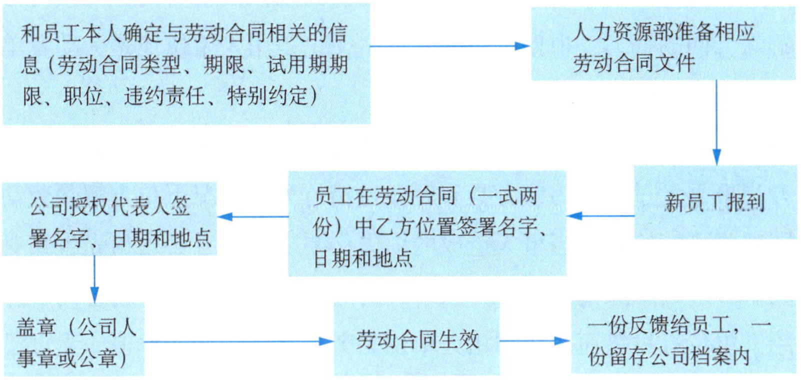

图 7-1　签订劳动合同流程

（五）劳动合同的履行

劳动合同的履行是指劳动合同双方当事人履行劳动合同所规定的义务，实现劳动过程的法律行为。

劳动合同的条款之间存在无法割裂的内在联系，因此合同双方当事人必须履行合同所规定的各自应当履行的全部义务，且必须依照合同约定的时间和方式履行义务，这就是《中华人民共和国劳动合同法》规定的全面履行的原则。在劳动合同未发生变更时，用人单位一般不得要求劳动者从事合同约定以外的工作。劳动合同还强调劳动者要亲自履行，不能由第三人替代履行。

（六）劳动合同的变更

劳动合同的变更是指劳动合同当事人依法修订劳动合同内容的法律行为。劳动合同中可变更的条款限于依法可以变更的条款、尚未履行或者尚未完全履行的条款以及因为订立合同所依据的客观条件发生变化，致使无法履行的条款。

在劳动合同的履行过程中，经双方协商一致，可以对合同条款进行修改或补充，具体包括工作内容、工作地点、工资福利的变更等。劳动合同变更的实质是双方的权利义务发生变化。合同变更的前提是双方原已存在合法的合同关系，变更的原因主要是客观情况发生变化，变更的目的是继续履行合同。劳动合同变更一般限于内容的变更，不包括主体的变更。

（七）劳动合同的解除

劳动合同的解除是指劳动合同当事人依法提前终止劳动合同的法律效力的行为。

1. 按解除方式的不同，可以将劳动合同的解除分为协议解除和单方解除。协议解除是指劳动合同经当事人双方协商一致而解除。单方解除是指享有单方解除权的当事人以单方意思表示解除劳动合同。所谓单方解除权，是指当事人依法享有的，无须对方当事人同意而单方决定解除合同的权力。根据法律的规定，无论是用人单位还是劳动者单方解除劳动合同，都应当以书面形式通知对方。

2. 以解除劳动合同是否有过错为标准，可以分为无过错解除和有过错解除。无过错解除是指在对方当事人无过错行为或者具有轻微过错行为的情况下单方解除劳动合同。为避免或减少合同解除可能给对方当事人造成的损失，要求解除方必须预先告知对方当事人后方可解除合同。有过错解除是指因对方当事人的过错行为而导致劳动合同解除的情形，包括劳动者因用人单位有过错而辞职和用人单位因劳动者有过错而辞退。无过错方提出的解除合同的要求对有过错方具有强制性，并且可以不预告就行使单方解除权。有过错解除的条件是法定的。

3. 劳动者提前通知解除。劳动者解除劳动合同，应当提前 30 日以书面形式通知用人单位。若在试用期内，应当提前三日通知用人单位。

4. 劳动者随时通知解除。这是一种用人单位有过错，由劳动者单方面解除合同的情形。有下列情形之一的，劳动者可以随时通知用人单位解除劳动合同：①用人单位未按照劳动合同约定提供劳动保护或劳动条件的；②未及时足额支付劳动报酬的；③未依法为劳动者缴纳社会保险费的；④用人单位的规章制度违反法律法规的规定，损害劳动者权益的；⑤以欺诈、胁迫的手段或者乘人之危，使对方在违背真实意思的情况下订立或者变更劳动合同的；⑥法律、行政法规规定劳动者可以解除劳动合同的其他情形。用人单位以暴力、威胁或者非法限制人身自由的手段强迫劳动者劳动的，或者用人单位违章指挥、强令冒险作业危及劳动者人身安全的，劳动者可以立即解除劳动合同，不须事先告知用人单位。

5. 用人单位预告解除。这是一种无过错辞退，即因劳动者的客观情况发生变化而导致其无法继续履行劳动合同的，用人单位可以单方面解除劳动合同，但用人单位必须提前 30 日以书面形式通知劳动者本人或者额外支付劳动者一个月工资后方可以解除劳动合同。具体情形包括：①劳动者患病或者非因工负伤，在规定的医疗期满后不能从事原工作，也不能从事由用人单位另行安排的工作的；②劳动者不能胜任工作，经过培训或者调整工作岗位，仍不能胜任工作的；③劳动合同订立时所依据的客观情况发生重大变化，致使原劳动合同无法履行，经用人单位与劳动者协商，未能就变更劳动合同内容达成协议的。

6. 用人单位无须预告解除。由于劳动者的过错，有下列情形之一的，用人单位无须向对方预告可以随时解除劳动合同：①在试用期间被证明不符合录用条件的；②严重违反用人单位规章制度的；③严重失职，营私舞弊，给用人单位造成重大损害的；④劳动者同时与其他用人单位建立劳动关系，对完成本单位的工作任务造成严重影响，或者经用人单位提出，拒不改正的；⑤以欺诈、胁迫的手段或者乘人之危，使对方在违背真实意思的情况下订立或者变更劳动合同的；⑥被依法追究刑事责任的。

7. 经济性裁员。经济性裁员是无过错辞退的一种特殊情形。所谓经济性裁员，是指用人单位由于生产经营状况发生变化而出现劳动力过剩现象，故一次性裁减部分劳动者，以此作为调整生产经营状况的一种手段。《中华人民共和国劳动合同法》第四十一条规定，有下列情形之一，需要裁减人员二十人以上或者裁减不足二十人但占企业职工总数百分之十以上的，用人单位应提前三十日向工会或者全体职工说明情况，听取工会或者职工的意见后，裁减人员方案经向劳动行政部门报告，可以裁减人员：①依照企业破产法规定进行重整的；②生产经营发生严重困难的；③企业转产、重大技术革新或者经营方式调整，经变更劳动合同后，仍需裁减人员的；④其他因劳动合同订立时所依据的客观经济情况发生重大变化，致使劳动合同无法履行的。

企业在裁减人员时，应当优先留用下列人员：与本单位订立较长期限的固定期限劳动合同的；与本单位订立无固定期限劳动合同的；家庭无其他就业人员，有需要抚养的老人或者未成年人的。用人单位依法裁减人员，在六个月内重新招用人员的，应当通知被裁减的人员，并在同等条件下优先招用被裁减的人员。

8. 用人单位不得解除劳动合同的规定。劳动者有下列情形之一的，用人单位不得解除劳动合同：①从事接触职业病危害作业的劳动者未进行离岗前职业健康检查，或者疑似职业病病人在诊断或者医学观察期间的；②在本单位患职业病或者因工负伤并被确认丧失或者部分丧失劳动能力的；③患病或者非因工负伤，在规定的医疗期内的；④女职工在孕期、产期、哺乳期的；⑤在本单位连续工作满十五年，且距法定退休年龄不足五年的；⑥法律、行政法规规定的其他情形。用人单位单方解除劳动合同，应当事先将理由通知工会。用人单位违反法律、行政法规规定或者劳动合同约定的，工会有权要求用人单位纠正。用人单位应当研究工会的意见，并将处理结果书面通知工会。工会是劳动者为实现维持和改善劳动条件而结成的团体，因此法律赋予工会监督权。

（八）劳动合同的终止

劳动合同的终止，是指劳动合同所确立的劳动关系由于一些法律事实的出现而终结，劳动者和用人单位之间的权利与义务也不复存在，结束劳动合同法律关系的行为。能够引起劳动合同终止的法定事由，主要有以下几种：①劳动合同期满的；②劳动者开始依法享受基本养老保险待遇的；③劳动者死亡，或者被人民法院宣告死亡或者宣告失踪的；④用人单位被依法宣告破产的；⑤用人单位被吊销营业执照、责令关闭、撤销或者用人单位决定提前解散的；⑥法律、行政法规规定的其他情形。

对劳动合同终止的限制性规定主要是基于对劳动者进行特殊保护以及维护劳动关系稳定的考虑。劳动合同终止限制的事由见前文“用人单位不得解除劳动合同的规定”。

如果发生劳动合同终止限制的事由，则劳动合同的法律效力依然存在，劳动合同期限顺延至相关情形消失。

对于在本单位患职业病或者因工负伤并被确认丧失或者部分丧失劳动能力的劳动者，如果劳动合同期满，则依据《工伤保险条例》的规定处理。

三、集体合同

（一）集体合同的概念

集体合同是指用人单位与本单位职工根据法律法规，就劳动报酬、工作时间、休息休假、劳动安全卫生、保险福利等事项，通过协商签订的书面协议。集体合同草案应当提交职工代表大会或者全体职工讨论通过。

集体合同通常由工会代表职工与企业签订，没有成立工会组织的，由上级工会指导劳动者推举的代表职工与企业签订。依法签订的集体合同对用人单位和全体职工具有约束力。职工个人与用人单位订立的劳动合同中的劳动条件和劳动报酬等标准不得低于集体合同的规定。

集体合同签订后应当报送劳动行政部门审查。劳动行政部门自收到集体合同文本之日起十五日内未提出异议的，集体合同即可生效。

（二）集体合同和劳动合同的关系

集体合同与劳动合同作为劳动法律中的两种合同形式，存在着一定的联系。从历史角度看，集体合同是在劳动合同的基础上产生和发展起来的，二者既有相同之处，又各具特色。其主要区别如下：

1. 目的不同。劳动合同是劳动者个人与用人单位确立劳动关系，明确双方权利义务的协议，劳动合同的目的在于在双方当事人之间建立劳动关系，利用合同制度保护当事人的权利；实行集体合同的目的是维护劳动者集体的合法权益，调整和改善劳动关系，促进企业和劳动者的共同发展。

2. 主体不同。劳动合同的主体是单个用人单位和单个劳动者；集体合同的主体是用人单位或用人单位团体与由工会代表的全体职工，在我国是企业与由企业工会（没有建立工会的企业，由上级工会指导职工选举代表）代表的全体职工。

3. 内容不同。劳动合同规定劳动者个人和用人单位的权利和义务；集体合同不仅规定本企业的一般劳动条件，而且涉及劳动关系的各个方面，内容具有广泛性、整体性。

4. 法律效力不同。集体合同的效力高于劳动合同，集体合同适用于企业全体职工，劳动合同仅对劳动者个人有约束力。集体合同规定了本企业的最低劳动标准，劳动合同规定的各项劳动标准不得低于集体合同的规定，否则无效，无效部分由双方当事人重新协商或者以集体合同规定的标准替代。

四、劳动关系争议与处理

劳动争议又称劳动纠纷、人事纠纷，是劳动关系当事人之间因实现劳动权利和履行劳动义务产生分歧而引起的争议。随着社会的不断发展和劳动法制的逐步健全，劳动争议处理已经成为一项法律制度，在劳动法律制度中占有重要地位，并且在调整劳动关系中发挥着重要的作用。

（一）劳动争议的类型

1. 按照劳动争议当事人人数，可分为个人劳动争议和集体劳动争议。个人劳动争议是劳动者个人与用人单位发生的劳动争议；集体劳动争议是指劳动者一方当事人在三人以上，有共同理由的劳动争议。集体劳动争议中劳动者应当推举代表参加劳动争议处理活动。

2. 按照劳动争议的内容，可分为因履行劳动合同发生的争议，因履行集体合同发生的争议，因企业开除、除名、辞退职工和职工辞职、自动离职发生的争议，因执行国家有关工作时间和休息休假、工资、保险、福利、培训、劳动保护的规定发生的争议，等等。

3. 按照当事人国籍的不同，可分为国内劳动争议与涉外劳动争议。国内劳动争议是指我国的用人单位与具有我国国籍的劳动者之间发生的劳动争议，其中包括外商投资企业与中国员工之间、我国在国（境）外设立的机构与我国派往该机构工作的人员之间发生的劳动争议；涉外劳动争议是指具有涉外因素的劳动争议，包括中国用人单位与外籍员工之间、外商投资企业的用人单位与劳动者之间发生的劳动争议。凡用人单位在我国境内的涉外劳动争议，都应当适用我国法律进行处理。

（二）劳动争议的范围

劳动争议的范围在不同的国家有不同的规定。根据《中华人民共和国劳动争议调解仲裁法》第二条的规定，劳动争议的范围如下：①因确认劳动关系发生的争议；②因订立、履行、变更、解除和终止劳动合同发生的争议；③因除名、辞退和辞职、离职发生的争议；④因工作时间、休息休假、社会保险、福利、培训以及劳动保护发生的争议；⑤因劳动报酬、工伤医疗费、经济补偿或者赔偿金等发生的争议；⑥法律法规规定的其他劳动争议。

（三）劳动争议产生的原因

劳动争议是市场经济和社会化大生产的必然产物。由于市场经济要求资源流动形成最佳配置，用人单位和劳动者之间不可避免地会因劳动关系的产生、变更、终止而发生冲突和纠纷，加之二者利益、看问题的角度不同，增加了产生纠纷的可能性。劳动争议的产生有用人单位和劳动者双方的原因。

1. 用人单位方面的原因

（1）忽视劳动合同的管理。例如，劳动合同签订不全面、劳动合同不规范、履行劳动合同的方式与程序不当等。

（2）企业规章制度不合理、不健全或没有依照合理程序制定执行。

（3）人力资源管理人员缺乏预防劳动争议的知识与技能。

2. 劳动者方面的原因

（1）由于社会进步，受大环境的影响，劳动者的法治意识、维权意识增强，当自身的利益受到侵害后能勇敢地拿起法律武器维护自己的合法权益。

（2）个别劳动者违反用人单位的劳动纪律或侵害用人单位的利益，给用人单位造成严重损失。

（四）劳动争议的处理机构

劳动争议处理是指法律法规授权的专门机构对劳动关系双方当事人之间发生的劳动争议，依法进行调解、仲裁和审判的行为。

《中华人民共和国劳动法》第七十七条规定，用人单位与劳动者发生劳动争议，当事人可以依法申请调解、仲裁、提起诉讼，也可以协商解决。也就是说，我国把劳动争议的处理程序分为调解、仲裁和诉讼三个阶段。与此相应的机构是用人单位设立的劳动争议调解委员会、劳动争议仲裁委员会和人民法院。

（五）劳动争议的处理程序

我国现行的劳动争议处理程序为协商、调解、仲裁和人民法院诉讼。劳动争议发生后，劳动者可以与用人单位协商，也可以请工会或者第三方共同与用人单位协商，达成和解协议。当事人不愿协商、协商不成或者达成和解协议后不履行的，可以向调解组织申请调解；不愿调解、调解不成或者达成调解协议后不履行的，可以向劳动争议仲裁委员会申请仲裁；对仲裁裁决不服的，除《中华人民共和国劳动争议调解仲裁法》另有规定的以外，可以向人民法院提起诉讼。协商和调解不是劳动争议处理的必经程序，而仲裁是劳动争议处理的必要程序；同时，只有不服仲裁裁决的，才可以向人民法院提起诉讼。

7.1.2 技能基础

一、劳动合同续订的操作

劳动合同续订是指合同期限届满，双方当事人均有继续保持劳动关系的意愿，经协商一致，延续签订劳动合同的法律行为。续订劳动合同应按下列程序进行：

（一）一般在合同到期前一个月左右，用人单位应书面了解劳动者的意向。

（二）对有续订合同意向的员工，用人单位应及时确定是否与其续订的意向。

（三）双方当事人协商要约和承诺，实际是对原合同条款审核后确定继续实施还是变更部分内容。

（四）协商一致后，双方签字或盖章。

在实际操作中可以重新签订一份劳动合同，也可以填写劳动合同续订书（该续订书一般附在劳动合同后面）。

二、劳动合同解除的操作

不同情况下的劳动合同解除程序是不一样的，一般包括以下各项：

（一）解除方式

1. 解约协议或通知。如果是协商解除劳动合同，应由双方就合同解除的日期和法律后果依法签订书面协议。

2. 劳动合同的单方解除，应当由解约方提前或即时以书面形式通知对方。对于预告解除我国法律规定的提前通知期是三十日。

（二）用人单位要办理的手续

1. 支付补偿金。用人单位依照法律相关规定解除劳动合同时，应该向劳动者支付经济补偿金的，在办结工作交接时支付。

2. 出具解除劳动合同证明。用人单位应当在解除劳动合同的同时出具解除劳动合同的证明，以作为劳动者求职、享受失业保险待遇和失业登记的凭证。证明书应写明劳动合同期限、解除的日期等内容。如果劳动者有要求，用人单位可在证明中客观地说明解除劳动合同的原因。

3. 转移档案。用人单位自与职工解除劳动关系之日起七日内将失业人员的名单报其户口所在地的区（县）社会保险经办机构备案，自解除劳动关系之日起十五日内，持缴纳失业保险的有关资料将职工档案转移到职工户口所在地区的区（县）社会保险经办机构。

三、劳动合同终止的操作

（一）终止劳动合同的程序

1. 提前通知（表明意向）。用人单位应在劳动合同期满前一个月向职工提出终止劳动合同的书面意向。

2. 出具证明。用人单位应为劳动者出具终止劳动合同的证明。

3. 转移档案。用人单位在终止劳动关系后应将职工档案转移到职工户口所在地区的区（县）社会保险经办机构。

（二）终止劳动合同应注意的问题

1. 不要形成事实劳动关系。这种情况的形成往往是由于合同到期不及时办理终止手续，也不续订劳动合同，致使双方形成事实劳动关系。形成事实劳动关系后，视为续订劳动合同。

2. 应注意履行提前告知义务。合同到期终止前，用人单位应提前通知劳动者。

3. 注意应顺延合同的情况。劳动合同到期，但劳动者有法律规定不得终止的情形时，劳动合同应当顺延至相应的情形消失时终止，并为其出具《延长劳动合同期限通知书》。

四、劳动合同解除和终止的经济补偿

（一）经济补偿金的支付事由

经济补偿是在法定条件下，用人单位按照法定的项目和标准，向劳动者（或其亲属）一次性支付经济补偿金。经济补偿金的支付事由有以下几项：

1. 因用人单位有违法或者违反劳动合同约定等过错行为，劳动者行使即时辞职权时，用人单位应当向劳动者支付经济补偿金。

2. 经劳动合同当事人协商一致，由用人单位提出解除劳动合同的，用人单位应当向劳动者支付经济补偿金；如果是劳动者提出解除动议，则用人单位无须向其支付经济补偿金。

3. 在劳动者非因过错而无法履行劳动合同，或者因合同订立所依据的客观情况发生重大变化致使劳动合同无法履行，且双方协商后仍不能就变更劳动合同达成协议的情况下，用人单位解除劳动合同时应当向劳动者支付经济补偿金。

4. 用人单位在具备许可性条件下进行经济裁员时，应当向被裁减劳动者支付经济补偿金。

5. 劳动合同期限届满时，用人单位如果不与劳动者续订劳动合同，则需要向劳动者支付经济补偿金。如果用人单位维持或提高原劳动合同约定的条件而劳动者不愿意续订时，用人单位则无须向劳动者支付经济补偿金。

6. 因用人单位被依法宣告破产、用人单位解散、被吊销营业执照或者责令关闭而终止劳动合同的，用人单位应当向劳动者支付经济补偿金。

（二）经济补偿金的支付标准

经济补偿金按劳动者在本单位工作的年限，每满一年支付一个月工资的标准向劳动者支付。六个月以上不满一年的，按一年计算；不满六个月的，向劳动者支付半个月工资的经济补偿金。法律没有规定补偿年限的上限。

劳动者月工资高于用人单位所在直辖市、设区的市级人民政府公布的本地区上年度职工月平均工资三倍的，向其支付经济补偿的标准按职工月平均工资三倍的数额支付，向其支付经济补偿的年限最高不超过十二年。

这里所称月工资，是指劳动者在劳动合同解除或者终止前十二个月的平均工资。

（三）违规解除劳动合同的赔偿

依照《中华人民共和国劳动合同法》第八十七条的规定，用人单位违法解除或者终止劳动合同的，应当依照经济补偿金支付标准规定的经济补偿金的二倍向劳动者支付赔偿金。依据《劳动合同法实施条例》第二十五条的规定，用人单位支付二倍赔偿金之后，无须再向劳动者支付补偿金。

《中华人民共和国劳动合同法》第四十八条规定，用人单位违反法律规定的条件解除或者终止劳动合同，劳动者享有选择权，可以要求用人单位继续履行劳动合同，如果用人单位能够履行的，应当继续履行；如果劳动者不要求继续履行或者劳动合同已经不能继续履行的，用人单位应当依照法律规定支付赔偿金。

7.2 操作示例

7.2.1 拟定劳动合同书示例

编号：

劳 动 合 同

甲方：________________________

乙方：________________________

甲方（用人单位）名称：____________________________

住所：____________________________

法定代表人（主要负责人）：________

联系电话：________________________

乙方（劳动者）姓名：____________________________

性别：____________________________

现居住地址：______________________

户籍所在地：______________________

户籍类型（非农业、农业）：________

身份证号码：______________________

其他有效证件名称：________________

其他有效证件号码：________________

联系电话：________________________

根据《中华人民共和国劳动法》《中华人民共和国劳动合同法》及相关法律法规的规定，甲乙双方遵循合法、公平、平等自愿、协商一致、诚实信用的原则订立本合同。

一、劳动合同期限

第一条　本合同期限经双方协商一致，采取下列第________种形式。

（一）固定期限：自______年______月______日起至______年______月______日止。其中，试用期自______年______月______日起至______年______月______日止。

（二）无固定期限：自_______年_______月_______日起。其中，试用期自_______年_______月______日起至______年______月______日止。

（三）以完成一定工作任务为期限：自______年______月______日起至______时止。

二、工作内容和工作地点

第二条　乙方同意根据甲方工作需要，从事________________岗位（工种）工作。甲乙双方可签订岗位协议书，约定岗位具体职责和要求。

第三条　乙方应按照甲方安排的工作内容及要求，认真履行岗位职责，按时完成工作任务，遵守甲方依法制定的规章制度。

第四条　根据甲方的岗位（工种）作业特点，乙方的工作区域或工作地点为________。

第五条　甲方因生产经营需要调整乙方的工作内容，应协商一致，按变更本合同办理，双方签字或盖章确认的协议书或依法变更通知书作为本合同的附件。

三、工作时间和休息休假

第六条　甲方安排乙方执行______工时工作制。

（一）标准工时工作制：乙方每日工作不超过八小时，平均每周不超过四十小时，每周休息两天。

（二）综合计算工时工作制：乙方所在岗位实行以（填“是”）：年（　　）、季（　　）、月（　　）或周（　　）为周期的综合计算工时工作制。

（三）不定时工作制：乙方所在岗位实行不定时工作制。

实行综合计算工时或者不定时工作制的，由甲方报人力资源和社会保障行政部门批准后实行。

第七条　甲方依法保证乙方的休息权利。乙方依法享受法定节假日以及探亲、婚丧、计划生育、带薪年休假等休假权利。

第八条　甲方确因生产经营需要，经与工会和乙方协商后可以延长工作时间，一般每日不超过一小时；因特殊原因需延长工作时间的，在保障乙方身体健康的条件下，延长工作时间每日不超过三小时，每月不超过三十六小时。

四、劳动报酬

第九条　甲方结合本单位的生产经营特点和经济效益，依法确定本单位的工资分配制度。乙方的工资水平，按照本单位的工资分配制度，结合乙方的劳动技能、劳动强度、劳动条件、劳动贡献等确定。

第十条　甲方按下列第______种形式支付乙方工资。

（一）计时工资。乙方的工资标准为________元/月（周），绩效工资（奖金）根据乙方的工作业绩、劳动成果和实际贡献按照内部分配办法考核确定。

（二）计件工资。甲方实行计件工资制，应制订科学合理的劳动定额标准，确定乙方的劳动定额应当是本单位同岗位百分之八十以上劳动者在法定工作时间内能够完成的，乙方在法定工作时间内按质完成甲方定额，甲方按照约定的定额和计件单价，根据乙方的业绩，按时足额支付乙方的工资报酬。

乙方的劳动定额为________，计件单价为________。

（三）按照甲方依法制定的工资分配制度确定。

乙方在试用期期间的工资标准为________元/月［不得低于前款第（一）、（二）、（三）项约定工资的80%或单位相同岗位最低档工资，并不得低于单位所在地最低工资标准］。

第十一条　甲方于每月__________日前以货币或转账形式足额支付乙方工资。如遇节假日或休息日，应提前到最近的工作日支付。乙方提供了正常劳动的，甲方支付给乙方的工资不低于当地最低工资标准。

甲方应书面记录支付乙方工资的时间、数额、项目、签字等情况，并向乙方提供工资清单。乙方有权查询本人的工资支付记录，甲方应当及时提供相关资料。

第十二条　非因乙方原因造成停工、停产在一个工资支付周期内的，甲方应支付乙方的正常工资；停工超过一个工资支付周期的，甲方安排乙方工作的，按照双方新约定的标准支付工资，但不得低于当地最低工资标准；甲方没有安排乙方工作，乙方没有到其他单位工作的，应按照不低于当地最低工资标准的70%支付乙方基本生活费。国家和省另有规定的，依照其规定执行。

第十三条　甲方安排乙方延长工作时间或者在休息日、法定节假日工作的，应依法安排乙方补休或者按照国家相关规定向乙方支付加班工资。甲方应当将加班工资在下一个工资发放日或者之前支付给乙方。计算加班工资的工资基数，应当按照乙方上一月份提供正常劳动所得实际工资扣除该月加班工资后的数额确定。乙方上一月份没有提供正常劳动的，按照向前顺推至其提供正常劳动月份所得实际工资扣除该月加班工资后的数额确定。

五、社会保险和福利待遇

第十四条　甲乙双方必须按照国家和省、市有关社会保险的法律法规与政策规定参加社会保险，依法缴纳各项社会保险费。其中，乙方负担的部分由甲方负责代扣代缴。

第十五条　乙方在合同期内，休息休假、患病或负伤、患职业病或因工负伤、生育、死亡等待遇，以及医疗期、孕期、产期、哺乳期的期限及待遇，按相关法律法规的规定执行。

第十六条　甲方为乙方提供以下补充保险和福利待遇：

____

____

____

六、劳动保护、劳动条件和职业危害防护

第十七条　甲方建立健全操作规程、工作规范和劳动安全卫生、职业危害防护制度，并对乙方进行必要的培训。乙方在劳动过程中应严格遵守各项制度规范和操作规程。

第十八条　甲方为乙方提供符合国家规定的劳动安全卫生条件和必要的劳动防护用品。安排乙方从事有职业危害作业的，定期为乙方进行健康检查。

第十九条　甲方对可能产生职业病危害的岗位，应当向乙方履行如实告知的义务，并对乙方进行劳动安全卫生教育，预防劳动过程中的事故的发生，减少职业危害。

第二十条　甲方违章指挥，强令冒险作业，危及乙方人身安全的，乙方有权拒绝。乙方对危害生命安全和身体健康的劳动条件有权对用人单位提出批评、检举和控告。

七、劳动合同的履行、变更

第二十一条　甲乙双方按照本合同的约定，依法、全面履行各自的义务。

第二十二条　甲方变更名称、法定代表人、主要负责人或者投资人等事项，不影响本合同的履行。

第二十三条　甲方发生合并或者分立等情况，本合同继续有效，由承继甲方权利和义务的单位继续履行。

第二十四条　经甲乙双方协商一致，可以变更本合同约定的内容，并以书面形式确定。

八、劳动合同的解除、终止

第二十五条　甲乙双方解除、终止本合同，应当按照《中华人民共和国劳动合同法》第三十六条、第三十七条、第三十八条、第三十九条、第四十条、第四十一条、第四十二条、第四十三条、第四十四条的规定进行。

第二十六条　甲乙双方解除、终止本合同，符合《中华人民共和国劳动合同法》第四十六条规定情形的，甲方应依法向乙方支付经济补偿金（物）。

第二十七条　甲方违法解除或者终止本合同，乙方要求继续履行本合同的，甲方应当继续履行；乙方不要求继续履行本合同或者本合同已经不能继续履行的，甲方应当依法按照经济补偿金标准的二倍向乙方支付赔偿金。

乙方违法解除劳动合同，给甲方造成损失的，应当承担赔偿责任。

第二十八条　解除、终止本合同时，甲方应当依据有关法律法规等规定出具解除、终止劳动合同的证明，并在十五日内为乙方办理档案和社会保险关系转移手续。

乙方应当按照双方约定，办理工作交接。应当支付经济补偿金的，在办结工作交接时支付。

九、其他事项

第二十九条　甲方为乙方提供专项培训费用，对其进行专业技术培训，双方可以订立专项协议，约定服务期。

乙方违反服务期约定的，应当按照约定支付违约金。

第三十条　乙方负有保密义务的，双方可以订立专项协议，约定竞业限制条款。

乙方违反竞业限制约定的，应当按照约定支付违约金。给用人单位造成损失的，应当承担赔偿责任。

第三十一条　以下协议作为本合同的附件：

1. 劳动合同续订书；

2. 劳动合同变更书；

3. 岗位协议书；

4. 培训协议书；

5. 保密协议书；

6. ____。

第三十二条　双方约定的其他事项：

____

____

____

第三十三条　甲乙双方因履行本合同发生劳动争议，可以协商解决。协商不成的，可以依法申请仲裁，提起诉讼。

第三十四条　本合同未尽事宜，按国家和省有关规定执行。

第三十五条　本合同自甲乙双方签字或盖章之日起生效。本合同一式二份，甲乙双方各执一份。

提示：合同双方应在了解本合同内容后，再决定是否签名。一经签订，须严格履行。本合同的乙方必须由本人签名，不得代签；甲方必须由法定代表人（主要负责人）或其委托代理人签名（盖章）。

甲方（公章）　　　　　　　　　　　　　乙方（签名）

法定代表人（主要负责人）

或委托代理人（签名或盖章）

签订日期：　　年　　月　　日　　　　　签订日期：　　年　　月　　日

附件 1

劳 动 合 同 续 订 书

经甲乙双方协商一致，同意续订______年____月____日签订的劳动合同，续订为期限合同（固定期限、无固定期限、以完成一定的工作为期限），期限为______年____月

____日起至______年____月____日止。

甲方（公章）　　　　　　　　　　　　乙方（签名）

法定代表人（主要负责人）

或委托代理人（签名或盖章）

签订日期：　　年　　月　　日　　　　签订日期：　　年　　月　　日

附件 2

劳 动 合 同 变 更 书

经甲乙双方平等自愿、协商同意，对______年____月____日签订的劳动合同作如下变更：

____

____

____

____

____

____

____

其他内容不变。

甲方（公章）　　　　　　　　　　　　乙方（签名）

法定代表人（主要负责人）

或委托代理人（签名或盖章）

签订日期：　　年　　月　　日　　　　签订日期：　　年　　月　　日

签 约 须 知

1. 用人单位和劳动者应保证向对方提供的与履行劳动合同有关的各项信息真实、有效。

2. 劳动合同期限三个月以上不满一年的，试用期不得超过一个月；劳动合同期限一年以上不满三年的，试用期不得超过二个月；三年以上固定期限和无固定期限的劳动合同，试用期不得超过六个月。以完成一定工作任务为期限的劳动合同或者劳动合同期限不满三个月的，不得约定试用期。试用期包含在劳动合同期限内。劳动合同仅约定试用期的，试用期不成立，该期限为劳动合同期限。

3. 有下列情形之一，劳动者提出或者同意续订、订立劳动合同的，除劳动者提出订立固定期限劳动合同外，应当订立无固定期限劳动合同：（一）劳动者在用人单位连续工作满十年的；（二）用人单位初次实行劳动合同制度或者国有企业改制重新订立劳动合同时，劳动者在用人单位连续工作满十年且距法定退休年龄不足十年的；（三）连续订立二次固定期限劳动合同，且劳动者没有《中华人民共和国劳动合同法》第三十九条和第四十条第一项、第二项规定的情形，续订劳动合同的。

4. 除约定服务期和竞业限制条款两种情形之外，用人单位不得与劳动者约定由劳动者承担违约金。

5. 签订劳动合同时请使用钢笔或签字笔填写，字迹必须清楚，并不得单方涂改。

6. 本文本不适用非全日制用工。

7.2.2 劳动合同解除协议书示例

劳动合同解除协议书

甲方：________________________________

乙方：________________________________

甲乙双方于____年____月____日签订《劳动合同》，合同期限自____年____月____日至____年____月____日。经双方友好协商，就劳动合同解除事宜达成如下协议：

一、乙方离职日期为：____年____月____日。

二、工资结算至____年____月____日，核算办法按照甲乙双方《劳动合同》及相关附件的约定执行。

三、甲方支付乙方经济补偿金合计为税前￥____元，上述款项将依照国家税法规定，由甲方代扣税款、社会保险、公积金个人部分后支付给乙方。

四、乙方应按照甲方制度要求办理相关工作交接手续及离职手续，待乙方工作交接及离职手续全部办理完毕后，甲方核发本约定规定的工资、代通知金、经济补偿金。

五、自本协议生效之日起，甲乙双方基于《劳动合同》产生的一切权利义务终止，双方不再有任何争议和纠纷，乙方不得再基于《劳动合同》向甲方主张任何权利。

六、本协议自甲乙双方签字盖章之日生效。

七、本协议一式两份，甲乙双方各执一份，具有同等法律效力。

甲方（盖章）　　　　　　　　　　乙方（签名）

法人代表或授权人（签名）

签订日期：　年　月　日　　　　　签订日期：　年　月　日

签订地点：　　　　　　　　　　　签订地点：

7.2.3 劳动合同终止通知书示例

劳动合同终止通知书

________员工：

您好！

您与公司于____年____月____日签订劳动合同，由于________原因，该劳动合同将于____年____月____日终止。

请于____年____月____日之前，按照公司相关规定进行工作交接，并办理离职手续。

特此通知！

________________________公司

____年____月____日

7.2.4 劳务合同示例

劳务合同

甲方

名称：________________________________

地址：________________________________

法定代表人：__________________________

联系电话：____________________________

乙方

姓名：________________________________

性别：_______________ 民族：__________

文化程度：___________ 国籍：__________

身份证号码：__________________________

住址：________________________________

联系电话：____________________________

根据《中华人民共和国民法典》以及其他法律法规的有关规定，甲乙双方平等自愿、协商一致签订本劳务合同，共同遵守本劳务合同所列条款，且甲乙双方同意本合同不得在任何情况下解释为劳动合同。

第 1 条　工作内容

1.1　乙方同意在被聘用期间，根据甲方工作需要，从事工作岗位:________________。具体工作职责:__________________________。

1.2　乙方应按照甲方的要求，尽职尽责完成甲方规定的工作内容，并达到规定的质量标准和考核要求。

第 2 条　合同期限

2.1　本合同有效期自____年____月____日起，至____年____月____日止，期限为____年（月）。期满后，经双方同意，可以续约。

2.2　本合同没有试用期。

第 3 条　劳动时间

3.1　乙方在被聘用期间执行非全日制工作制，即在保证完成甲方安排工作任务的情况下，工作时间由乙方自行安排。

第 4 条　劳动条件和劳动纪律

4.1　乙方在聘用期间，应遵守甲方的各项规章制度及劳动纪律，严格遵守劳动安全卫生、操作规程和工作规范，爱护甲方的财产和声誉，遵守职业道德。

4.2　甲方有权监督乙方的工作，有权根据乙方的工作表现、工作能力以及甲方的工作需要调整乙方的工作范围。

4.3　乙方违反劳动纪律及各项规章制度的，甲方可视情节轻重，给予扣薪、调职、降薪等处理，或解除劳务关系并要求赔偿损失。

第 5 条　劳动报酬

5.1　乙方完成本合同约定的工作内容后，甲方应当以货币形式向乙方支付劳动报酬，劳动报酬标准为:________元 / 小时，或________元 / 月，或________元 / 年。

5.2　乙方工资由甲方自上班之日起，经双方协定为一周 / 一月 / 一年结算制（即次周 / 月 / 年发放上一周期工资），若工资发放日恰逢周日或假日，甲方可提前或推后发放。

5.3　甲方不承担乙方其他任何社保、福利待遇，不负责承担乙方的任何医疗费用。甲方为乙方购买商业人身意外保险，使乙方在受到意外伤害时能得到及时合理的赔偿，保险费由甲方承担。甲方为乙方提供保额为________元的人身意外伤害保险。如乙方在合同期内因履行本协议项下的义务而遭受人身伤害，将由保险公司承担责任。

第 6 条　保密义务

合同期内，乙方须在甲方许可范围内使用甲方商业信息；合同期内以及合同终止后，乙方必须为甲方的一切商业信息保守秘密，不得以任何方式向甲方以外的第三方泄露、给予或转让，如有违反，甲方有要求乙方赔偿的权力。

第 7 条 合同终止

以下情形发生时，本合同终止：

7.1 合同期限届满；

7.2 在合同有效期内，甲乙双方都可以随时提出解除劳动合同，但需要提前七日书面通知对方。

7.3 乙方在本合同有效期内，被依法追究刑事责任，甲方可以单方终止合同，且无须再通知乙方。

第 8 条 其他

8.1 本协议自双方签订之日起生效。

8.2 本协议书一式二份，甲乙双方各执一份。

甲方（盖章） 乙方（签名）

法定代表人

____年____月____日 ____年____月____日

7.3 操作演练

【任务背景】

凯斯公司成立于 2016 年，近几年业务规模不断扩大，员工规模由原来的几十人扩大到现在的几百人，为了更加合理地对岗位进行管理，该公司决定对后勤管理等部分岗位采用非全日制用工方式（即兼职形式）。

【任务内容】

结合上述任务情境，请完成以下内容：

（1）为该公司起草一份非全日制用工管理法则。

（2）为该公司起草一份非全日制用工劳动合同。

【任务实施指导】

非全日制员工的管理办法的内容应该有哪些内容？

____

（提示：1. 阅读任务背景资料，了解企业的情况，撰写适合本企业的相关制度。2. 所撰写文件要求确保无错别字、语句通顺；不要存在法律争议点。）

【任务背景二】

贺元公司有三名职工均为 2021 年 2 月入职，现由于各种原因即将于 2023 年 10 月离开公司。王某 2023 年 10 月劳动合同到期终止，公司不再续订劳动合同，其终止之前 12 个月的月平均工资为 4 850 元；李某为公司的部门经理，其解除劳动合同前 12 个月的月平均工资为 12 000 元，因经济性裁员被公司解除劳动合同；张某因医疗期满不能从事原工作和单位另行安排的工作而解除劳动合同，其合同解除前月平均工资为 5 200 元。又知当地 2022 年的社会平均工资为 3 204 元。

【任务内容】

请结合上述任务情境，完成以下内容的计算：

（1）分别为三人核算经济补偿。

（2）为张某核算医疗补助费。

【任务实施指导】

三名员工的入职和离职过程是否一样？如不一样，他们分别属于什么情况的离职？有哪些法律需要遵守？

____

（提示：将三名员工的离职情况与法律条款进行比对，给出处理意见。）

复习题

1. 劳动关系的概念及特征。
2. 劳动法律关系的概念及特征。
3. 订立劳动合同应遵循什么原则？
4. 劳动合同的法定条款包括哪些内容？
5. 我国劳动合同期限分为哪些类别？

附:

表 7-1 师生互动评价表

序号	评价内容	评价标准	评价结果
1	劳动关系的相关内容	能说出劳动关系的概念	是/否
		能说出劳动关系的特征	是/否
		能说出劳动关系的主体	是/否
		能说出劳动关系的客体	是/否
2	劳动关系和劳务关系的区别	能掌握劳务关系的实施对象	是/否
		能掌握劳动关系和劳务关系的区别	是/否
3	劳动合同的内容	能说出劳动合同的必备条款内容	是/否
		能说出劳动合同的补充条款内容	是/否
4	劳动合同的签订	能说出劳动合同的签订程序	是/否
		能说出劳动合同的变更程序	是/否
		能说出劳动合同的解除程序	是/否
5	集体合同	能说出集体合同的定义	是/否
		能掌握集体合同的签订程序	是/否
6	劳动争议处理	能说出劳动争议处理原则	是/否
		能说出劳动争议的处理程序	是/否

参考文献

[1] 侯娟娟，张友瑞. 人力资源管理［M］. 北京：经济科学出版社，2010.
[2] 朱长丰. 人力资源管理技能训练教程［M］. 北京：中国人民大学出版社，2011.
[3] 冯江平. 人力资源管理［M］. 北京：高等教育出版社，2012.
[4] 赵曙明. 人力资源管理译丛：国际人力资源管理［M］. 5版. 北京：中国人民大学出版社，2012.
[5] 鲍立刚. 人力资源管理综合实训演练［M］. 3版. 大连：东北财经大学出版社，2017.
[6] 董克用，叶向峰. 人力资源管理概论［M］. 北京：中国人民大学出版社，2003.
[7] 林忠，金延平. 人力资源管理［M］. 大连：东北财经大学出版社，2006.
[8] 余源鹏. 物业企业岗位设置与人力资源管理［M］. 北京：机械工业出版社，2012.
[9] 靳娟. 人力资源管理概论［M］. 北京：机械工业出版社，2007.
[10] 刘小平，邓靖松. 现代人力资源测评理论与方法［M］. 广州：中山大学出版社，2006.
[11] 罗辉，孙宗虎. 人力资源管理操作全案［M］. 北京：人民邮电出版社，2008.
[12] 孙宗虎，姚小风. 员工培训管理实务手册［M］. 2版. 北京：人民邮电出版社，2009.
[13] 人力资源测评［Z］. 北京：北森测评技术有限公司，2008.
[14] 王怀明. 绩效管理［M］. 济南：山东人民出版社，2004.
[15] 德斯勒. 人力资源管理译丛：人力资源管理［M］. 刘昕，译. 2版. 北京：中国人民大学出版社，2012.
[16] 刘金章，孙可娜. 现代人力资源管理［M］. 3版. 北京：高等教育出版社，2011.
[17] 郑功成，程延圆. 中华人民共和国劳动合同法释义与案例分析［M］. 北京：人民出版社，2007.
[18] 夏志强，杨红. 劳动关系与劳动法［M］. 成都：四川大学出版社，2007.
[19] 郑海航，吴冬梅. 人力资源管理：理论・实务・案例［M］. 北京：经济管理出版社，2006.
[20] 魏洁文. 现代饭店人力资源管理［M］. 北京：人民邮电出版社，2006.
[21] 潘新民. 世界500强人力资源总监管理笔记［M］. 北京：化学工业出版社，2011.

[22] 彭剑锋. 人力资源管理概论 [M]. 上海：复旦大学出版社，2005.
[23] 闫铁卿. 老 HRD 手把手教你做人力资源管理 [M]. 北京：中国法制出版社，2015.
[24] 中国就业培训技术指导中心. 企业人力资源管理师（四级）[M]. 2 版. 北京：中国劳动社会保障出版社，2007.
[25] 李庆海，吴雪贤. 中小企业人力资源管理实训演练教程 [M]. 北京：北京交通大学出版社，2010.
[26] 王贵军. 招聘与录用 [M]. 5 版. 大连：东北财经大学出版社，2021.
[27] 廖泉文. 招聘与录用 [M]. 北京：中国人民大学出版社，2002.
[28] 张维君，王君. 人员招聘与配置 [M]. 北京：电子工业出版社，2014.
[29] 孙静，林朝阳. 企业薪酬管理 [M]. 北京：清华大学出版社，2001.
[30] 司马宏昊，张晓丽. 现代人力资源管理 [M]. 成都：西南财经大学出版社，2020.
[31] 姚月娟. 人力资源管理 [M]. 5 版. 大连：东北财经大学出版社，2021.
[32] 陈永秀，雷静华. 人力资源开发与管理 [M]. 北京：北京理工大学出版社，2010.
[33] 凌瑶，张钠. 现代人力资源开发与管理 [M]. 北京：北京交通大学出版社，2015.